Saralisa Volm

Mamabeat

Saralisa Volm

Mamabeat

Kinder. Chaos. Glück!

BELTZ

Dieses Buch ist auch als E-Book erhältlich:
ISBN 978-3-407-22318-0

www.beltz.de

Umschlaggestaltung: www.anjagrimmgestaltung.de,
Stephan Engelke (Beratung)
Umschlagabbildung und Foto S. 274: © Katja Hentschel
Satz und Herstellung: Lelia Rehm
Druck und Bindung: Beltz Bad Langensalza GmbH, Bad Langensalza
Printed in Germany

ISBN 978-3-407-85841-2
1 2 3 4 5   18 17 16 15 14

Für meine Familie

You will become way less concerned
with what other people think of you
when you realize how seldom they do.

David Foster Wallace

Inhalt

01

Schwanger!

Anything can happen to anyone,
but it usually doesn't. Except when it does.

Philip Roth

Kinder, Kinder

PENG! Alles vorbei. Meine letzte Beziehung war regelrecht in Flammen aufgegangen. Übrig geblieben ist ein Berg aus Umzugskartons. Dazu ein Herz voller unbrauchbarer Dinge. Ich habe zum ersten Mal in meinem Leben keine Vorstellung von der Zukunft und auch die unmittelbare Vergangenheit erscheint mir surreal. Ich funktioniere. Ich packe ein und aus. Ich fühle. Während ich in Berlin eine Art Wohnung habe, schlafe ich in wechselnden Betten auf St. Pauli und klebe dort fester als Pattex im Haar. Ich kann nicht weg und will doch nicht bleiben. Mein erhoffter Rettungsanker ist, wie so oft, ein Filmprojekt. Klaus Lemke, der ewig jung gebliebene Cowboy-Regisseur des deutschen Kinos, will mit mir drehen.

Ich fahre nach London, um mich vorzubereiten. Abstand gewinnen ist das Ziel. Kunst gucken. Schuhe kaufen. Weitblick bekommen. Bei meiner Rückkehr nach Hamburg fühle ich mich drehbar. Ich habe die Wohnung einer Freundin gemietet und meine Blusen gebügelt. Es kann losgehen. **Kamera?** – läuft. **Ton?** – läuft. **Und Action!** Viele Ideen und nichts dahinter. Innerhalb kürzester Zeit beginnen wir fünf unterschiedlichste Projekte und verwerfen sie wieder. Jeden Morgen neue Überlegungen und ein diametrales Rollenprofil. Jeden Abend sehen, dass es das Falsche war. Ich bin die Böse, die Gute und die Unschuld vom Lande. Aber nichts steht mir. Mindestens einer von uns ist planlos und überfordert. Daher das retardierende Ende: **Film abgebrochen. Scheißgefühl.** Immer wieder. Alle Drehtage umsonst. Kein Geld. Kein Film. Ich bin leer und Lemke reist ab.

Ich stehe also wieder hinterm Tresen und verkaufe Schnaps, von dem ich mir Klarheit erhoffe. Mein Leben ist ein Haufen völlig abgebrannter Paralleluniversen und das Jahr ist noch nicht einmal zu Ende. Genau genommen ist erst Juni. Und dann ist da dieser Typ und die Sonne scheint. Alles wirkt prall und bunt, aber kompliziert. Ob das gut gehen kann? Männer sollten doch erst einmal keine Rolle spielen, wenn man so unsortiert ist … oder?

Immerhin habe ich nichts zu verlieren. Lemke kommt zurück und wir probieren allerhand aus. Vielleicht geht es jetzt wieder aufwärts? Vielleicht ist es der Sommer und die Elbe und der Film und der Typ, der mir seinen Wohnungsschlüssel gibt und mich lachen lasst. Es scheint wieder zu funktionieren, das Leben. Geordnete Bahnen sehen anders aus, schon klar. Aber es fühlt sich gut an, nicht mehr alleine im Nirgendwo zu stehen.

Zittern mir deshalb die Hände? Sie fühlen sich taub an und ich habe unglaublichen Durst. **Wasserhahn!** Kopf drunter. Gluck. Gluck. Gluck. Normalerweise bin ich ein schlechter Trinker. Mir genügen 500 ml Flüssigkeit am Tag. Heute nicht. Seit Tagen nicht. Ich will wieder ins Bett und schlafen. Am liebsten möchte ich dumme Filme gucken und liegen bleiben. Ich verschlafe meine eigene Premierenparty bei den Hofer Filmtagen und lehne den Wodka ab, den der Typ mir aus Island mitbringt. Ich kann ihn nicht trinken, obwohl mein Durst riesig ist. Und dann schmilzt mir beinahe das Gehirn vor Sorge, als mir nach einer Internetrecherche klar wird: Was ich da für ein Krankheitsbild habe, ist entweder Diabetes oder **SCHWANGER**.

St. Pauli

Ein Test. Ein Strich. Alles klar. Das heftigste Jahr meines Lebens scheint doch kein entspanntes Ende nehmen zu wollen. Lemke ist nicht begeistert. Die Agentur klingt auch nicht nach überbordender Freude. Die Angst, nie wieder einen Film drehen zu können, ist enorm. Mannshoch. Hochhaushoch. Ein **NIE WIEDER** nach dem anderen rast durch mein Gehirn. Ahnungslos stehe ich im weiten Feld der Ideenarmut. Das passiert mir selten. Alles hier ist neu und schmeckt dennoch schal. Sonne und bunt und Film und Elbe haben sich verabschiedet. Jetzt habe ich viele Kilo mehr und einiges andere weniger.

Aber ich wollte doch schon immer Kinder? Ich wollte früh Kinder haben. Nicht so früh wie meine Mutter. Doch ich wollte eine junge Mutter sein, die noch genug Zeit für Enkel und Urenkel hat. FAMILIE. Das ist der Dreh- und Angelpunkt in dem Leben, das ich mir wünsche. Und ich liebe diesen Kerl. Daher steht fest: Diese Chance muss unbedingt ergriffen werden, auch wenn ich den Vater erst seit zwei Monaten kenne und auch ansonsten nichts für ein Kind spricht. Weder meine finanzielle Situation noch mein Job noch mein Studium, bei dem ich noch zwei ganze Jahre vor mir habe. Auch die Tatsache, dass der Mann schon zwei Kinder von zwei anderen Frauen hat, wäre ein Grund zu zweifeln.

Ich beginne Dinge zu tun, die ich gut kann: Rumheulen. Sorgen wälzen. **Rumpöbeln.** Laut und aufgeschreckt renne ich durch die Gegend und wirke sehr gefährlich. Denke ich. Auf andere wirke ich eher wie ein beschützenswertes Huhn. Ich wache auf und schlafe wieder ein. **PANIK!** Es ist aufwendig, mich jeden Tag aus dem Bett zu kugeln und mich aufzuregen.

Und dann beginnt Phase zwei: Wohnung suchen. Umziehen. Planen. Organisieren. Bauen. Streichen. Lackieren. Flohmarkt und eBay und Keller durchwühlen. Autoladungen voll Babykleidung sortieren. Betten bauen. Zwischendurch noch einen Kurzfilm drehen: Wotan Wilke Möhring küssen mit Kleidergröße 40. Interviews geben vor der Premiere von *Dancing with Devils*, ein Klaus-Lemke-Film. Die hohen Schuhe ziehe ich erst kurz vor dem Kino an und versuche jeden unnötigen Schritt zu vermeiden. Meine Bänder sind weich wie Gummi und jeder Schritt auf den 13-Zentimeter-Absätzen könnte der letzte sein, bevor ich zu Boden gehe. Mann muss mich führen wie eine alte Dame und ohne dass es jemand bemerkt. Keep it glamorous! Ein Drahtseilakt.

Ein Film läuft im Fernsehen, in dem ich noch 25 Kilo weniger wiege als jetzt. Ich sehe ihn mir nicht an. Zur Sendezeit muss ich arbeiten. Ich stehe noch immer hinterm Tresen im Pförtnerhäuschen. Suppe warm machen und Kaffee aufbrühen. Bier kalt stellen und Matjesbrötchen mit Butter beschmieren. Tafeln beschriften und Gläser spülen. Samstag ist Flohmarkt und besonders viel los. Das bedeutet viel Umsatz und viel Trinkgeld. **Klimper. Klimper**. Besonders schön ist es, wenn Pauli spielt. Hautnah dabei ist man dann und nach dem Spiel kommen alle und haben keine Sonderwünsche. Jever. Astra. Schnaps. Und Punkt. Davon dann aber reichlich. Perfekt für eine Schwangere. Das kann man auf einem Hocker sitzend aus dem Kühlschrank über den Tresen schieben.

»Machste mir noch ’n Lütt’n?«

»Na klar!«

Heute spielt St. Pauli gegen Hansa Rostock. Links gegen rechts. Das Jolly Roger, der Inbegriff der Fankneipe, kocht und die Luft vibriert. Alles voll am Millerntor und das ganze Viertel schalldurchdrungen. Ich warte hinter fünf Wasserwerfern und einigen Kastenwagen im Pförtnerhäuschen auf das Spielende. Das Geschrei ist groß. Das Polizeiaufgebot auch. Das wird eine lange Nacht. Langsam strömen die Zuschauer aus dem Stadion und mutieren zu Demonstranten, Schlägern und Flüchtenden. **Scheiß Hansa Rostock!** trifft auf **Schwul! Schwul! Schwul!** Bei mir landen zum Glück die Friedlichen und trinken Bier. Eins und noch eins und Maciera hinterher. Oder nebenher. Was draußen geschieht, wirkt wie ein wilder Wirbelwind-Sturm. Plötzlich ein Lärm, als hätte der Orkan einen Baum umgeweht. Aber es ist nur unser aufstellbares Metallschild, das von einem Wasserwerfer die Straße entlanggespült wird. **WUUUUSCCSCCHSHCHSHC …** Ich sammle es wieder ein und bringe uns in Sicherheit, während der Sturm weitertobt. Kein Ende in Sicht.

Nachts um eins auf dem Weg nach Hause: Ich bin zu müde, um das Ende der Ausschreitungen abzuwarten. Aber die Wasserwerfer sind weitergezogen und auch ich will mein Glück versuchen. Ich fahre mit dem Rad und vermeide es ganz bewusst, mitten durch das Viertel zu düsen. Ich fahre hintenrum durch nicht belagerte Straßen. Lang geradeaus, dann rechts und schon bin ich fast zuhause. Fast. Polizeiabsperrung. **Stop!**

»Sie können hier nicht durch!«

»Wie bitte? Ich wohne hier. 50 Meter die Straße entlang. Sehen Sie, da.«

»Ich kann Sie hier nicht durchlassen. Tut mir leid.«

Aus dem angrenzenden Schanzenpark kommen die Linksradikalen gestürmt oder irgendwelche Krawalltouristen. Die Gruppierungen sind unter ihren schwarzen Hoodies nur schwer zu unterscheiden. Mir schießen die Tränen in die Augen. Kopf in den Nacken. Schlucken. Atmen. Stehen bleiben.

»Jetzt hören Sie mir mal zu: Ich bin im achten Monat schwanger und ich habe gerade zehn Stunden lang gearbeitet und ich möchte JETZT nach Hause. Ich verstecke keine Bombe in meinem Bauch und ich habe hier schon viele Krawalle überlebt. Soll ich mich jetzt vielleicht hier auf die Straße setzen und warten, bis Sie alle sich ausgetobt haben?«

Der Polizist ruft einen Kollegen hinzu. Sie beraten sich. »Ihren Ausweis, bitte.«

»Ist in meiner Wohnung.«

Erneute Beratungen. In der Zwischenzeit ist es halb zwei. Aber es gibt eine Entscheidung. Der Polizist eskortiert mich nach Hause, wartet, bis ich mein Fahrrad abgeschlossen habe und kommt mit nach oben. Ausweis suchen.

»Da. Bitte schön.«

»Danke schön.«

»Schönen Abend noch.«

»Ihnen auch.«

Tür zu und durchatmen. Ich liege auf dem Fußboden und starre in das grelle Licht der Glühbirne. Augen zu. Augen auf. Augen zu. Und da ist es. Es wird mit jedem Tag deutlicher. Das Verantwortungsgefühl für den dicken Bauch und das kleine Kind, das darin wohnt. Das Bedürfnis, sich für den Bewohner gegen die Welt zu stellen. An Abenden wie heute wird mir klar, was das bedeutet: jemanden unbedingt beschützen zu wollen. Es für dieses Wesen richtig machen zu wollen. Aber kann man das überhaupt? Kann ICH das überhaupt? Und wie soll das aussehen? RICHTIG. GUT. Im Ernst. Wie macht man das?

Bald kann ich nicht mehr arbeiten. Und dann? Elterngeld und ein Nebenjob? Wird das reichen? Fragen. Noch mehr Fragen und Fragen. Daraus nährt sich die Angst, die mir in die Magengrube fährt und mir bis zum Hals steht. Ich will dieses Kind. Aber ich will auch arbeiten und leben. **PUH.** Aushalten ist die Devise und Zusammenhalten und Mut haben. Zittern und Angst haben und Vertrauen gehen oft Hand in Hand. Eine aufreibende Mischung. Eine spannende Mischung. Liebe trägt weit und Angst trägt oft weit auseinander.

Schon als Kind wollte ich Schauspielerin werden. Der Wunsch stand gleich an zweiter Stelle nach Balletttänzerin. Ich liebte es, wenn die großen Mädchen ihren Auftritt als Schwan hatten und im Tutu, mit seitlich am Kopf festgesteckten Federn, hinter der Bühne standen. Als Fünfjährige im Schildkrötenkostüm war ich überwältigt davon. Als Achtjährige im Bauernmädchenkostüm wurde ich neidisch. Und als Zehnjährige gab ich dann auf. Je mehr Mädchenromane ich las, in denen stand, dass Tanzen blutige Füße und verarmtes Rentnerleben jenseits der 30 bedeutet, umso sicherer wurde ich mir, dass ich Schauspielerin werden will. Hauptsache eine Bühne. Hauptsache Platz zum Atmen. Platz, um jemand anderer zu sein als man selbst. Alles ausprobieren und jede Grenze erforschen, ohne die Konsequenzen tragen zu müssen. Was könnte attraktiver sein?

An einem Abend beim Schnitzelwirt in Weng erzählte ich meinem Vater davon. Seine Reaktion? Ernüchternd: »Das wird sowieso nichts. Um an der Falckenberg-Schule genommen zu werden, muss man reiten können und fechten und singen und Klavier spielen. Und du kannst nichts davon.« Was sagt man dazu als Kind? Nicht viel. Es sollte elf Jahre dauern, bis ich wieder sagte: Ich will **SPIELEN!** Unbedingt! Obwohl ich aussehe wie ein Wal. Obwohl ich Mutter werde. Obwohl gerade **ALLES** exorbitant komplex erscheint. Ich will und ich schimpfe. Meine Angst lässt mich meine Wünsche formulieren, als gäbe ich die Bestellung für mein letztes Abendmahl auf. Mein Studium möchte ich nicht unterbrechen und Geld verdienen möchte ich auch. Aber will mich denn noch jemand haben? Als Mutter mit Anhängsel und Organisationsaufwand?

Der Mann sitzt neben mir im Auto und starrt auf meine verheulten Augen. Gut, dass er keine Angst hat. Nicht vor Dingen, die man schaffen kann. Er glaubt an sich und an mich gleich mit. Und er soll Recht behalten. Wir bekommen es immer irgendwie hin, Familie und Arbeit unter einen Hut zu bringen. Immer. Manchmal mühsam und unsortiert. Dieses **CHAOS** überall. Oft wissen wir selbst nicht, wie es gehen soll. Keine Ahnung. Ratloses Achselzucken auf beiden Seiten. Mehr Glück als Verstand rettet uns öfter, als es mir lieb ist. Nach der Babypause fragt das ZDF als Erstes an: SOKO 5113. Geld verdienen. Und dann 2011: mein bislang bestes Jahr, was das Schauspielen anbelangt. Hier noch ein paar Fotos machen, unterwegs sein, im Fernsehen kochen. Ich kann überleben. Wer hätte das gedacht? Ich am allerwenigsten.

Das Kind macht mich nicht arm, nicht hässlich und nicht arbeitsunfähig. War die Angst also völlig unbegründet? Nein. Sie war hilfreich, hat mir die Gefahren gezeigt, mich an meine Grenzen gebracht und mir geholfen, sie zu überwinden. Mein Kind hat mir beigebracht, besser zu werden und für das zu kämpfen, was ich will. Es fing bereits damit an, bevor wir uns das erste Mal sahen.

Pillenknick

Ich verhütete offensichtlich erfolglos bis gar nicht. Da war die Gefahr, schwanger zu werden, natürlich gegeben. Hormone vertrug ich noch nie und im Eifer des Verliebtseins erschien die Furcht vor einer Schwangerschaft wohl als kleineres Übel denn der Verzicht. Früher war das immer so. Sex bedeutete Kinder. Erst seit den 60er-Jahren und der Pille hat sich das geändert. Wir können unseren Ängsten freien Lauf lassen und können Schwangerschaften bis zur Unmöglichkeit prokrastinieren.

Die Hingabe an die Angst kann davor schützen, handeln zu müssen. Wir haben Angst davor, nicht den richtigen Partner zu haben, oder sind Single. Wir haben Angst, im falschen Job gefangen zu sein. Wir befürchten, dem Anspruch an Effektivität und Multitasking nicht standhalten zu können. Wir fürchten uns davor, nicht genug Geld zu verdienen oder nicht ausgiebig genug gereist zu sein. Nicht nur durch die Welt, sondern auch durch die Betten, die sich bieten. *Wir sind zu jung für die große Liebe,* lese ich durch Zufall bei *Amy&Pink*, einem Online-Magazin, das so wild und berauschend und vielfältig sein möchte wie Berlin. *Ficken, Drogen, Bass* ist der Artikel einer jungen Autorin überschrieben. Darin ist die Rede von einsamen Seelen und Hippies. Kinderkriegen spielt keine Rolle. Aber die großen Fragen und Zweifel einer jungen Generation werden deutlich. Statt die Generation der unbegrenzten Möglichkeiten zu sein, beschränken wir uns selbst. Und auch die mich Umgebenden signalisieren: Wir hadern.

Gezweifelt wird an fast allem: der Liebe, dem Leben, der Menschheit, der Zukunft, der Umwelt, dem Essen, dem Smartphone und vor allem an uns selbst und unseren Fähigkeiten. Und so entscheiden sich viele für die Rolle rückwärts: mit 25 oder 35 noch einmal Teenie sein. Sich per SMS trennen, das Wochenende durchfeiern und die Verantwortung auf übermorgen verschieben. **So what?** Bei einer durchschnittlichen Lebenserwartung von weit über 70 Jahren, für alle, die ab den 1980er-Jahren geboren sind, hat man ja auch genug Zeit für Adoleszenz. Die Generation Gold ist schließlich auch jahrzehntelang Rentner.

Nach den Babyboomern, den unendlich vielen Menschen, die Anfang der 1960er-Jahre geboren wurden, ist wohl Ernüchterung eingetreten. Das Kind als Ausdruck von Wohlstand, Zukunft und Nachkriegs-Wirtschaftswunder hat ausgedient. Der obligatorische Nachwuchs ist der **Entscheidung Kind** gewichen. Welch eine Freiheit! Die Einführung der Pille und andere Verhütungsmethoden schufen neue Möglichkeiten im Bereich Lebensplanung und wir nutzen sie. Seinen Kinderängsten kann man heute ganz gut entfliehen, indem man Kinder schlicht vermeidet.

Die zweite Methode, die Angst zu besiegen, besteht darin, die Kinder einfach zu bekommen. Menschen wachsen an ihren Aufgaben und die meisten Eltern bekommen es schließlich gut hin, ihre Kinder zu betreuen, sobald diese geboren sind. Das mag auch daran liegen, dass Kinder ihre Ansprüche sukzessive steigern. Bevor ein Kind das Licht der Welt erblickt, braucht es eigentlich nichts. Wenn die Mutter keine schwerwiegenden physischen oder psychischen Probleme hat, in einem entwickelten Land lebt und vielleicht sogar einen liebenden Partner an ihrer Seite vorweisen kann, dann ist das Kind in der Kugel bestens versorgt. Teilweise sogar jetzt schon überversorgt. Bevor es ihm an etwas fehlt, wird das Notwendige der Mutter abgezogen. Ob es sich dabei um Eisen, Calcium oder Energie handelt: Das Kind nimmt sich, was es braucht und will. In meinem Fall wollte es immer sehr, sehr viel Schokoladeneis.

Nach der Geburt wachsen die Bedürfnisse von Milch zu Schnitzel und von Kuscheln zu: *Ich schlafe heute bei meinem neuen Freund*. Deshalb sollte die wichtigste Regel für Schwangerschaft und alles Folgende beachtet werden: **Eltern, macht, dass es euch gut geht.** An nichts sollte es euch fehlen und eure eigene Stabilität und Sicherheit sollte im Vordergrund stehen. Jeder nach seinen Möglichkeiten. Das ist wie im Flugzeug, wenn die Sauerstoffmasken von den Decke fallen: *Legen Sie die Maske an und helfen Sie erst dann Kindern und anderen hilfsbedürftigen Personen.* Was auch immer passiert, es wird uns unvorbereitet treffen, aber das meiste werden wir regeln können. Weil wir Eltern sind. Weil es nicht anders geht und weil uns nichts anderes übrig bleibt. Angst haben dürfen wir natürlich auch. Nach der Arbeit, unter der Dusche, am Flughafen, wenn die Kinder das erste Mal alleine in den Urlaub fliegen. Und dann dürfen wir uns wieder zurücklehnen und froh sein, dass wir die Angst überstanden haben und die Entspannung zurückkehrt.

Die meisten von uns spüren, dass das Kinderhaben funktionieren wird, und bekommen trotz aller Zweifel irgendwann welche. Seit dem Pillenknick bedeutet das pro Frau auch gleichbleibend viele Kinder. Zumindest lassen die Aussagen der *Nido*-Chefredakteurin Vera Schroeder, die sich eingehend mit dem Thema befasste, und einige Statistiken darauf schließen.

Das Problem des aussterbenden Deutschlands, das Politiker so gerne beschwören, liegt womöglich viel weniger im Überhaupt als im Irgendwann. Politiker, die befürchten, einer kinder- und damit zukunftslosen Republik vorzustehen, fordern mehr Kinder pro Frau. Aber welchen Grund gäbe es heute, mehr Kinder zu bekommen als die Frauen vor 30 Jahren? Wer Kinder haben möchte, fühlt sich mit zwei bis drei Kindern recht wohl und kann damit sein Leben auch angenehmlich gestalten.

Der Verlust an Bürgern, der von Seiten der Politik beklagt und befürchtet wird, ist vielmehr dem Durchschnittsalter der

Frauen beim ersten Kind geschuldet. Das Alter der Mütter bei ihrer ersten Geburt ist in den letzten 50 Jahren um fast fünf Jahre angestiegen. Dass uns dabei über die Jahre hinweg eine Generation abhandenkommt, ist ein Gebot der Logik. Gesunken ist daher nicht die Anzahl der Kinder pro Frau, sondern die der Kinder pro Lebenszeit. Wir haben die Reproduktion schlichtweg verschoben.

Für die einzelnen Eltern lässt sich daher feststellen: Die meisten bekommen sie doch, die Kinder, die uns so viel Angst machen. Vielleicht später, vielleicht nicht jeder von uns, vielleicht anders. Aber jedenfalls ganz ungeachtet der großen und furchteinflößenden Diskussionen, die uns durch Artikel und Bewegtbilder erreichen.

02

Baby ahoi

Leben wir nicht in einem freien Land?
Darf man nicht gehen, wie man möchte?

Pippi Langstrumpf | Astrid Lindgren

Rollercoastermum

Zwei Uhr morgens und alles ist nass. Ich habe erst kurz geschlafen und das heiße Wetter klebt an meinen schweren, schwangeren Beinen. Und nun habe ich einfach ins Bett gepinkelt. Ehrlich gesagt bin ich eine von denen, die ihre Körperfunktionen lieber im Griff haben. Deswegen gehört schwanger sein auch nicht zu meinen Lieblingsbeschäftigungen. Und ein nasses Bett, das geht eindeutig zu weit. Ich rolle also Richtung Badezimmer, finde Licht in der Küche und stelle fest, dass ich das Tropfen nicht lassen kann, sosehr ich es auch versuche. Es dauert noch, bis ich auf der Toilette sitze, langsam zu Bewusstsein komme und verstehe: **Fruchtblase!** Also: Gedanken sortieren, nachfühlen und Stille. Keine Wehen und unendliche Müdigkeit. Erst mal das ganze Fruchtwasser aufwischen. Sehen, was passiert. Aber da ist nichts. Der Bauch verhält sich ruhig. Ich entscheide mich für telefonisches Wachrütteln der Hebamme. Sie so: »Schlaf weiter.«

Sanftes Klopfen an der Kinderzimmertür. »Anna? Anna? Wir bekommen ein Baby.«

»JETZT?«

»Nein, irgendwann.« Morgen oder in einer Stunde. Mehr Informationen habe ich leider auch nicht.

Ratloses Schweigen auf beiden Seiten. Aha, o. k. Anna, eine meiner freundschaftlichen Langzeitbeziehungen, schält sich aus der Kinderdecke. Große Augen blicken unter dem Wuschelkopf empor. Eine Freundin muss jeder haben, wenn er hochschwanger und allein zuhause sitzt. Notfalls muss man so jemanden eben einfliegen und im Kinderbett einquartieren. Hauptsache, man ist nicht alleine. Mein erstes Kind habe ich unterdessen seiner Oma anvertraut.

»Schlaf ruhig weiter. Ich wollte dir nur Bescheid sagen.«

Mit einem Handy bewaffnet mache ich mich auf die Suche nach meinem Mann. Anklingeln. Mailbox. Alles wie immer. Ich gebe ihm zwei weitere Chancen erreichbar zu sein, bevor ich der freundlichen Dame von der Telekom meine Nachricht aufs Band diktiere: »**BABY KOMMT!** Jetzt oder zumindest bald, und wenn du es sehen willst, bevor es laufen kann, dann setz dich jetzt in ’nen norwegischen Rosinenbomber und lass dich über Berlin abwerfen. Oder komm einfach nach Hause.«

Zugegeben: Ich bin selbst schuld, dass der Mann nicht in Berlin ist, denn ich glaube, man kann seine Zeit sinnvoller verbringen, als gemeinsam schwanger zu sein und den PH-

Wert von Urinproben zu bestimmen. Ich halte das nicht für sonderlich sexy oder beziehungsfördernd. Meine Schwangerschaftshormone werden gerne zu kleinen Launekillern, die ihre Umgebung platt walzen. Da gibt es Schlimmeres als ein wenig Abstand. Gerade in den letzten Wochen der Schwangerschaft, wenn ich mich wie ein Speckballon fühle, muss ich mich nicht rund um die Uhr beobachtet wissen.

Abgesehen davon hatte er mich bei der letzten Geburt ausgelacht. *Angelacht. Um der Situation den Ernst zu nehmen.* Ich fand das weniger amüsant. Ich fand das … aber das ist eine andere Geschichte. Kurzum: Ich habe meinen Mann für ein paar Tage ausquartiert. Nach Skandinavien. Natur und erfrischende Temperaturen und Unmengen an Arbeit. Abgeschoben, damit ich in Ruhe meine Sachen machen kann. Zum errechneten Geburtstermin in zwei Wochen sollte er allerdings längst zurück sein.

Während mein Mann also irgendwo im norwegischen Hinterland verschollen zu sein scheint, beginnt meine Freundin Anna Geschirr zu spülen. Wie in Trance zieht sie die Teller durch die Schaumberge, klappert mit Besteck und Gläsern. Ordnung muss schließlich sein. Was soll das Baby sonst von uns denken? Ich bin mir nicht ganz sicher, ob sie schlafwandelt oder es ernst meint. Vorsichtig schleiche ich um sie herum. Ich bin dankbar und freue mich, dass mal jemand spült. Aber das Geklapper treibt mich in den Wahnsinn. Ich so: »Schlaf weiter!«

Gerade eben schwammen wir noch in einem Berliner Tümpel. Mindestens 30 Grad im Schatten sind schwanger nicht anders zu ertragen. Ich schob auf einem Longboard

Umzugskartons durch die neue Wohnung und bestückte Regale. Und ich habe gekocht, die Reste vom Auflauf stehen noch im Backofen. Aber all die Normalität hat nichts geholfen. Seit einer Woche ist mir kotzübel. Das Baby will raus. Eindeutig. Selber schwimmen und Regale ausräumen und überhaupt: mal einen losmachen. Das Kind gehört eher zur wilden Sorte, das war schon vor achtzehn Wochen abzusehen. Ein Wunder, dass es nicht schon längst einfach rausmarschiert ist.

Eigentlich bin ich noch zwanzig Bücherkisten und ein neues Bett davon entfernt, dieses Kind zu bekommen. 38 Wochen sind einfach zu kurz und außerdem bin ich ein Deadline-Typ. Vor Ablauf der Frist ist bei mir meist nur wenig zu holen. Jetzt sind es noch 14 Tage bis zum errechneten Termin und mir fallen täglich Dinge ein, die vor der Geburt noch erledigt sein sollten. Als Mutter muss man sich in Windeseile den Gegebenheiten anpassen. Hochseesegeln ist nichts dagegen, denn Kinder können die höchsten Wellen schlagen.

DIY

Trotzdem versuche ich, die Geburt noch ein wenig wegzuschlafen, und wundere mich dabei, dass es möglich ist. Ich träume wirr oder gar nicht. Meine Erinnerung ist jedenfalls verblasst, als ich um vier Uhr mit Wehen aufwache. Ausgeschlafen und mit einer diffusen Sehnsucht nach kühlen Fliesen versuche ich, die über mir kreisenden Überlegungen zu sortieren. Mein dritter Gedanke: Ich habe vergessen, den Hausflur zu plakatieren: *Achtung Nachbarn. Heute Geschrei aufgrund von Geburt*. Nach meiner Erfahrung sorgt ein solcher Aushang für viele liebe Grußkarten vor der Wohnungstür und hält die Polizei fern. Niemand möchte während der Presswehen einem Polizisten erklären müssen, dass es sich hier nicht um einen Fall von häuslicher Gewalt handelt. Aber soll ich jetzt noch Zettel kleben? Ein vehementes **NEIN** zieht mir in die Oberschenkel. Ich entscheide mich lieber für kalte Fliesen und warmes Wasser und trete daher erneut den Weg Richtung Badezimmer an. Auf lautes Geschrei muss bei dieser Geburt also verzichtet werden.

Nach knapp zwei Stunden bin ich zum Pendler zwischen den Welten avanciert. Alle paar Minuten habe ich Wehen und wechsele dabei ständig den Ort: Bett, Badewanne, Flur und irgendwo dazwischen an eine Wand gelehnt. Allerdings komplett ohne die Nachbarn durch ungewöhnliche Laute zu wecken. Sie dürfen schlafen. Irgendwie ist alles ganz ruhig an mir und fühlt sich richtig an. Zumindest zwischen den Schweißausbrüchen. Ich liege nackt auf dem Badboden und starre an die Decke. Abkühlung. Der Wasserhahn spuckt währenddessen dampfendes Wasser in die Badewanne. Gleich wird mir wieder kalt sein. Ich tropfe Lavendelölbad hinein. Das soll beruhigen. Oder auch nicht. Hauptsache, man tut etwas Sinnvolles.

»Ja?« Die Hebamme ist auf Sendung. Das merkt man selbst am Telefon sofort.

Aber meinetwegen muss sie noch nicht kommen. Das zieht sich bestimmt noch eine Weile hin. »Alles gut bei mir. Völlig entspannt.«

Sie fragt mich einige Dinge, während ich zusammengerollt auf dem Boden kauere und sie mir aus meinem Ohr wünsche.

Die Antworten kullern irgendwie aus meinem Mund und scheinen richtig zu sein. Ich versuche das Gespräch vor der nächsten Wehe zu beenden. Zack, zack, bevor die Stimme versagt.

»Ich fahre trotzdem bald mal los. Kann ja nicht schaden.«

»Brauchst du wirklich nicht.«

»Ja, ja. Tschüss.«

»Ja. Tschüss. Danke.«

»Tschüss.«

Als ich gerade wieder von A nach B krieche, erahne ich Annas Augen, die mich aus dem sicheren Kinderbett, in dem sie schläft, heraus verfolgen. Ein kurzer Blick. **Lass mich bloß in Ruhe.** Das war glaubhaft. Müsste ich jetzt jemanden ansehen, dann wäre sie plötzlich da: diese Auseinandersetzung mit dem Ich im Auge des Betrachters. Aber ich brauche Ruhe, wenn die Kontrolle über meinen Körper verloren zu gehen droht. Klar, da ist jeder anders. In Extremsituationen merkt man allerdings, wie man wirklich tickt. Und ich bin offensichtlich gerne allein, wenn ich ein Kind zur Welt bringe.

Anna lässt sich glücklicherweise nicht von ihren Gefühlen übermannen. Sie bleibt zurückhaltend, obwohl die Situation Stress verursacht. **ADRENALIN!** Pump. Pump. Pump. Mir geht es scheiße und sie kann mir nicht helfen. *Die Option auf Händchenhalten gab's nicht.* Man kann mir nicht zu nahe kommen. Anna hat keine Entscheidungsgewalt. *Cool war das nicht.*

Dass ich nicht einmal zehn Minuten später lauthals Annas Namen brülle, ist nur der Tatsache geschuldet, dass ich einen Kopf zwischen meinen Beinen spüre. Es gibt nun doch noch ernstzunehmendes Geschrei im Badezimmer: »Wir bekommen JETZT ein Baby. Ruf die Hebamme an und koch Kaffee.«

Große Augen, gefolgt von eiligem Handysuchen und Geklapper. »Wie heißt die Hebamme?«

»Ella. Einfach Wahlwiederholung.«

Was zu tun ist, ist klar. Alles funktioniert. Keine Entscheidungspunkte. Es gibt kein Richtig oder Falsch. Es gibt nur Richtig. Trotzdem ist Anna nervös. Wir haben nichts besprochen. Das Kind soll schließlich erst in zwei Wochen kommen. *Koch Kaffee? Ich dachte, das ist eine psychologische Maßnahme, damit die Beteiligten nicht durchdrehen. Ich wusste nicht, dass der Damm damit durchblutet werden soll.* Anna muss einfach erspüren, was ich will. Und das bedeutet, jetzt erst einmal mit der Hebamme zu sprechen.

Ella sagt ihr: »Du musst gucken, dass das Kind atmet.« *Das war heftig.* »Und du musst den genauen Geburtszeitpunkt notieren.«

Als ich den Kopf in meiner Hand fühle, will ich schnell zurück ins Wasser. Aber alles ist voller Lavendelöl. Mist. Ist das gut für Säuglinge? Stöpsel raus. Wasser raus. Stöpsel rein. Ich überprüfe die Wassertemperatur.

Da ist sie: die Presswehe. Ab in die Wanne. Flutsch. Nur diese eine Wehe. Da ist das Baby. Unfassbar. Wir sind beide ganz überrascht, uns schon so schnell zu Gesicht zu bekommen. »Hallo. Ich bin deine Mama.« Es sagt nichts dazu. Schließlich kennt es mich ja in- und auswendig. Es schreit nicht einmal. Ich mache das Wasser aus. Und jetzt: Glücklichster Mensch der Welt kuschelt mit Mini-E.T. Es ist Liebe. Auf den ersten Blick. Bedingungslos.

Knappe fünf Minuten später ist Anna zurück im Bad, zu allem bereit und vollständig aufgeladen. Sie hat die Hebamme angerufen, während sie den Wasserkessel füllte. Sie ist hellwach und da. Nur ist die Action zu diesem Zeitpunkt schon vorüber. Das Geschrei hat ein Ende gefunden und ich sitze beseelt in einer dürftig eingelassenen Badewanne. Könnte man sich seine Wunschgeburt zusammenstellen wie Frozen Yogurt, ich hätte diese gewählt, genau so, mit allen Toppings.

03

Drei Frauen und ein Baby

Ein Kind aus dem eigenen Bauch zu holen
ist ebenso schön wie ein Zauberstück.

Simone de Beauvoir

Abnabeln

Nach acht Monaten voller Urinproben und Plauderstunden geht es endlich zur Sache und die Hebamme erlebt es nur am Telefon mit. Ella kommt und das Schönste ist schon vorbei.

Ihre Enttäuschung kann sie nicht verbergen: »Ich bin extra los, obwohl du gesagt hast, die Wehen sind noch nicht so stark!«

Es half nichts. Als ich ihren geknickten Blick wahrnehme, überkommt mich beinahe ein schlechtes Gewissen. Aber ich kann das Baby ja schlecht wieder in den Bauch stopfen. »Du bist mir ja eine! Bekommst dein Baby einfach ohne mich.«

Sogar die Badewanne, in der wir sitzen, ist schon wieder sauber. Anna hatte den Stöpsel aus dem kälter werdenden, blutigen Wasser gezogen. Das Adrenalin hatte den Ekel wohl weggespült. Überhaupt sind wir alle vollgepumpt mit den feinsten Hormonen und unglaublich überrascht, dass wir bereits alles Wichtige erledigt haben, noch bevor der Tag richtig begonnen hat.

In warme Handtücher eingewickelt warten das Baby und ich nun auf die endgültige Trennung. Da ist noch die Nabelschnur. Das Durchtrennen des bläulich schimmernden Telefonkabels ist eigentlich Männersache. Hat sie aufgehört zu pulsieren, bekommt der Vater die Schere in die Hand gedrückt. Abnabeln. Er durchtrennt das Band zwischen Mutter und Kind. Die kleinen Wesen pumpen ihr Blut jetzt selbstständig und atmen und trinken. Aber unser Vater ist nicht in Sicht. Also beschließe ich, sie selbst durchzuschneiden. Diese Geburt war eine Eigenproduktion, ich will es selbst zu Ende bringen. Aber ein bisschen seltsam ist es dann doch. Ella klemmt die Schnur an zwei Stellen ab. Dazwischen soll ich schneiden. Ich habe die Schere in der Hand und versuche es. Das müsste doch leichter gehen. Mehr Druck. Aber das Gewebe ist zäh. Wie eine Sehne im Fleisch. Noch mehr Druck. Durch! Endlich. Nicht so mein Ding. Froh, es gemacht zu haben, aber auch froh, dass es vorbei ist.

Das Baby ist jetzt frei. Ich noch nicht. Ich habe noch eine Plazenta im Bauch und Blut an den Beinen. Beides muss entfernt werden. Anna nimmt das Baby auf den Arm. Ella lässt mich ein weiteres Mal pressen.

»Die Plazenta bitte in einen Gefrierbeutel und in den Eisschrank.«

»Wohin?«

»Zu der anderen Plazenta ins unterste Fach.« Ich will einen Baum pflanzen. Aber ich kam noch nicht dazu. Dann eben zwei auf einmal. Bald. Irgendwann. Keine Ahnung.

Dann kann Ella das Baby übernehmen. Wiegen, Messen, Tasten, Fragen. Hebammensache. Ich dusche und putze ein wenig. Praktisch, so eine Badewannengeburt: Alles ist gleich wieder sauber.

Ansonsten: Camembertbrote mit Johannisbeerrispen und Mädchengequake. Marmelade dazu. Drei 27-Jährige und ein wenige Stunden altes Baby, da wird vieles in den Raum geworfen. Immerhin haben wir gerade gemeinsam einen neuen Menschen in dieser Welt begrüßt. Mehr Nähe geht ja kaum. Da kann man schon mal Zukunftsgedanken spinnen und Lebensmodelle erörtern, während man dem Säugling beim Schlafen zusieht. Wir verstehen uns hervorragend und sehen uns dennoch fragend an.

Anna

Anna ist noch ganz euphorisch. »Eine solche Geburt fühlt sich so richtig an. So würde ich mir das auch wünschen.« Aber an eigene Kinder mag sie noch gar nicht denken. Zwar kenne ich kaum jemanden, der so kinderbegeistert ist wie sie, und sie ist wahrscheinlich auch geduldiger und nachsichtiger als ich. Aber ein eigenes Kind?

»Jetzt? Nein, das ist noch ganz weit weg in meinem Kopf.« Erst mal fertig studieren, die Welt sehen, die Plätze testen. Und dann Geld verdienen. Wenn sie ein Kind bekommt, soll alles richtig sein.

Ein zweifelnder Blick meinerseits. Ich glaube nicht, dass das immer so funktioniert. Ob man den richtigen Moment wohl ganz geplant abpassen kann?

»Aber man kann es versuchen.« Für sie sollen die großen Fragen vor der Schwangerschaft geklärt sein. Für ihr Kind will sie dann Ruhe und Zeit haben.

Ja, Zeit. Die Zeit, die mir manchmal fehlt, weil ich versuche, alles unter einen Hut zu bekommen. Kinder, Studium, Job. Und dann noch die Eskapaden, wenn man mit Freunden wie Anna die Nächte hindurch Beziehungsprobleme wälzt und den Geschmack von Wein analysiert. Oder wenn man mal ohne Kinder verreist. Schließlich wollen Anna und ich noch Surfen lernen und ferne Straßen unsicher machen. Ob das jemals aufhört? Undenkbar. Und natürlich kommt da oft etwas zu kurz, aber wer hat dieses Problem denn nicht?

Jetzt muss sie aber erst einmal abreisen. Die Nachwehen der Geburt sind intensiv: Anna muss raus aus der Situation. »So ein krass intimer Moment, wo man nicht dazugehört, da pass ich nicht rein. Familienbildung. Da will man nicht eingreifen.« Sie fragt noch geschwind, ob Ella auch Geburten in Hamburg macht, weil es so schön war. So viel Einfühlungsvermögen wie bei Anna ist selten. So viel Anteilnahme und gleichzeitig Reduktion. Das schafft nicht jeder.

»Würdest du es wieder machen? Würdest du noch einmal kommen und mit mir ein Kind zur Welt bringen?«

»Na klar, jetzt weiß ich ja, wie es geht.«

Ella

Ich bleibe zurück. Ich bin noch deutlich unter 30 und habe nun zwei Kinder. Klar: unermessliche Freude, aber auch große Verantwortung. Ansonsten kümmere ich mich ja eher um Oberflächlichkeiten: Kunst-und-Kultur-Quark oder kleine Filme. Wenn ich mal ein Wort verliere oder über mein unzureichendes Spiel stolpere, hängt nichts davon ab. Vielleicht mein Ruf, vielleicht meine Noten, maximal meine Laune. Wenn Ella einen Fehler macht, wird es ernst. Jeden Tag: Babys, Eltern, Milch und mehr. Ob sie keine Angst hat? Ob diese Verantwortung nicht zu viel ist?

Ella ist eine Überzeugungstäterin, zielsicher und trotzdem warm. Sie brennt regelrecht für ihre Einstellung. 1985 geboren, erscheint sie kein bisschen öko. Kein Henna, keine Gesundheitsschlappen, kein Klapperfahrrad. Trotzdem reagiert sie allergisch auf Plastikspielzeug und auf Chemiecremes.

Wenn sie ihre dunkelblaue Bottega Veneta über ihren schwangeren Bauch schwingt und über Babys spricht, merkt man, dass es sich hier auch um eine Stilfrage handelt. Haltung ist gefragt. Und eine gehörige Portion Mut und Eifer wird hinterhergeschossen. Man merkt ihr an, dass ein Traum hier zur Berufung wurde und sie auch nach dem zweiten eigenen Kind das Hebammesein nicht an den Nagel hängen wird. Außerdem macht sie Trageberatung, verschenkt köstlichste Tees und glaubt an die Kraft der Liebe. Uneingeschränkt. Echt. Einfach so. Trotzdem erscheint sie nie esoterisch, sondern nah am Menschen statt nah am Rezeptblock.

Ella führt Hausgeburten durch, obwohl sie mit ihnen kein Geld verdienen kann und sie eine enorme Belastung darstellen.

Für sie ist eine Hausgeburt nicht mutig, sondern ein großer Luxus. »Man muss natürlich gesund sein, es darf keine Risiken geben. Das kann man sich nicht kaufen.«

Bei Hausgeburten macht man die Arbeit und die Vorbereitung während der Schwangerschaft. Die Geburt ist dann das Highlight und das Wochenbett sehr entspannt. Das Kind wird nicht gestört.

»Ich erlebe auch weniger Stillschwierigkeiten. Das Bonding ist einfach komplett.«

Im Krankenhaus verderben die vielen Köche gelegentlich den Brei. Jeder erzählt der Wöchnerin etwas anderes. Zuhause sieht man jeden Tag die gleiche Hebamme. Kontinuität als Ruhe. Wer die Krankenhaussicherheit sucht, wird in der Klinik jedoch besser aufgehoben sein, und wer die Alternative nicht kennt, wird sie sich auch nicht herbeiwünschen.

Aktuell werden Hausgeburten regelrecht behindert. Der Kontrollwahn in Bezug auf die Geburt ist ausgebrochen.

Die Haftpflichtprämien für Hebammen haben sich innerhalb der letzten 10 Jahre fast vervierfacht. Ihre Vergütung blieb gleich. Die Haftpflicht kostet die Hebamme um die 5000 Euro pro Jahr, und immer mehr Versicherungen steigen ganz aus.

Für eine Beleggeburt bekommt sie 275 Euro brutto und eventuell noch einen Nachtzuschlag. Daher werden sich Geburtshäuser in Zukunft nicht mehr finanzieren können. Für eine Hausgeburt, bei der die Hebamme allein verantwortlich ist und alles selbst mitbringen muss, erhält sie 600 Euro.

Die zweite Hebamme bekommt 200 Euro für vier Stunden. Wird sie länger gebraucht? Pech. Der Wochenbettbesuch wird mit 27 Euro brutto vergütet, egal wie lange er dauert. Diesen

Job macht man nicht, um Geld zu verdienen, sondern aus Leidenschaft. Die Einschränkung des Familienlebens, die ständige Bereitschaft und die geringe Vergütung machen es den Hebammen dennoch schwer. Je weiter die Versicherungsprämien steigen, desto weniger lohnt es sich, all das in Kauf zu nehmen. Viele Hebammen hören auf. Schluss. Vorbei. Und wenn es gar keine Haftpflicht mehr gibt, gleicht das einem Berufsverbot, denn ohne Versicherung können sie nicht arbeiten, selbst wenn sie wollten.

Obwohl Hausgeburten im Vergleich zu Klinikgeburten viel weniger kosten, werden sie in keiner Weise gefördert, sondern konsequent behindert. Wir pumpen Geld in Linoleumböden und bekittelte Schwestern, zahlen Betten, Wäsche und Krankenhausessen. Wer sein Kind zuhause bekommen möchte, bezahlt sein Essen selbst (was einen sehr geschmackvollen Nebeneffekt hat: Man isst, was man mag). Man besorgt auch selbstständig das Personal, die Reinigung des Kreißsaals, die Handtücher und Windeln für das Baby, die Bettwäsche, das Trinkwasser und die Müllabfuhr.

Dennoch ist die Rufbereitschaft der Hebamme (ca. 300 bis 400 Euro) von den Eltern selbst zu tragen und auch der Hausbesuch des Kinderarztes ist von ihnen zu bezahlen. Dafür ist zuhause alles so, wie ich es möchte: Meine Bettwäsche duftet nach Mamas Waschmittel und meine selbstgekochte Suppe (vor Geburt tiefgefroren) ist gigantisch. Es regnet Erdbeeren mit Schlagsahne, meine Krankenschwester ist stilvoll gekleidet und gerne auch mal männlich, meine Hebamme ein Halbgott in Weiß(-blauem Ringel-Shirt) und in meinem Bett ist Platz für alle Eltern, Kinder und Freunde zusammen. Jeder findet hier seine eigene Ecke, kann auch mal einschlafen oder mit

Sushi krümeln. Vor allem aber fühle ich mich nirgendwo so sicher wie an dem Ort, an dem meiner Selbstbestimmung keine Grenzen gesetzt werden.

Im Prinzip ist es daheim sogar hygienischer als im Krankenhaus, wegen der hauseigenen Keime. »Die kennt man schon.«

»Und viele Standards aus dem Krankenhaus kommen zuhause nicht zum Einsatz: PDA. Wehentropf, Wehenhemmer, Geburtszange, Saugglocke, Kaiserschnitt.«

Einen Teil ihrer Ausbildung und ihres Berufslebens hat Ella im Krankenhaus verbracht. Sie hat dort gelernt, dass eine Geburt im Krankenhaus so gut wie nie ohne Eingriff stattfindet. Immerhin haben die Ärzte das Eingreifen studiert. Dafür sind sie da. Warum sollte man sie bezahlen, wenn das Gebären auch ohne sie ginge. *Danke, Herr Doktor, Sie können gerne zusehen. Hier ist ein Stuhl. Setzen Sie sich. Ja, eine Geburt. Geht ganz von selbst. Wir brauchen nur Geduld und Ruhe. Seit Urzeiten geht das schon so und sehen Sie nur, wo das hingeführt hat: Allerorten überbevölkert, dieser Planet.*

Es gibt sie natürlich auch, die Fälle, in denen ein Eingreifen notwendig wird. Niemand möchte auf die moderne Medizin verzichten, wenn es um wichtige Operationen, Frühgeburten und andere komplexe Fälle geht. Auch sollte sich jede, die das möchte, in die Hände eines Arztes oder einer Ärztin begeben können. Das gilt unter anderem dann, wenn eine künstliche Befruchtung, eine PDA oder ein Wunschkaiserschnitt zur Debatte stehen. All diese Dinge sind berechtigt und können von einer Hebamme im eigenen Wohnzimmer schlecht durchgeführt werden. Trotzdem sollte man unvoreingenommenen Eltern nicht immer mehr verkaufen wollen, als sie benötigen.

Norwegen Calling

Ring Ring. Wo ist mein Telefon? Endlich!

»Kind da?«

»Alles fit … DIY-Projekt.«

»Glückwünsche.«

»Danke, dir auch.« So viel Glück, ohne einen Finger zu rühren … (Berlin grinst, Norwegen grinst verhalten.)

Flüge gebucht: Minimaschine, 50 Fjorde, Oslo, Flugzeug. »Ich komme. Heute Abend.«

Spät, aber ja. »Du fängst an zu fehlen. Es muss gewickelt werden.«

Ansonsten war da natürlich noch eine unfassbar große Menge an Zuneigung in der Leitung, zwischen den Tasten des Telefons und den Zeilen und überhaupt. Denn ich kann mich glücklich schätzen, nicht allein zu sein. Kinder und Entscheidungen sind oft schwer zu tragen. Und meistens ist der Mann auch meiner Meinung oder er gibt entnervt nach. Für das Ergebnis ist der Unterschied unerheblich.

04

Hinterhofinspiration

Jede Entscheidung ist Verneinung.

Spinoza

Die perfekte Mutter

Während meiner zweiten Schwangerschaft war mir klar, wie ich mir die Geburt vorstelle. Da kombiniert man wohl Erfahrung mit Angebot und weiß, dass man das hinbekommt. Aber was wünscht man sich, wenn man keine Ahnung hat? Wenn man ahnt, dass man das erste Mal schwanger ist, und mit dieser Überraschung noch gar nicht umgehen kann? Die meisten werdenden Eltern stehen wohl vor den gleichen Fragen: Wie funktioniert das alles? Man untersucht sich selbst nach sicheren Anzeichen für eine Schwangerschaft. Und man macht einen Test. Ist er positiv, landen die meisten zweifellos erst mal beim Arzt.

So war es auch in meiner ersten Schwangerschaft: Erster Termin. 7. Woche. Supernervös. Herzrasen. Schon der saubere

Geruch hinter der Eingangstür macht, dass ich mich schmuddelig fühle. Vielleicht war die empfohlene Praxis Nähe Jungfernstieg doch nicht die richtige Wahl. Durchatmen. Platz nehmen. Warten. Das Fischgrätparkett lenkt mich ab und die vielen Ausgaben von *mare* und *GEO*. Ja, für die Zeitschriften hat sich der Weg gelohnt. Kurze Zeit später finde ich mich auf einem Untersuchungsstuhl wieder, der mich daran erinnert, warum ich nicht gerne zum Gynäkologen gehe. Der überdimensionale Ultraschall-Dildo, der in meinem Unterleib herumbohrt, zeigt der Ärztin, dass ich schwanger bin. Wusste ich ja schon. Danke. Tschüss. Erst mal nachdenken. Nächste Woche wiederkommen. Alles klar.

Zwischen Blutentnahmen und genau geplanten Pinkeleinheiten bleibt mir Zeit, um alle Angebote zu studieren, die die Praxis mir macht. In einem Plexiglasständer reihen sich alle Faltblätter auf, die mein Frausein bereichern könnten. Wenn ich nur wollte. Und wenn ich das nötige Kleingeld hätte. Eingefrorene Eizellen kosten ca. 3000 Euro und eingefrorenes Nabelschnurblut ca. 900 Euro für zehn Jahre.

Auf der Homepage der Firma Seracell wirbt sogar die ehemalige Eiskunstläuferin Tanja Szewczenko, die heute ein TV-Sternchen ist: *Stammzellen einlagern ist für mich ein Schritt auf dem Weg zur »perfekten Mama«*. Aha. Gut. Das mit der perfekten Mama hat sich dann wohl erst mal erledigt.

Aber eine kleine Chance gibt es noch: Die Ärztin persönlich empfiehlt mir den Zuckertest. »Wir testen Sie damit auf Schwangerschafts-Diabetes. Das ist für Selbstzahler. Aber eigentlich unbedingt notwendig.« Sonst bietet sie mir nichts an. Vielleicht hat sie mir angesehen, dass ich nur die paar Euro für den Glucosesirup aufwenden kann. Ich vereinbare den Termin.

Nüchterner Magen über schwangerem Bauch. Sämtliche Croissants der Stadt scheinen mich anzulächeln. Aber nein. Ich muss warten, bis mir das erste Mal Blut abgenommen wird. Ein kleiner Piks, dann fließt dieses dicke, dunkelrote Brombeerblut in die Kanüle. So sieht es nur morgens aus, wenn man seit Stunden nicht gegessen und nicht getrunken hat. Ich sehe eigentlich gerne zu, aber heute ist mir flau. HUNGER. Aber die Kalorien warten schon auf mich: 300 Milliliter Zuckerwasser mit einem nicht genau zu definierenden Fruchtgeschmack sind zu trinken. Es erinnert ein wenig an aufgelöste Gummibärchen. Die Gegenreaktion meines Körpers: Ich bekomme unmittelbar Lust auf kross gebratenen Speck. Es gibt kein Entkommen. Die nächsten zwei Stunden muss ich still sitzen, im Wartezimmer. So lange, bis mein Hintern eingeschlafen und alle Zeitschriften leergelesen sind. Zwischendurch spende ich weiteres Blut, um die Zuckerkonzentration zu messen. Bewegte ich mich, würde der Zucker abgebaut. Die Erlösung folgt nach ungefähr drei Stunden. Zu viel Zeit zum Nachdenken. **Zeitverschwendung** und **Zuckerschock** sind irgend wann die einzigen Worte, die noch in meinem Kopf rotieren. Ich frage mich, was ich hier mache.

Ob dieser Test bei einer 23-jährigen gesunden und schlanken Frau sinnvoll ist? Ich kann es nicht sagen. Die Wahrheit liegt vermutlich irgendwo in der Mitte und am besten ist das, was unser Bauchgefühl uns rät. Und verdammt nochmal: Ja, wir dürfen Angst haben, keine guten Eltern zu sein, und deshalb abstruse Tests machen. Und wir dürfen Angst haben vor den Schmerzen. Vor dem Kind. Und vor den fremden Menschen, die uns plötzlich überall auflauern, um uns zu belehren. Mützchen hier, Gläschen da. Es nervt gewaltig. Und mittendrin sitzt man mit seiner Angst, dieser Sache nicht gewachsen zu sein. Da sitzt einer im Bauch deiner Frau und hat Hände, mit denen er sich schon selbst den Bauch kraulen kann. Klar, dass man da nervös wird. Man hat feuchte Hände und Füße und Gehirne. Man will alles richtig machen. Das ist definitiv eine große Sache. Trotzdem fühlte ich mich von dem Zuckersaft und dem begleitenden Angstszenario irgendwie bedrängt. Bin ich wirklich eine schlechte Mutter, wenn ich all diese Zusatzangebote nicht nutze?

Luna

Doch nicht allen ist der natürliche menschliche Vorgang der Geburt zum Makel geworden, den man in antiseptische Hände hinter einem grünen Tuch abzugeben hat. Es gibt sie noch: die rundum Verstrahlten, die in ihrer eigenen Welt leben und die Dinge anders machen. Ich gebe zu, auch mir erscheinen sie ein wenig suspekt und realitätsfern. Aber sie können auch herrlich inspirierend sein, wenn man überhaupt mit ihnen in Berührung kommt:

SAT NAM. SAT NAM. Dazu der Geruch von Räucherstäbchen und Holz. »Halte die Augen geschlossen und spüre, wie ein goldener Faden deinen Kopf Richtung Decke zieht. Richte dich auf und öffne langsam deine Augen.«

Um mich herum sitzen neun bewegungsverachtende Schwangere und versuchen die Kontrolle über ihren Körper zurückzuerlangen. Uns allen scheint klar zu sein, dass dieser Versuch nicht glücken kann. Dennoch recken wir eifrig unsere Hälse und summen unsere Mantras. Luna macht es uns vor.

Eine Yogalehrerin wie aus dem Buch. Hinterhof auf St. Pauli. Es ist nah und nett. Aber nicht wirklich meins.

Luna strahlt tatsächlich eine Art inneren Frieden aus, während sie warmen Tee in kleine Glastässchen gießt. Fließende Bewegungen. Fließendes Karma. Unendliches Om. 22 Jahre Kundalini-Yoga haben Lunas schlanken Körper in einen Tempel verwandelt, den sie regelmäßig neuen Kindern zur Verfügung stellt. Wohlmeinende Klänge und Blumen durften also bei der Geburt nicht fehlen. Bereits mit Wehen bestieg sie ihr mit Kindersitzen dekoriertes Fahrrad und machte sich auf den Weg zum Blumenhändler. Dahlien und Rosen empfingen also das dritte Kind, das ganz selbstverständlich eine Hausgeburt war. Auch Kind vier erblickt das Licht der Welt in den eigenen vier Wänden. Der Birth Pool, eine Art überdimensionales Planschbecken, steht im Wohnzimmer. Und während die Mutter darin die Wehen wegatmet, planschen die drei älteren Kinder um sie herum. Ob Mantras gesungen wurden, kann ich nicht sagen. Aber das Bild in meinem Kopf ist in jedem Fall mit indischen Klängen unterlegt.

Und diese scheinen sich in meinen Gedanken festzusetzen. Ich ahne, dass Lunas Hebamme die Richtige für mich ist, und lasse mir ihre Nummer geben. In der 20. Woche. Die halbe Schwangerschaft ist schon vorüber. Man kann nicht davon ausgehen, dass das klappt. Aber die Hebamme hat Zeit. Sie kommt zu mir nach Hause und mein Blutdruck ist konsequent niedriger als beim Arzt. Endlich fühlt sich mal etwas gut an.

Als ich Frau Doktor darüber in Kenntnis setze, dass ich mir eine Hausgeburt wünsche, fallen ihr beinahe die Augen aus dem Kopf und auch ihre Zunge scheint vorübergehend gelähmt zu sein. Also plappere ich weiter: Ich würde gerne jeden zweiten Termin bei ihr wahrnehmen, die anderen bei meiner Hebamme, die auch Hausbesuche mache. Sehr praktisch. Und so nett. Begleitung von jetzt bis zur Geburt …

Nachdem die Ärztin ihre Augen wieder in den Höhlen verstaut hat, lässt sie mich wissen: »Das machen wir nicht. Und das geht so auch nicht. Wenn Sie das WIRKLICH wollen, kann ich Sie nicht mehr betreuen.«

Sie sagte weder *leider* noch *schade*. Wir haben uns nie wieder gesehen und mein erstes Kind wurde eine geplante Hausgeburt mit Hebamme und Birth Pool.

Das zweite Mal wusste ich es besser. Ich suchte mir erst meine Wunschhebamme und dann eine Ärztin, die mich deswegen nicht vor die Türe setzte, sondern den Arztkram übernahm: Dinge verschreiben, die die Hebamme nicht verschreiben kann, Gesundheitsnachweise für Fluggesellschaften ausdrucken und Überweisungen abzeichnen. Und trotzdem war da das Gefühl: Da geht noch mehr.

Eigensinn

Recherche fand bei mir meistens nachts statt. Irgendwo zwischen Heißhunger-Pizza, Schokoladeneis und Vitaminbomben-Saft lag ich im Bett und bearbeitete meinen Computer: Geschlechtsbestimmungstests, Dehnungsstreifenforen, Dammmassage und Geburtsvorbereitung. Das Internet eröffnet viele Möglichkeiten, sich als Schwangere die Nächte um die Ohren zu schlagen. Jedes Mal, wenn man mit Sodbrennen oder eingeschlafenen Beinen oder anderen Wehwehchen erwacht, kann man sich einfach auf die Seite rollen und Gegenmaßnahmen googeln. Meist ist man dann aber zu faul, sie morgens um 4:10 Uhr auch anzuwenden. Also klickt man sich weiter durch das breite Angebot, das sich unter den Begriffen Schwangerschaft und Geburt so auftut.

Schwarz-weißes Bildrauschen und das Muhen einer Kuh. So weit der erste Eindruck. Schnell wird jedoch klar, dass es eine Frau ist, die diese Muh-Geräusche macht. Ihr nackter Unterleib schiebt sich durchs Bild. Der Rock von zwei Händen emporgehoben. Viele sehen nun Dinge, die sie nie sehen wollten. Eine Katze huscht durchs Bild. Wieder der Unterleib der Frau. Pobacken. Langsam schiebt sich ein Kindergesicht zwischen ihre Schenkel. Quasi im Kopfstand. Es sieht aus wie ein Ultraschallfoto. Rewind. Ich muss das noch einmal sehen: Frau. Wald. Video. Schleim. Glibber. Baby. Ich bin irritiert. Ich bin begeistert. Das Kind rutscht heraus. Es sucht sofort nach der Brust seiner Mama. Ich weine zuckersüße Tränen.

Zugegeben: Ich verstehe nicht, weshalb Menschen die Geburt ihrer Kinder filmen und via Internet der gesamten Welt präsentieren. Aber wer sich einmal die Mühe macht, das Wort »Alleingeburt« in sein Youtube-Suchfenster zu tippen, wird feststellen, dass es Familien gibt, die ihre Kinder hier vor der Kamera und ohne die Hilfe ihnen fremder Menschen gebären. Da sitzen Frauen an Flüssen und in Wäldern und bringen Kinder zu Welt. Und der geneigte Video-Konsument kann dabei zusehen, wie ihr Muttermund sich öffnet. Sie scheinen zum Teil erstaunlich wenig Schmerzen zu haben. Genau genommen vermittelt manch eine Frau eher den Eindruck einer entspannten Elefantenkuh. Ich glaube, das ist was für mich. Ich glaube, das kommt mir entgegen.

Bei der zweiten Geburt habe ich den Mut, möglichst lange allein zu sein. Ich versuche, unbeobachtet zu bleiben, wie eine trächtige Katze. Als ich meiner Mutter später davon erzähle, sagt sie: »So wolltest du es doch. Alle hast du abgeschoben, um in Ruhe dein Kind zu bekommen.« Meine Mutter. Als Einzige ist sie nicht überrascht. Sie hat mich durchschaut. Sie passt auf mein Kind auf und meinen Mann habe ich an den letzten norwegischen Fjord verbannt, um mich allein in Berlin einzunisten. Und sie hat Recht. Genau genommen wollte ich es so. Wenn ich versuche, mich zu konzentrieren, sind Menschen mir nahezu unerträglich. Ich teile meine Verwundbarkeit nicht gerne. Und ich glaube, man sollte seinen eigenen Charakter achten, wenn man etwas wirklich richtig gut machen möchte.

05

Keep Moving

Geld heißt so viel wie geprägte
Willensfreiheit, es ist daher für den
Menschen, der dieser beraubt ist,
von zehnfachem Werte.

Fjodor M. Dostojewskij

Neukölln

Spätestens wenn man das zweite Baby plant, wird eine größere Wohnung notwendig. Während man ein erstes Kind noch im Arbeitszimmer, dem Flur oder in der Besucherritze unterbringen konnte, werden nun plötzlich Freiräume gesucht und in Großstädten kaum gefunden. Also arbeitet man sich dick und hormongetränkt durch die einschlägigen Internetportale, facebookt Gesuche und hofft, dass jemand zurückruft. Schnell wird klar, dass man eine Bank ausrauben müsste, um sich die Wunschwohnung leisten zu können. Alternativ könnte man sich auch stapeln.

Unser erster Schritt führte uns von Hamburg aus in meinen Berliner Studentinnentraum zurück: 36 m^2 unsanierter Altbau im tiefsten Neukölln. Ein Zimmer. Dazu Küche, Bad und ein Kachelofen. 2007 war diese Wohnung mein Berliner Zuhause geworden und ich war vom ersten Moment an schwer verliebt gewesen. Der Durchgang zum Hinterhaus und das Treppenhaus waren vollständig in Braun und noch mehr Braun und verschmiertem Ocker gestrichen. Dafür konnte man unter den Farbschichten den Stuck und das wohlgeformte Holz erahnen. Dazu kamen der Dielenboden, die hohen Decken und der Ausblick in den Hinterhof. Nachmittags schien die Sonne freundlich durch die rußbedeckten und undichten Kastendoppelfenster. Der Ruß kam vom Kerosin und die Flugzeuge konnte man förmlich spüren (damals war Neukölln noch Einflugschneise für Tempelhof).

Ansonsten herrschte draußen Ruhe. Das einzig konstante Geräusch, das ich hörte, war der Fernseher der Nachbarn. Pünktlich um 8:30 Uhr begann er seine Mitbewohner zu unterhalten. Zwischen 22:00 und 24:00 Uhr verstummte er dann. Die einzige Abwechslung in der Geräuschkulisse bot der Sex der Bewohner über mir. Ihr Sexleben schien immer heftig, dafür aber unregelmäßig zu sein. Nach einem Jahr zogen sie aus oder hatten ihre gegenseitige Anziehung eingebüßt. Es wurde still über mir. Die Monotonie des Fernsehers blieb.

Mir schien, außer mir wohnten in dieser Gegend nur Hartz-IV-Empfänger, Dönerbudenbetreiber, Händler für gebrauchte Elektrokleingeräte und Entrümpelungsunternehmer. Auch das ein oder andere Automaten-Casino war in der Gegend zu finden. Das Essen beim Inder war nicht günstig, sondern billig. Die Spätis hatten rund um die Uhr geöffnet und die Drückerstube unten im Haus war immer bereit, ein Päckchen vom Postboten für mich anzunehmen. Jahrelang war ich mir sicher: Diese Gegend ist nicht gentrifizierbar und damit die perfekte Umgebung für eine junge Studentin wie mich. Außerdem war es ein schöner Ausgleich für das laute und wilde St.-Pauli-Leben, das ich in Hamburg führte.

In der Zwischenzeit ist Neukölln zum Anziehungspunkt für junge Kunststudentinnen aus London und zukünftige Performance-Künstler aus Freiburg geworden. An der Ausstattung der Wohnung hat sich dadurch jedoch nichts verändert. Komfortabel ist anders. Der Gasherd ist gefühlte 50 Jahre alt, der Boiler macht gerade genug heißes Wasser für eine kurze Dusche und der Kachelofen schafft es lediglich, ein halbes Zimmer zu beheizen. Selbst das wird an diesen sibirisch kalten Wintertagen, wie nur Berlin sie kennt, durch die undichten Fenster und die eiskalte Außenwand erheblich erschwert. Man schiebt also die Matratze Richtung Kachelofen, kocht Wasser für Tee und Wärmflaschen und lässt den Gasherd mit offener Tür und auf voller Flamme laufen. Dann wird es irgendwann etwas weniger kalt. Zumindest so lange, wie man unter der Decke bleibt.

Der Begriff *kuschelig warm* erhielt durch diese Wohnung eine ganz neue Bedeutung für mich. Aber wenn man gut eingepackt am Ofen sitzt und ein Buch liest, ist alles sehr idyllisch. Man fühlt sich ein wenig wie der arme Poet im Gemälde von Carl Spitzweg, der mit dem Regenschirm unter dem undichten Dach sitzt und seine Gedichte schreibt. Viel Hoffnung liegt in diesem Bild. Und so lag auch immer viel Hoffnung in meinem Neuköllner Heim. Es träumte sich gut hier.

Doch spätestens wenn man Kohlen nachlegen musste und feststellte, dass die hellblauen Emaille-Eimer, deren rostige Stellen durch den abgeplatzten Lack lugten, leer waren, kam das unangenehme Erwachen. Mütze an, Jacke an, Schuhe an und dann mit leeren Eimern in der Hand vier Stockwerke hinunter. Taschenlampe nicht vergessen. Durch den vereisten Innenhof in den modrigen Keller. Dann die vier Stockwerke wieder hinauf. Nachdem mein erstes Kind geboren war, musste ich mir auch noch das kleine Wesen auf den Rücken schnallen. Ich erinnere dieses leichte Nachkriegsgefühl, das mich dann beschlich. So muss es hier auch früher gewesen sein. Eine Veränderung hatte es in den letzten Jahrzehnten nicht gegeben.

Aus diesem Grund hatte ich die Wohnung über Jahre hauptsächlich im Frühjahr und Sommer genutzt und wenn ich beruflich in Berlin zu tun hatte. Die kalte Zeit hatten wir nach Möglichkeit in Hamburg verbracht, mit Zentralheizung, Badewanne und dichten Fenstern. Jetzt aber, wo Berlin der einzige Wohnort werden sollte und sich die Suche nach einer dauerhaften Bleibe als komplizierter erwies, als ursprünglich erwartet, da zogen wir hier ein. Komplett und vollständig. Allerdings waren wir jetzt zu dritt und hatten gefühlt 10.000 Umzugskartons und einen dick werdenden Bauch zu verstauen. Das Abenteuer war vorprogrammiert.

Überraschungsgäste

Alles soll einen sinnvollen Platz bekommen. Das Kinderbett kommt in die Küche. Zur Rettung der Privatsphäre der Eltern. Deswegen wird der Küchentisch abgeschafft und der Kühlschrank zieht neben unser Matratzenlager in das einzige vorhandene Zimmer. Als Schwangere muss man schließlich auch nachts auf das Schokoladeneis zugreifen können, das man IMMER im Gefrierfach hat, ohne dabei ein schlafendes Kind zu wecken. Die Mikrowelle zieht aus dem gleichen Grund mit neben das Bett. Und so war unsere Schlafstätte bald eingemauert zwischen Regalböden, vollen Kisten, einem E-Piano und allerhand anderen Dingen.

Geschafft. Endlich. Irgendwie ist es uns gelungen, all das Zeug aus dem Transporter in die Wohnung zu stopfen. Füße hoch und durchatmen. Der erste ruhige Moment. Es ist der 29. Oktober 2011 und ein langer Winter liegt vor uns. Alle viere von uns gestreckt liegen wir auf den Matratzen am Boden und starren auf die Umzugskartons, die mannshohe Berge um uns herum bilden. Jetzt wohnen wir nur noch in Berlin. Jetzt können wir zur Ruhe kommen und neu starten.

Aber was ist das? *Krrrrr. Sschrrrr.* Das Entsetzen macht sich in meinen Augen breit. Es zieht Richtung Mund und macht ganz, ganz leise *ohoh*. Und da ist es auch schon wieder, dieses leise Scharren und Kratzen. *Krrrrschrrrrrkrrr. Ssssrsssss.* Mein Mann versucht mich – und sich – zu beruhigen, aber ich kenne dieses Geräusch. **MÄUSE.** Hinter den Kisten, zwischen den Tüten, unter den Regalen. Sie sind überall dort, wo man jetzt nicht hinkommt, und kriechen aus verstellten, zugebauten, unsichtbaren Löchern. Wir werden unsere 36 m² nicht für uns alleine haben. Wir werden unsere Vorräte teilen und unsere Fußleisten. Ich versuche mich zu arrangieren. Was bleibt mir anderes übrig. Heizlüfter an und durch.

Als ich ein Jahr lang bei meinem Vater auf dem Land lebte, hatte ich mir schon einmal mein Zimmer mit Mäusen geteilt. Sie kamen nachts aus den Kammern hinter den Dachschrägen gekrochen und knabberten alles an, was sie für essbar hielten. Dabei machten sie keinen Unterschied zwischen Zahnbürsten und Keksen. Wenn ich morgens aufstand und die ersten Schritte machte, huschten sie davon. Manchmal reichte es schon, vor dem Aufstehen zweimal mit der Faust auf den Boden zu klopfen. TOK. TOK. Dann war Ruhe. Die Landmaus hatte Respekt vor mir und verkroch sich unter dem Dach, bis ich eingeschlafen war.

Die Stadtmaus hingegen sieht das anders. Unser Verhältnis verschlechtert sich zusehends. Stampfen, Klopfen, Dinge werfen. Nichts hilft. Ich lege mich auf die Matratze und lausche dem Scharren und Nagen. Und da: *Taps, taps, taps.* 15 Zentimeter neben meinem Kopf läuft sie vorbei. Ohne auch nur im Geringsten überrascht zu sein. Die Stadtmaus kennt keine Angst. Das hier ist ihre Hood und ich liege zwischen egal und im Weg.

Ich packe meine Decke und ergreife die Flucht. Wer will schon nachts aufwachen, weil eine Maus an ihm nagt. Die nächsten Wochen schlafe ich im Bad. Es ist genau 80 Zentimeter breit, sodass eine ausgediente Kindermatratze gerade so hineinpasst. Ich liege mit meinem Kopf zwischen Waschbecken und Kloschüssel. Aus dem Boiler über mir tropft in unregelmäßigen Abständen Wasser auf meinen Kopf und eine Heizung gibt es nicht. Der alte Heizstrahler muss es richten. Ich schmiere solange tubenweise Erkältungssalbe an die Tür. Mäuse mögen keinen Kampfer, sagt das Internet. Aber Schokolade. Die kommt daher in die Mausefallen.

Während ich also eine ausgewachsene Mäusephobie entwickle, die mich bis heute manchmal aufschrecken lässt, ist das

Kind begeistert. Es steht in seinem Kinderbett und ruft **Maufs! Maufs!**, sobald ein Nagetier unter seinem Bettchen hervorkrabbelt. Immerhin klappt die Küchenwohngemeinschaft gut. Mäuse und Kind verstehen sich. Ich hingegen flüchte wieder ins Bad. Keine Mäuse hier.

Im Endeffekt wurden aus der Übergangslösung in Neukölln fünfeinhalb Monate, die uns manchmal ewig erschienen. Aber in der Zeit danach entwickelten sich die widrigen Umstände zu einer romantischen Erinnerung. Das diffuse Gefühl von **Zusammen-schaffen-wir-alles** wich in dieser Zeit einer Ahnung davon, was es bedeuten würde, gemeinsam nichts zu haben und Mäuse zu jagen. Mein Nervengerüst war schwach und mein dicker Bauch zwang mich nahezu permanent, mich zu übergeben. Mein Bedürfnis nach Hundekot auf dem Gehweg und menschlichem Mageninhalt auf der Straße war nach fast einem halben Jahr in Neukölln vorerst gedeckt. Aber jedes Mal, wenn wir ein Mauseloch gefunden und zugegipst hatten, jedes Mal, wenn die Wohnung so warm war, dass das Kind die Mütze absetzen konnte, und jedes Mal, wenn mein Mann die Treppen hinunterstieg, um Kohlen zu holen, war ich unglaublich glücklich, dass wir zusammen waren.

06

Kinder sind keine Aliens

Eine gute Bildung ist für die Jugend ein Zuchtmittel, für das Alter ein Trost, für den Armen Reichtum und für den Reichen ein Schmuck.

Diogenes von Sinope

Mensabrei und Salbeitee

Unser erstes Kind wurde mitten im Hamburger Schanzenviertel geboren. Mit Blick auf die Rote Flora, den Inbegriff des Langzeit-Hausbesetzungsprojekts, und auf das Schulterblatt, die heute verächtlich als Galao-Strich bezeichnete Lebensader des ehemals alternativen Viertels. Werbeagenturen, gepiercte Aktivisten und Touristenbars bilden heute die unverkennbare Gemengelage des Szeneviertels. Alles pendelt zwischen Erhalten und Aufbruch, zwischen Realität und Kulisse.

Wie es sich für eine Hausgeburt gehört, ist auch der erste Arztkontakt des Kindes ein Hausbesuch. Der Herr Doktor klingelt und erklimmt mit wippenden Schritten die Treppenstufen. Er schwingt sein Lederköfferchen zur Tür herein und folgt mit seinen agilen, in dunkelbraune Slipper gehüllten Schritten. Sein Gürtel ist in Farbe und Material auf beides abgestimmt und hält die beigefarbene Hose in ordentlicher Position. Sein adrett gebürstetes graues Haar hält jeder Belastung stand und wirkt wie frisch frisiert. Die jahrzehntelange Arbeitspraxis scheint den Herrn Doktor milde und gelassen zu stimmen. Er pustet und summt. Babys fühlen sich bei ihm nicht bedrängt, sondern sichtlich wohl.

Nach der Untersuchung lehnt er an unserer Schlafzimmerwand und fragt nach Vitamin K und Verhalten des Kindes. Wir sind entspannt und er ist es auch. Er erzählt von seinen Kindern und wir reden über Impfungen, Medikamente bei Schnupfen und Zeitverschwendung. Irgendwann landen wir auch bei dem Thema Homöopathie.

»90 Prozent der Kinder, die in meine Praxis kommen, brauchen gar keinen Arzt. Eine Woche warten und Tee trinken wäre in fast allen Fällen, die ich behandle, ausreichend. Da können die Eltern dann auch Globuli geben oder etwas anderes. Das macht eigentlich keinen Unterschied. Aber ich gebe sie ihnen nicht.« Er wirkt völlig gelassen, obwohl er ein Überzeugungstäter in Sachen Schulmedizin ist. Liegt das an seiner Erfahrung oder ist es Resignation?

Trotz voranschreitender Gentrifizierung ist das Schanzenviertel noch immer bevölkert von starken, teilweise fundamentalistischen Impfgegnern (ich muss gestehen, viele ihrer Bedenken zu teilen und auch nicht jede Impfung prinzipiell zu befürworten) und Verfechtern alternativer Heilmethoden. Die Apotheken sind voller Bachblüten, Mondmilch und Schüßler-Salze. Und wer Kinder hat, bekommt die extra große Versorgungspackung: Kinder-Hausapotheken aus 30 verschiedenen Sorten Globuli, Bio-Milchpulver mit allen möglichen Zusätzen und sämtlichen handgeklöppelten Irgendwas-Säckchen. Manchmal gewinnt man den Eindruck, alles ist voller Schlaftee, Wachtee, Bauchtee, Stilltee und koffeinfreier Sojalatte.

Die konventionellen Hersteller machen vor, wie man mit unnötigen Produkten noch mehr Geld umsetzt: Die Neuerfindung des Fläschchens, Milchpumpen, Sterilisatoren, Babyvitamine, püriertes Pseudoessen in Gläschen, gesüßte Babygetränke und Multi-Leistungs-Riegel. Hinzu kommen Löffel mit Wärmesensor und Zahnpasta mit Kaugummigeschmack. Neuerdings wird sogar überteuertes und totgekochtes Fruchtpüree in Plastiklutschbeutelchen verkauft. Für das gleiche Geld bekommt man bereits ein ganzes Glas Apfelmus. Bio und ohne Verpackungsmüll. Oder man kauft gleich ein Kilo Äpfel.

Eltern werden vollgeschrottet und in Apotheken zum Kauf von Süßigkeiten mit vorgetäuschten Gesundheitseffekten überredet. Doch viele fühlen sich mit diesen Produkten wohl. Mehr als wohl sogar. Sie fühlen sich sicher und meinen, ihrem Kind damit besonders gutzutun. Ich will ihnen nicht widersprechen. Sie sollten dabei bleiben, denn ein gutes Gefühl ist Gold wert und der Glaube versetzt bekanntlich Berge. Wem jedoch das Geld für all diese Produkte fehlt oder wer es gerne in andere Dinge investieren möchte, sollte genauso wenig zögern, seinem inneren Gefühl zu folgen. Das pausbackige Baby aus einem stumpfsinnigen Werbespot sollte einfach zur Seite gekegelt werden. Kein schlechtes Gewissen sollte Eltern beschleichen, die hier ihr Geld sparen.

Kinder sind keine Aliens, die spezielle Raumfahrtnahrung aus hässlichen Verpackungen brauchen. Genauso wenig benötigen sie Spezialgläser, Nudeln in Tierform, buntbedruckte Kunststofftassen und anderes Gedöns. Hier gilt das schöne **Alles-kann-nichts-muss**-Prinzip. Du kannst deinem Kind ein Stück von deinem Apfel geben, das Mittagessen durch den Mixer jagen und gewöhnlichen Kamillentee aufgießen. In Deutschland kann es sogar Leitungswasser trinken. Ein Kind kann die Lobpreisungen auf den Verpackungen der Highclass-Artikel ohnehin nicht lesen. Placebo-Fehlanzeige. Es wird nicht schöner oder glücklicher, wenn du das richtige Milchpulver kaufst.

Natürlich ist Ernährung wichtig, aber es sind selten die teuren, hochverarbeiteten und mit künstlichen Zusätzen angereicherten Produkte, die uns im Ernährungsplan fehlen. Ich muss sogar gestehen, das gelegentliche Mittagessen in der Mensa überlebt zu haben. Und soweit ich mich erinnere, fand ich es damals bis auf die Pommes ungenießbar. Heute sollen die Mensen viel besseres Essen anbieten, und was den Studenten schmeckt und guttut, kann ihren Kindern nicht schaden. Ein gelegentlicher Mensabesuch mit den Kindern ist daher eine Option.

Genauso verhält es sich im Krankheitsfall. Die Zwiebel auf dem Ohr, der Salbeitee und die Wärmflasche helfen bei den meisten Krankheiten genauso gut wie rezeptfreie Tropfen und Kügelchen. Auf sie zu verzichten spart nicht nur viel Geld, sondern auch Nerven. Wie unser Herr Doktor bereits sagte, sind umfangreiche Konsultationen von Ärzten und Apothekern eher selten nötig. Die meisten Eltern spüren sehr genau, was ihre Kinder brauchen. Wenn man sich darauf verlässt, kann man die Zeit, die man in verkeimten Arztpraxen verbrächte oder in Apotheken, einfach mit dem Kind im Bett verkuscheln. Lesen und Lachen und Schlafen und Liebhaben ist ohnehin die beste Medizin.

Gelder sind vorhanden

Als ich klein war, lebten meine Eltern in einer recht spießigen Gegend. Die meisten Doppelhaushälften um uns herum waren von anständigen Familien und ordentlichen älteren Paaren bewohnt. Vorhänge. Gestrichene Jägerzäune. Gemähter Rasen. Dazwischen summte das Läuten der Kirchenglocken um den jährlich frisch aufgestellten Maibaum herum. Goldberg hieß das Viertel, zwischen Innenstadt und Universität gelegen. Ideal für meine studierenden Eltern.

Die Nachbarn gegenüber wuschen wöchentlich ihre Mülltonne aus. *Von innen!* Meine Mutter sagt: »Sie waren die verkörperte Ordentlichkeit und wir waren der Gegenentwurf.« Während sie ihren Vorgarten hegten und sauber hielten, stand in unserem ein Autoanhänger herum, den keiner brauchte. Er gehörte einem Freund meines Vaters, der keinen Platz dafür hatte, und die Kinder aus der Nachbarschaft und ich annektierten ihn. Meine Kindergarten- und später Schulfreundinnen kamen mich besuchen und mindestens einer der drei

Brüder, die ein paar Häuser weiter wohnten, war auch immer dabei. Ansonsten: wechselnde Besetzung.

Familie Dalf wohnt im Haus an der Ecke, umrandet von zwei Sackgassen und umstrahlt von dieser Idylle-Aura, die man sonst nur aus der Persil-Werbung kennt. Sie haben diesen großen Apfelbaum im Garten, der immer Schatten spendet. Die Früchte verarbeitet die Mutter selbst zu Saft. Ich erinnere mich noch genau an den riesigen Topf in ihrer Küche und die Abfüllung der Flaschen. Hahn auf, Hahn zu. Und dann schnell wieder nach draußen, auf die Straße, in den nächsten Garten, auf unseren Anhänger. Der mittlere der drei Jungs ist mein erster Schwarm. Den würde ich gerne heiraten, aber einen Antrag macht mir sein jüngerer Bruder. Mitten auf der Straße. Ich fahre Rad und er läuft. Er ist fünf, ich sechs.

»Du bist zu jung.«

Ich erkläre ihm, dass ich auf der Suche nach einem älteren Partner bin.

»Eher sechs, am besten sieben.«

Ich würde es mir überlegen. Er sagt, ich solle mich beeilen, er müsse sich sonst nach Alternativen umsehen. Das hat er dann auch getan und ich musste fast 20 Jahre warten, bis mir wieder jemand einen Antrag machte. Die Dalf-Jungs und ich laufen trotzdem zusammen in die Schule. Fast jeden Tag. Außer wenn es regnet, dann quetschen wir uns alle in den goldenen Audi des Familienvaters. Denn das haben unsere Nachbarn auch: funktionierende Autos.

Wir haben auch ein Auto: Den dunkelroten Golf 1, den meine Mutter zum Abitur bekommen hat. Seine Rostflecken habe ich mit orangefarbenen Kreisen, Vierecken und Herzen überpinselt. Unser Golf fährt zwar, ist aber nicht so leicht zu öffnen. Zunächst muss der Kofferraum aufgeschlossen werden. Von dort aus kann man dann an einem Baumwollbeutel ziehen, dessen Henkel am Haken der Tür eingehängt sind. Dann öffnet sich die Fahrertür und man kann einsteigen und losfahren. Es dauert vielleicht etwas länger und sieht auf dem Supermarkt-Parkplatz seltsam aus, aber was soll's?

Ich bin aufgrund meiner Brille und meiner ruhigen Art ohnehin schon ein Außenseiter und außerdem fahren wir meistens Fahrrad. Ich in meinem Körbchen vorne drauf und später mit meinem eigenen Rad hinterher, und dann ab zu irgendwelchen Lichterketten-Demos oder in den Schrebergarten Utopia. Hier wachsen alle möglichen Gemüsesorten, die in unserem eigenen Garten keinen Platz mehr finden. Kürbisse und Zucchini und Bohnen und Kohl. Ich pumpe Wasser aus dem Brunnen in die großen grünen Gießkannen, die für mich viel zu schwer zu tragen sind. *Schhhhh. Gluckgluckgluck. Schhhhhh.* So haben wir den ganzen Sommer hindurch günstiges Gemüse. Selbst das Unkraut wird bei uns verarbeitet. Nachdem wir den ganzen Samstag lang Giersch jäteten, wird dieser auch noch zu Essen gemacht. Gierschmalfatti nannte sich das dann. Ich fand sie irritierend, aber lecker.

GIERSCHMALFATTI

(für 4 hungrige Personen)

ZUTATEN

1 kg frische Gierschblätter
1 fein gehackte Zwiebel
1 kleine gehackte Knoblauchzehe
350 g Ricotta
100g frisch geriebener Parmesan
2 Eier
70 g Butter
100 g Mehl
Muskatnuss
geriebene Schale einer Zitrone
Salz und Pfeffer

ZUBEREITUNG

Den gewaschenen Giersch in eine Pfanne geben und erhitzen, bis er in sich zusammenfällt, dann in ein Sieb gießen und abkühlen lassen. In der Zwischenzeit eine Auflaufform mit Butter ausfetten, einen großen Topf mit Salzwasser aufsetzen und den Backofen auf 250° vorheizen. Der Giersch sollte nun gut ausgedrückt werden, damit er kaum noch Flüssigkeit enthält. Dann wird er fein gehackt.

Die Zwiebeln in einer Pfanne mit Butter anschwitzen. Zunächst den Knoblauch dazugeben, dann den Giersch.

Nun muss die Mischung wieder abkühlen. Währenddessen Eier, Ricotta und 50 g Parmesan in einer Schüssel cremig rühren. Die Masse mit Salz, Pfeffer und Zitronenschale abschmecken. Jetzt den Giersch und das Mehl untermischen und eventuell nachwürzen.

Mit zwei großen Esslöffeln Nocken von der Masse abstechen und formen. Diese in das Salzwasser geben, das simmern, aber nicht brodelnd kochen sollte, und erst dann mit einer Schaumkelle aus dem Wasser heben, wenn sie an der Oberfläche schwimmen. Die Malfatti kommen nun in die Auflaufform und werden mit Butterflocken aus der restlichen Butter bestreut. Und ab in den Ofen! Nach 5–7 Minuten dürfen die Malfatti wieder rauskommen. Sie werden mit dem restlichen Parmesan bestreut und sofort verspeist.

Überhaupt war Selbermachen ein großes Thema bei uns. Meine Mutter setzte Joghurt an und rollte Gnocchi. Sie nähte Sitzkissen, Bettbezüge und Bauchtanzkostüme. Das war ihr ganzes Repertoire. Mein Vater bastelte neue Fahrräder aus mehreren alten und lackierte Sperrmüll zu brauchbaren Gartenmöbeln. Kaputte Kabel löteten wir selbst und sogar Computerbauteile wurden im Schlafzimmer meiner Eltern zu neuem Leben erweckt. Zwar waren die Bau- und Reparierversuche nicht immer von Erfolg gekrönt, aber wir waren dafür an fast allen Wochenenden voll beschäftigt.

Hermann und Kombucha wohnen auch bei uns. Hermann ist ein Sauerteig zum Weitergeben. Er kommt in einer kleinen

Portion ins Haus und trägt einen Anleitungs-Kettenbrief um den Hals. Er muss mit Mehl, Milch und Zucker gefüttert werden und wächst und gedeiht somit. Nach einigen Tagen kann er dann zu Kuchen gebacken werden. Einen kleinen Teil des Teiges behält man selbst und einen zweiten gibt man weiter. An Freunde, Kommilitonen oder Kuchenfeinde. Je nachdem, was man bezweckt. Hermann ist Teil der Ökobewegung der 70er-Jahre und macht sich gut zwischen unserer Getreidemühle und den Unkrautklößchen. Die glibbrige Schleimscheibe namens Kombucha züchtet sich quasi selbst aus Schwarztee und Zucker. Aber sie wird nie so ein enger Freund wie mein Hermann.

Meine Eltern sind Überzeugungstäter, aber ihr Verhalten hat auch mit einer Sparsamkeit zu tun, die notwendig ist. Vielleicht dient die Überzeugung gar der Verschleierung des Umstandes, dass es gar nicht anders ginge. Auf der Einkommensseite ist jedenfalls nur wenig mehr zu erwirtschaften. Meine Mutter hat zahlreiche Nebenjobs. So geht sie täglich mit einer an Osteoporose erkrankten älteren Dame spazieren, während ich noch rund um die Uhr bei ihr bin. Die gebrechliche Dame wird angezogen, um dann mit uns ihre tägliche Dosis Sonne und frische Luft zu tanken. Mit einer Hand schiebt meine Mutter den Kinderwagen, in dem ich liege, mit der anderen stützt sie die zu Betreuende.

In den Osterferien bekommt meine Mutter über die Caritas einen Job als Familienhelferin. Selbst gerade mal 20 Jahre jung, hilft sie in anderen Häusern putzen und Kartoffelgratin machen. Während die 35-jährige Familienmutter auf dem Sofa sitzt, staubt meine Mutter das Regal ab und lernt was fürs

Leben. »Ich habe das nicht als blöd empfunden. Die hatten ein Haus und drei Kinder.«

Hier hat sie putzen gelernt und in andere Familien gucken können. Das kann man sehr gut unter prägenden Erfahrungen verbuchen.

Mein Vater verbringt die Semesterferien meistens bei meinen Großeltern. Sie betreiben im Nebenberuf Landwirtschaft und können Hilfe gut gebrauchen. Vor allem im Sommer, während der Erntezeit. Also fährt mein Vater Mähdrescher und Bulldog. *Tuckertucker* mit dem Anhänger über die Felder. Schweiß, Staub, Stroh. Ich erinnere mich gut an die riesigen gelben Kopfhörer auf meinem Kopf, wenn ich mit meinem Opa auf dem Schlepper saß. Und an die Hosentaschen voller Weizenkörner, nachdem ich auf dem Fruchtwagen mitgefahren war. Ein Erlebnis für mich. Harte Arbeit für meinen Vater.

Sobald meine Mutter studiert, wird eine Tagesmutter notwendig. Und das kostet. 5 Mark die Stunde. 15 Mark pro Tag. Ein Heidengeld pro Monat. Aber beim Putzen kann man das Doppelte pro Stunde bekommen und so funktioniert es irgendwie. Sobald sie Studentin ist, versucht meine Mutter jedoch, sich beruflich umzuorientieren und die Semesterferien als Hilfskraft im Staudengarten zu verbringen statt unter fremden Bettkästen.

Ich denke immer, wir wären arm gewesen und ich hätte es nur nicht immer bemerkt.

»Wir waren ja auch arm!«, sagt meine Mutter.

»Aber hast du dir nie Sorgen gemacht, dass wir nicht genug Geld haben könnten?«

»Ja. Nein. Wir haben ja auch immer welches verdient.«

Natürlich zweifeln meine Eltern und grübeln und machen sich Sorgen aufgrund unserer finanziellen Lage. Aber sie haben ihr Leben noch vor sich und die Zukunft im Blick. Irgendwie haben sie Recht, an ihre Fähigkeiten zu glauben. Und wir sind eben auch reich. Reich an Bildung, Zukunftsplänen, Energie und Chancen. Das reicht oft schon aus, um sich nicht arm zu fühlen.

Außerdem sind da die vielen Unterstützer: meine Großeltern natürlich, die bei der Miete unterstützen und mir die Schulranzen und vor allem die Barbiepuppen kaufen, die ich so dringend benötige. Sie passen in den Ferien auf mich auf und kleiden mich neu ein. Die Mutter meines Vaters ist Schneiderin und in all meiner Zeit bei ihr wurde immer genäht und getüftelt. Wintermäntel, Faschingskostüme, Hosen und mehr entstehen an ihrem Küchentisch, ganz zu schweigen von den Dingen, die sie Nachmittage lang flickt und umändert, damit mein Vater nicht mehr mit zerrissenen Hosen umherläuft und wir einigermaßen anständig aussehen.

Auch andere haben geflickte Hosen und so sind wir zum Glück nicht ganz alleine sonderbar in unserer Gegend. Die ersten Jahre haben wir immer eine Mitbewohnerin. Die eine töpfert mit uns, was dazu führt, dass wir jahrelang zwischen selbstglasierter Käseglocke und undichten Blumentöpfen leben. Die andere studiert Michwirtschaft und bringt stiegenweise Milchprodukte ins Haus. Vor allem aber haben sie ein Auge auf mich, wenn meine Eltern mal nicht da sind. So kann ich schon früh alleine bleiben, ohne dass meine Eltern sich in Unkosten stürzen müssen.

Weitere Babysitter finden sich hinter unserem Garten. Ich muss nur über deren Kompost hüpfen und schon kann ich morgens um 7 Uhr bei der Studentinnen-WG in der Parallelstraße einbrechen. Meine Mutter sagt: »Das kannst du so nicht schreiben. Das war keine WG, sondern ein verantwortungsbewusstes Damenpaar ohne sexuelle Bindung.« Gut, dann eben so. Zumindest feiern sie mit uns zusammen Gartenpartys voller Polentakuchen und Obstsalat und Tequila Sunrise. Und natürlich gucken sie manchmal verdutzt, wenn ich in meinem Blumen-Lieblingsrock und Gummistiefeln vor ihrem Bett stehe und dringend Hilfe bei etwas benötige. Wohlgemerkt: morgens um 7 Uhr. Andererseits waren sie der beste Ersatz für teure Babysitter, den man haben konnte.

Du bist mir teuer

Jeder Stadtteil hat seine eigenen Regeln. Normen und Gesetze der Straße, die es einzuhalten gilt. Ansonsten fällt man leicht durch das soziale Raster. **PLUMPS.** Und da sitzt man dann, auf dem harten Boden der Realität. Während in manchen Gegenden das Laufrad und das Fahrrad an sich schon ein Statussymbol darstellen, müssen Fahrzeuge am Prenzlauer Berg von Kokua und Puky sein. Kinder brauchen im Vorzeige-Eltern-Kiez Biokekse und Lederschläppchen für 30 Euro das Paar. Und wenn deine Haut nicht dem Oeko-Tex-Standard genügt, biste raus. Allerdings darf man auch nicht zu hoch pokern: Edelmarken sind in weiten Teilen Berlins verpönt. Um seinen Fendi-Kinderwaagen spazieren zu fahren, muss man schon fast nach München ziehen. Andere Gegend, andere Sitten.

Eltern, die alles richtig machen wollen, versuchen natürlich, sich an die unausgesprochenen Regeln zu halten. Mitspielen heißt die Devise. Niemand will schuld sein, wenn Mathilda später von Paul und Johanna gehänselt wird. In den Szenevierteln trägt das Kind schwedisches Design und das Babygeschwister hüllt seine zarte Haut in ein Wolle-Seide-Gemisch. Die Lawine kommt ins Rollen. Die Gliedmaßen der Kinder werden zum verlängerten Arm der stilbewussten Eltern. Kauf dich arm, aber sexy.

Zugegeben: Auch wir versuchen, alles zu bekommen, was man so **BRAUCHT**: Bobbycar, Roller, Hängematte, Sitzsack, Playmobil-Reiterhof, Hightech-Skijacken, Trekkingräder, Nintendo DS, Bollerwagen, Lenkdrachen, … Die Liste scheint nahezu unendlich und täglich kommen neue unverzichtbare Dinge hinzu. Zu den Wünschen unserer gemeinsamen Kinder gesellen sich die der beiden älteren Kinder meines Mannes. Es kumulieren also die Träume und Bedürfnisse aller Altersklassen zu einem unerklimmbaren Berg und stehen damit in konsequentem Gegensatz zu den eigenen finanziellen Mitteln.

Aber was braucht ein Kind zum **Glücklichsein**? Was braucht ein Kind, um groß und stark zu werden? Was braucht es, um sich zu entwickeln? Ein Ausflug in einen anderen Stadtteil kann bei der Erlangung von Erkenntnis häufig schon Wunder wirken.

Plötzlich wird man beschimpft, wenn ein Kind eine Barbour-Jacke trägt. »Ein bisschen übertrieben bei so einem kleinen Kind, finden Sie nicht?«

Dass einem die Jacke gebraucht geschenkt wurde, spielt dabei keine Rolle. Hier merkt man: Teuer ist gelegentlich besser – tut aber nicht not und kann sogar schaden. Ab einem gewissen Alter vielleicht sogar zu einem blauen Auge führen. Die Maßstäbe differieren spürbar. Irgendwo ist jeder ein Außenseiter und es ist gut, das zu wissen, wenn man sich selbst positionieren muss.

Wie gut, dass es so viele Theorien zum Thema Verzicht gibt. Eine stammt von dem Volkswirtschaftler Niko Paech in seinem Buch *Befreiung vom Überfluss. Auf dem Weg in die Postwachstumsökonomie: Souverän ist nicht, wer viel hat, sondern wenig braucht.* Man kann dem Nichtkaufen also den philosophischen Überbau einer zukunftsträchtigen Gesellschaft geben, wenn man möchte. Oder man lernt, dass es einem egal sein sollte, was die anderen von den eigenen Entscheidungen halten.

ALLES BLEIBT RELATIV. Wir dürfen kaufen, was wir wollen, und wir dürfen verzichten. Einfach mal für eine Runde aussetzen. Nicht alles, wovon uns gesagt wird, dass wir es für die Kinder anschaffen sollen, wird nachher wirklich benötigt. Dadurch bestimmen auch wir, wie teuer uns ein Kind zu stehen kommt.

Ich für meinen Teil kann sagen, dass wir folgende Dinge nie benutzt haben, obwohl sie wahrscheinlich auf jeder Erstausstattungsliste stehen: Wickelkommode, Kinderwagen, Wickeltasche, Schnuller, Wippe, Activity Center, Mobile, *blablabla*. Genauso wenig habe ich Geld in Geburtsvorbereitungskurse, Ratgeber und Umstandsmoden gesteckt. Dennoch muss viel Geld investiert werden in die Kleinen. Manchmal hilft dabei aber auch Kreativität und simples Nachfragen.

Die Mengen an Kinderklamotten, die uns während der Schwangerschaft angeboten wurden, waren enorm. Das größte Glück stellte dabei meine Familie dar. Zum einen hatte meine Mutter aufgehoben und weitergegeben, was von ihr, mir und meiner Schwester noch tragbar war. Zum anderen habe ich eine junge Cousine und einen Cousin, deren fast neue Kleidung uns zugutekommt. So brauche ich meistens nur ein paar Strumpfhosen, Handschuhe und anderen Kleinkram zu besorgen. Außerdem müssen alle Familienmitglieder schmunzeln, wenn meine Kinder in der Bettwäsche ihrer Oma schlafen und die Pullover ihrer Mutter tragen.

Einen davon hat meine Mutter vor 27 Jahren in einem Garagenladen gekauft. Er hat in der Zwischenzeit ungefähr fünf Kinder warm gehalten. »Der Pullover ist ein Wunder. Einfach ein Wunder und er sieht immer so gut aus.« Sagt meine Mutter. Am besten haben sich übrigens die Polyesterklamotten aus den Siebzigern gehalten. Die sehen aus wie neu, trotz des vielen Babyschweißes, der schon unter ihnen vergossen wurde.

Trotzdem bleibt die finanzielle Belastung von Eltern. Besonders auffällig ist das an Weihnachten. *Kling Glöckchen klingelingeling … Kling Glöckchen.* **Oh weh.** Kekse backen, Christbaumschmuck suchen, Geschenke besorgen. Nahezu täglich klingelt das Telefon beim Buchhändler meines Vertrauens: Kann er mir dies und jenes noch bestellen?

»Sehr gut.«

»Und dann wäre da noch eines.«

»Nicht lieferbar?« Mist, also Internet.

»Und was ist mit dem Notenheft, geht das?«

»Geht.«

»Danke!«

Ich liebe es, die richtigen Geschenke zu finden, aber es bereitet mir auch Kopfzerbrechen. Muss denn immer alles neu sein und aus sterilen Plastikfolien kommen? Ist *Emil und die Detektive* denn weniger wert, wenn es für zwei Euro auf dem Flohmarkt erstanden wurde?

Das Gleiche gilt für Spielzeug, Musikinstrumente, Fahrräder und Kindersitze. Ich bin mir sicher, dass die Dachböden und Kellerräume in diesem Land überquellen und vielen Kindern volle Zimmer bescheren könnten, ohne die Eltern in Unkosten zu stürzen. Viele trauen sich nur nicht zu fragen. Wenn man eine sammelwütige Familie hat, in der gerne weitergegeben wird, dann ist es leicht. Aber wenn Verwandte und Freunde nicht auf den vollen Kisten sitzen, gibt es auch andere Wege. Sharingplattformen sprießen überall aus dem Boden und bieten vom Kindersitz bis zur Nähmaschine alles an, was man sich mal leihen möchte.

Doch nicht alles lässt sich leihen oder kostengünstig beschaffen. Ich will die Sorgen und Nöte von Eltern nicht kleinreden. Ich kenne das Problem. Bei vier Kindern steht nahezu wöchentlich ein außerordentlicher Posten an: eine zerrissene Hose, ein vergessener Handschuh, eine neue Zahnspange, ein geklautes Fahrrad, ein verlorener Helm, Schulmaterialien, Kitareise und zu kleine Schuhe. Erschwert wird das Ganze noch durch die kaputte Waschmaschine, den überschwemmten Keller und im schlimmsten Fall erkrankte Eltern.

Geldbeschaffung ist ein Abenteuer für Menschen mit und ohne Kinder. Und Geld bleibt immer auch relativ, was dazu führt, dass man sich Kinder nur schwer zusammensparen kann. Jeder hat andere Ansprüche und bei manchen führt das dazu, auf Kinder zu verzichten. Denn Kinder kosten Geld, wie reich sie uns auch machen. Ihren genauen Preis sollten wir uns jedoch von niemandem diktieren lassen. Vielmehr sollten wir selbst und unabhängig entscheiden, was nötig ist, um sie zu haben und groß werden zu lassen.

Auf die richtige Menge Geld zu warten, um Kinder zu bekommen, erscheint mir daher als etwas seltsam. Mit Kindern wird das Geldverdienen oder -sparen natürlich schwieriger, man ist gestresster und weniger flexibel. Aber die allermeisten Menschen können Geld verdienen und kreativ sein und Dinge schaffen, bis sie in Rente gehen oder darüber hinaus. Kinder kriegen kann man dagegen nicht bis ins hohe Alter, auch wenn manch einer uns das suggerieren möchte, indem er für viel Geld unsere Keimzellen einfriert. Kinder sind keine Frage des Geldes, sondern eine Entscheidung, die wir treffen. Und nicht die Investition in Unnötiges macht einen zur Wondermother, sondern das Spiel, **Unmögliches möglich zu machen**.

07

Familienbande

Meine Mutter hatte einen Haufen
Ärger mit mir, aber ich glaube,
sie hat es genossen.

Mark Twain

Mama

Frühmorgendliche Sommerhitze, Schweiß und Desinfektionsmittel. Die junge Frau blickt auf ihre blau-weiß geringelten Söckchen mit Lochmuster und fragt sich zu vieles, um einen der Gedanken festzuhalten. Pendelnd zwischen Angst, Schmerz und dem Gefühl, dass das Ganze hier bald ein Ende nehmen sollte, findet sich keine Antwort. Seit dreizehn Tagen ist sie neunzehn, seit zwölf Stunden im Krankenhaus und seit elf quälenden Minuten wehrlos an einen Wehentropf gefesselt. Eigentlich sollte gerade jetzt für sie die mündliche Abiprüfung beginnen: Weimarer Klassik, Sternchenthema *Faust. Sturm und Drang.* Doch davon ist im Kreißsaal nichts zu merken. Während das Abitur warten muss, lasse auch ich mir Zeit, sitze im Warmen und will nicht raus. Mein Vater ist gerade wieder aufgewacht. Eine Geburt kann ermüdend sein, wenn sie sich so lange hinzieht. Jetzt will er mit in den OP. Mundschutz. Grüne Überzieher. Antiseptisches Getue. Gegen Mittag dann der tiefe Schnitt und ich erblicke das Licht des Kreißsaals. Mein Vater badet mich. Ich bin jetzt sauber und meine Mutter verletzt.

Als sie wieder aufwacht, herrscht erst einmal große Verwirrung. *Wo bin ich?* Irritiert sieht sie Menschen an ihrem Bett stehen. Mein Vater. Meine Paten. Dazu Obligatorisches: gestärkte Bettwäsche, Linoleum und der Geruch von Kölnischwasser. Die wichtigste Frage: *Wo ist denn jetzt das Kind?* Und da kommt es auch schon: ein frisch geliefertes Baby. Gewaschen, gepudert, gewickelt und eingewickelt. Wunderhübsch und dennoch seltsam. Diese Sauberkeit. Wie aus dem Katalog. Das Muttersein auf Knopfdruck ist verwirrend. 85 glaubte man noch nicht an Bonding, Käseschmiere und sofortiges Anlegen. Nichts von dem, was man heute so kennt und zu bedenken ermahnt wird, schien damals aktuell. Blutverschmierte Wollknäuel wurden noch nicht bzw. nicht mehr auf nackten Oberkörpern platziert, sondern erst mal grundgereinigt und verpackt. Wie kleine Geschenke. Ein solches wird meiner Mutter nun überreicht. Dazu die Option auf Zufütterung und Nachtruhe. Die Kinder werden abends geholt und morgens wieder gebracht. Satt und sauber. Als Mutter kann man nachts durchschlafen und sich erholen. Klingt verlockend, aber meine Mutter lehnt dankend ab. Zwar weiß sie noch nicht genau, wie das mit dem Lieben funktioniert, aber hergeben will sie das putzige Geschenk nun auch nicht mehr.

Zehn Tage Krankenhaus liegen vor uns. Mein Vater kommt und bringt Frauenmanteltee. Auch mein Onkel fährt täglich mit seinem Roller vor und besucht uns. Dazu ein Geschenk. Auch alle anderen kommen vorbei. Aber sie sind nur Gäste, die beizeiten verschwinden. Wir zwei sind wieder alleine. Es ist ein Vorgeschmack auf die nächsten zwei Jahre, die wir gemeinsam bestreiten werden, und auf all die Rätsel, die sich daraus ergeben. *Wie macht man das richtig? Was ist überhaupt richtig? Womit fängt man als Erstes an?* Jedenfalls bleiben wir zusammen. Ich werde gestillt, und wenn die Kinder der Zimmernachbarinnen abgeholt werden, bleibe ich da und schlafe bei meiner Mama. Ohne viel *sch-sch*, denn als Kind war ich noch brav.

Mein Vater ist zu dieser Zeit Zivildienstleistender. Wehrdienstverweigerer im Jahr 85. Er ist der Held im Schwesternzimmer und dann auch noch junger Papa. Das muss ein wenig gefeiert werden. Korken. Knallen. Zigaretten. Aber er lüftet die Wohnung ordentlich durch, bevor wir nach Hause kommen. Und er hat Blumen gekauft, violett und orange. In ihrem jugendlichen Leichtsinn sagt meine Mutter ihm, dass sie nicht schön sind. »Scheußlich. Aber heute würde ich die Absicht dahinter erkennen und nicht die Farbe in Frage stellen.« Glaubt sie.

Meine Eltern sind erst vor drei Monaten zuhause ausgezogen, aber nicht so richtig. Genau genommen wohnen sie nebenan in kostenlosen Räumen. Sie müssen nur Geld für etwas Strom und Wasser bezahlen. Aber es fühlt sich schon ein wenig nach großer Freiheit an. Eigene Tür, eigenes Kind, eigenes Essen. Der Familienanschluss bleibt jedoch und das Mineralwasser dürfen sie sich aus den Kästen der alten Dame nehmen, die ihre Vermieterin ist. Die verschobene mündliche Abiturprüfung, die nun vier Wochen nach der Geburt stattfindet, wird weniger beachtet. Deutsch und Religion sind die Prüfungsfächer. Während die Wissenschaft keinerlei Nachweise für die sogenannte Stilldemenz finden kann, behauptet meine Mutter: »Mein Gehirn war aufgeweicht: halb degeneriert.« Bis heute steigt ihr die Schamesröte ins Gesicht, wenn sie erzählt, dass sie damals Schiller und Goethe verwechselte. Und vielleicht beharrt sie auch nur deshalb auf die nachgeburtliche Hirnerweichung, die bis zum Studium angehalten haben soll. »Damals habe ich gedacht: Es wird schon gehen, wenn ich nur ein Minimum leiste. Und es ging ja auch.«

Meine Eltern haben gerade mal ihr Abitur und machen keinerlei Anstalten, sich jetzt einen vernünftigen Broterwerb zu suchen. Stattdessen ist der Plan, sich gen München aufzumachen und zu studieren. Alle beide wollen an die Technische Universität. Manche Leute schütteln den Kopf. *So weit weg. Mit einem Baby. Ohne Geld? Muss das sein?*

Dennoch. Kisten packen. Auto beladen und ab nach Bayern. Mein Vater beginnt zu studieren – das Studentenleben und Physik. Meine Mutter bleibt bei mir zuhause. Der Klassiker.

Unsere erste Wohnung ist so feucht und unsaniert, dass meine Großeltern nach ihrem ersten Besuch weinend im Auto nach Hause fahren. *So schlimm war es gar nicht.* Außerdem bezahlbar und groß genug für uns drei. Aber ein Umzug wurde ohnehin nötig. Der Vermieter steht eines Tages vor der Tür: **Eigenbedarf.**

Erste Anlaufstelle: das Studentenwerk. Die höchste aller Instanzen des studentischen Lebens. Wer seinen Studentenwerksbeitrag nicht bezahlt, kann ganz schnell exmatrikuliert sein. Hier gilt es also, Respekt zu haben, denn wer wollte seinen Studienplatz verlieren. Hier werden auch die Wohnungen im Studentenheim vergeben: ein Neubau. Einzugsbereit. Es gibt noch freie Plätze. Der Architekt hat im Dachgeschoss extra Wohnungen für Familien geplant. Das wäre perfekt.

»Können wir da einziehen? Wir studieren beide hier. Wir sind eine Familie.« Meine Mutter blickt an sich herunter, um den Fehler zu finden, den die Frau auf dem Amt sofort ausgemacht zu haben scheint. Ratlosigkeit.

»Na, kennans ned.«

»Aber, es gibt doch extra Wohnungen für Familien.«

»Ja, aber die wern ned an Familien vermietet.«

»Aber warum? Die Wohnung wäre doch genau das Richtige für uns … mit Kind.«

»Aber mit am Kind, na, des hättns eana frihar überlegn miassn.«

Das hat gesessen. Punkt aus. Kinder sind hier nicht gewollt und Mütter auch nur geduldet. Klar ist in diesem Moment, dass sie hier nicht ihre neue Heimat gefunden hat. *Oft war einfach alles zu viel.*

Desillusioniert geht die Wohnungssuche weiter. Vier Jahre später gibt es eine Kita an der Uni und mehr Unterstützung. Die kam für uns aber zu spät. Meine Mutter ist sich sicher: Für sie hätte es damals nicht funktioniert, als Alleinerziehende zu studieren. »Ohne einen Partner wäre es nicht gegangen. Dafür hätte man deutlich härter sein müssen.« Ohnehin hatte man als Frau damals noch andere Hürden zu überwinden. Es gab sogar Professoren, die keine Frauen zur Promotion angenommen haben. Sie behaupteten, diese wären nicht vermittelbar in die Industrie. »Ja, so war das an der TU München in den 90ern.«

Dabei kenne ich kaum jemanden, der härter an sich arbeitet als meine Mutter. Ich bin zwei Jahre alt, als auch sie anfängt zu studieren. Gartenbauwissenschaften. Ein Studium voller zeitintensiver Praktika. Physik-, Chemie-, Pflanzenphysiologiepraktikum und viele andere fordert die Uni. Da muss man anwesend sein. Pünktlich. Akkurat. Mit der Kinderbetreuung wechseln meine Eltern sich ab. Organisation ist alles. Die Wege sind weit und nicht alles ist klar. Ein paar Stunden pro Tag verbringe ich bei einer Tagesmutter. Meine eigene hat es eilig.

Rumtrödeln war noch nie das Ding meiner Mutter. Immer zack, zack. Dies noch. Das noch. Erst die Arbeit, dann das Vergnügen. Das hat sie gelernt. Was sie als Vergnügen bezeichnet, kommt dadurch immer ein wenig zu kurz. Sie überzieht nie. Bei neun Semestern Regelstudienzeit braucht sie acht für ihr Studium. Dann noch ein Jahr bis zum Diplom. Ab dem dritten Semester ist auch Schluss mit Putzen. Sie arbeitet jetzt als studentische Hilfskraft am Botanikinstitut. 14 Mark die Stunde. Wahnsinnskohle. Dafür zählt sie Algen. Unzählige Algen. »Mit den Augen hängt man am Mikroskop und blickt in die mit Wasser gefüllten Schälchen.« Sich verlieren im Leben des Wassertropfens. Meditative Ruhe. Mit der Hand drückt man einen kleinen Zähler. *Klick. Klickklick. Klick.* Sie beginnt gerne morgens um sechs. Da hat sie ihre Ruhe. Und bevor um acht Uhr die Vorlesung beginnt, hat sie schon zwei Stunden gearbeitet. Macht 28 Mark, während die anderen noch schlafen.

Die anderen. Einige reisen durch Afrika oder Südamerika während der Semesterferien. »Ich musste immer dafür arbeiten, dass ich in Ruhe leben konnte.« In den höheren Semestern, kurz vor Schluss, bekommt sie sogar ein Stipendium von der TU. Die Jahrgangsbesten haben die Chance, unterstützt zu werden. 100 Mark im Monat. Das reicht natürlich nicht, um damit seinen Lebensunterhalt zu bestreiten, aber es ist eine kleine Unterstützung. Mehr symbolisch, aber es hat geholfen. Damit wurde belohnt, dass sie gut gearbeitet hatte. Sie genoss die Anerkennung »von einem ordentlichen Verein. Ich wollte mit diesem Studium vorankommen.«

Ihr größter Vorteil war, dass sie immer Menschen um sich hatte, die an sie glaubten. Von der Grundschullehrerin bis hin zur Uni. »Mein Professor war zielorientiert, aber er hat mich machen lassen und mir und meinen Plänen blind vertraut. Er hat mich so lange gefördert, bis das summa cum laude unter meiner Doktorarbeit stand.«

»Mama, warst du zu jung für ein Kind?«

Die Antwort kommt ohne nachzudenken. Das überrascht mich. **NEE.** Und dann doch eine Pause. Es knackt in der Telefonleitung. »Aber mir fehlte die Überzeugung, dass ich Dinge richtig mache. Sich selbst nicht so in Zweifel ziehen … das muss man erst mal lernen. Gut und Schlecht gibt es da ja nicht.«

Die Verantwortung für ein Kind zu haben ist nervenaufreibend. »Ich konnte mit mir selber doch noch gar nicht umgehen.« Nie ist da Entspannung. Schwereloser Raum. Immer geht es um was. »Und parallel dieses Selbstverwirklichungsdingens.« All die Ziele und Wünsche. Der Druck, alles richtig zu machen und genug Geld zu verdienen.

»In dieser Situation habe ich mich der Sache nicht immer gewachsen gefühlt. Da musste ich auf Instinkt umschalten. Und den hat man ja.« Schon ganz zu Beginn, noch in der Klinik, waren ihre Entscheidungen nicht nur kopfbasiert. Instinktiv wusste sie, dass sie mich lieber bei sich haben mochte. Wusste, was sie von unserer Beziehung erwartete. Und auch das mit dem Lieben hat sie gelernt. Denn wenn man nicht nur Verantwortung hat und trägt, sondern auch mal loslassen kann, liebt es sich leichter. Und beides muss man lernen.

Alles auf Risiko

Kindergeburtstag, in meinem Kopf ist das etwas Wunderschönes: Alles ist bunt und glitzert. **Bling bling.** Ich habe einen ganz speziellen Duft in der Nase, wenn ich nur daran denke. Die Kerzen funkeln, die Augen leuchten, alle singen. Und Kuchen zum Frühstück, so viel man möchte. Mit Zuckerstreuseln und Schokoguss und Apfelsaft. Und Geschenke und Blumen auf dem Tisch und Kartoffelbrei mit Erbsen. Und überhaupt.

Dieses Gefühl verändert sich nicht, obwohl ich nun seit einigen Jahren die Seiten gewechselt habe und für den ganzen Spaß verantwortlich bin. Spätabends vor dem Kindergeburtstag sitze ich auf dem Wohnzimmerboden und beklebe Geschenke mit bunten Punkten, bügle eine Tischdecke und suche Kerzen. Nachts um eins ist dann alles so bunt und blumig, wie ich es mir vorgestellt habe. Letztes Jahr kullerten mir in diesem Moment dicke Tränen aus den Augen. Freude. Glück. Dankbarkeit. Heulend rief ich bei meiner Mutter an, um mich bei ihr zu bedanken. Nachts um 1 Uhr ist für uns keine ungewöhnliche Zeit, um zu telefonieren. Ich blickte auf den Geburtstagstisch meines Kindes und wusste, warum er so aussah. Ganz unbemerkt hat meine Mutter sich als großes Vorbild in mein Leben geschlichen und oft merke ich erst heute, wie viel Liebe in mich gesteckt wurde.

Sie liebte mich also. Aber, Hand aufs Herz, war ich ein Wunschkind? Wer will denn schwanger in die Schule gehen?

»War ich ein Unfall?«

»Nein.«

»Ein geplanter Unfall?«

»Unfall ist Unfall und das war kein Unfall.«

»Aber wirklich. Mal ehrlich! Das macht doch keinen Sinn. Mama, mit neunzehn!«

»Ich dachte, ein Kind wäre schön. Ich dachte, wenn ich jetzt kein Kind bekomme, bekomme ich gar keins.«

Die Klassenkameraden haben andere Pläne. Natürlich. Nach der Schule kommt das Leben, oder so.

»Aber ist das nicht Traumtänzerei, nicht zu Ende gedacht?«

»Für mich war es das drohende Unglück, bis 30 kinderlos zu bleiben.«

Außerdem werden Kinder schneller groß als gedacht. Kaum sind sie da, krabbeln sie auch schon weg. Windel aus und losgeplappert. Während meine Mutter fleißig studierte, wurde ich lang und neugierig. Ich kam in die Schule, schwindelte mich durch die Nachmittage, ging mal in den Hort und mal ins Ballett. Und zwischendurch erkundete ich die Süßwarenauslagen sämtlicher Bäcker der kleinen Studentenstadt. Die Zuckerschlangen, die ich für 10 Pfennig das Stück erwarb, wären wohl in der Lage, die Erde als Wollknäuel zu verkleiden. Ganz zu schweigen von den Wassereis-Seen und Brausepulver-Hügeln. Es ist die Zeit, die mich zum Schokoholiker machte.

Als ich gerade aus dem Gröbsten raus war und die Pubertät in naher Ferne lag, war meine Mutter fertig diplomiert und steckte mitten in der Promotion. Ich war gerade zehn Jahre alt und umgezogen waren wir auch schon wieder. Einmal durch die Stadt und über die Brücke. Mein Vater war in der Doppelhaushälfte zurückgeblieben und verwandelte sie in eine WG, die meiner Schulbildung den Kampf ansagte, wenn ich die Hälfte der Woche dort verbrachte. Dafür lernte ich viele andere nur auf den ersten Blick unnötige Dinge.

Königlich

Ein Jahr später geht meine Mutter unter die Existenzgründer. Ein Ingenieurbüro soll es sein. Innenraumbegrünung. Volle Kraft voraus. Jetzt wird Karriere gemacht. Der Umzug in eine neue Stadt ist bereits geplant. Und auch ansonsten sind Pläne jetzt das A und O. Aber was fällt ihr da ein?

»Eigentlich wollte ich schon immer ein zweites Kind.« Warum also nicht jetzt, wo der richtige Mann vor der Tür steht. Hereinspaziert. »Mein Studium hatte ich im Sack. Was sollte denn jetzt noch passieren? Mit einem zweiten Kind studieren? Das hätte ich nicht bewältigen können.«

Aber jetzt steht ja nur noch der Broterwerb an. Ob das geht? Darüber hat sie nie nachgedacht. Mit der Promotionsstelle hatte sie in den letzten Jahren schon Geld verdient. Und jetzt würde sie das eben als Selbstständige tun. Gesagt. Getan.

Das neue Kind wird auch gestillt. Mal aus der Brust, mal aus der Tupperdose. Gefrorene Milch. Auftauen. Fläschchen. *Gluck. Gluck.* Mama ist arbeiten. Mal hier, mal da. Meistens im Büro unterm Dach. Brütend. Schwitzend. Tag und Nacht. Nach jedem Kind ist da erst mal das Thema Sicherheit. Und strampeln und arbeiten und schaffen. Sobald wieder Land in Sicht ist, kommen neue Projekte, Ideen, Verpflichtungen. Und immer wieder die Entscheidung gegen das Geld, gegen den sicheren Job an der Uni, gegen die Beschränkung. Ein Buch, ein Fernsehauftritt, ein Seminar. Hans Dampf in allen Gassen.

Dass der Mann nicht der Ernährer ist und sich gegen eine gesellschaftlich anerkannte Arbeit entscheidet, ergibt sich von selbst. Dabei ist es hilfreich, dass er nicht erpressbar ist. Er braucht weder männlichen Hahnenkampf noch eine Müttermedaille. Irgendjemand muss sich aber um das Kind kümmern. Vollzeit. Und um die Wäsche UND die Waschmaschine. Und überhaupt: alle Maschinen.

»Manchmal fühle ich mich wie auf eine Versorgungsstation angewiesen. Ich fahre draußen die Runden und er ist der Chef in der Box.« Genau genommen funktionieren sie wie Queen Elizabeth und Prinz Philip. Sie hat die Titel, das Fernsehen und die schrägen Kleider. Er kann unbehelligt seiner Arbeit nachgehen. Und letztendlich hat er doch die Hosen an und folgt dem Protokoll nur dann, wenn er möchte. Heute arbeiten sie gemeinsam in einem Unternehmen, das als Produkt meine Mutter und ihre Kenntnisse hat. Klar, für viele Männer und Frauen undenkbar. Als Frau darf man ja Schmuckstück sein, da ist sie First Lady. Als Mann in einer solchen Situation bist du First Vollidiot. Dabei ist er Sparringspartner. Liebe, gemeinsame Verantwortung. Egal, was die anderen sagen.

Alles. Besser. Parallel.

Ich glaube, ohne meine Mutter wäre meine Angst vor dem Kinderkriegen viel größer gewesen. Hochhaushoch. Ich hätte gezweifelt, ob ich leben und Kinder und lernen und lieben und Erfolg unter einen Hut bringen kann. Ich hätte gezweifelt, ob man sich tatsächlich so viel Freiheit herausnehmen darf, einfach zu machen, was man möchte. Zu machen, was man selbst für richtig hält. Obwohl, gezweifelt habe ich auch so. Gezweifelt hat auch meine Mutter. Immer und immer wieder. Jeden Tag.

Berufstätige Mütter werden ständig niemandem gerecht. Ungenügend. Setzen. Sechs. Aber was ist es dann, was mich ermutigt hat? Auch ihr permanentes Hinterfragen, Zweifeln, Probieren. Neu sein. Alt sein. Mutter sein. Allein sein.

Es sind die **Vorbilder**, die unser Bild von Familie, Partnerschaft und Erziehung prägen. Ich bin froh, dass ich in meiner Mutter eines habe, das mich ständig begleitet und ermutigt. Für das, was viele heute leben wollen, gibt es aber keine Musterbeispiele in ihrer Umgebung oder ihrer eigenen Kindheit. Die Angst, als Rabenmutter zu gelten, wenn man sich auch beruflich orientiert und bildet, ist enorm.

Meine Eltern waren im Vergleich zu den Eltern in meiner Umgebung irgendwie zu jung, zu studentisch, zu anders. Genau genommen waren sie mir oft peinlich: zu unreif und zu anstößig. Was sie früher so unangenehm machte, ist mir heute jedoch der beste Ratgeber.

Wir sind darauf angewiesen, neue Wege zu gehen und unsere eigenen Vorbilder zu sein. Was die Nachbarn denken: egal. Was in der Zeitung steht: egal. Wichtig ist, was deine Augen dir sagen, wenn du morgens in den Spiegel siehst. Das Leben ist zu kurz, um es sich von unnötigen Konventionen vermiesen zu lassen. Glücksgefühle entstehen nicht dadurch, dass du zuhause sitzt und darauf wartest, dass du ein Leben geschenkt bekommst. Glück entsteht durch Erfolgserlebnisse, durch Herausforderungen, die du meisterst. Und durch Schokolade.

08

Dude oder Dadster?

Wenn man keinen guten Vater hat,
so soll man sich einen anschaffen.

Friedrich Nietzsche

Sergej

Als ich Sergej und Julia kennenlernte, war sie ziemlich blass um die Nase. Wir saßen in dem Zimmer ihrer Wohnung, das Produktionsbüro genannt wurde und ihre Firma *Von Fiessbach* beherbergte. Ich war ziemlich nervös. Herzschlag hoch. Hände feucht. Viele Fragen. Sergej, der mit seinen damals 22 Jahren ein erfahrener Schauspieler war, hatte mir eine Rolle in seinem Film *Hotel Desire* angeboten. Seine dritte Regiearbeit. Ich fühlte mich alt. Gut, dass ich die Mutter eines Schulkindes spielen sollte. Die Sorgenfalten konnten hilfreich sein. Ich wollte die Rolle haben. Christopher und Julia sollten den Film produzieren. Wir würden uns nun öfter sehen. Hoffentlich.

Einige Wochen später: SOHO House Berlin. Ein Essen mit dem Co-Produzenten. Julia trinkt Wasser statt Wein und bestellt ihr Steak well-done. In diesem Moment war alles klar und ein Anruf nach dem Essen die Bestätigung. Tatsächlich ist Julia hochschwanger, als wir im Sommer darauf den Film drehen. Zwei Tage nach Drehschluss wird die Geburt eingeleitet, weil sie Diabetikerin ist. Sergej wird mit 23 Vater und das in einer Zeit, in der viele Väter beim ersten Kind fast doppelt so alt sind wie er. Wer jedoch auf einen Unfall tippt, hat weit gefehlt.

Das kleine Mädchen ist volle Absicht. Das Fundament bildet die Beziehung der Eltern und das Kind ist die logische Konsequenz. Wunsch, Traum und Ziel. Dass Julia ein paar Jahre älter ist als Sergej, spielt für diese Entscheidung keine Rolle, schließlich können Frauen heute mit 45 noch Mutter werden. Er sagt, er habe sich bewusst in eine ältere Frau verliebt. »Julia steht im Leben. Sie hat einen Beruf.« Mit ihr kann man eine Firma und eine Familie aufbauen, während die meisten Mittzwanziger noch studieren, durch Südamerika reisen oder Praktika absolvieren. Aber Sergej will kein planloses FSJ in seinem Leben. Außerdem will er nicht als Hipster in Berlin Mitte abhängen und Party machen. Der coole Dude sein, der sich Zeit lässt mit der Familienplanung: nicht sein Ding. Er will Julia und er will Kinder.

Aber wie will man sein als Vater? Und wo lernt man das? **VATERSEIN.** Ein großes Wort. Wer ist Vorbild, Anreiz, Ideal? Gibt es das überhaupt? Oft sind es die Lebensumstände, die uns zu einer bestimmten Art Eltern werden lassen: Geld und Sorgen und Stabilität und Sehnsucht.

Da ist Sergejs multiples Vater-Vorbild, das eigentlich nicht existiert. Zusammengeschustert aus diversen Männern. Wenn es prägend war, dann diffus und nicht nachvollziehbar. »Männliche Vorbilder gab's dann eher im Beruf.« Mit 12 Jahren fängt er an zu drehen. »Film und Fernsehen. Ben Becker und Götz George sind Inspiration für Männlichkeit.«

Und die Mutter? Ist sie das Vorbild? Als Miss Empathie geistert sie durch beinahe alles, wovon Sergej erzählt. Sie vermacht der Enkelin ihren Vornamen, wirkt als die gute Seele, passt auf und ist immer da. »Wir hatten nicht viel und die Welt war oft kompliziert, aber da war immer Liebe und sie hat uns alles erklärt, bis wir es verstanden haben.«

Das erste Baby bekam auch sie im Alter von 23 Jahren. Insgesamt drei Kinder zieht sie groß in Ostberlin und die bringen ihre Freunde mit. Alle kommen gerne in dieses offene Haus. »Habt ihr Hunger? Geht's euch gut?«, fragt die Mutter in das Zimmer, das von Shisha-Dämpfen vernebelt ist. Sie erzieht ohne viele Regeln und ohne konstanten Partner. Aber es geht gut. »Wir waren uns dadurch immer sehr nah.« Auch ihr Sohn setzt auf Empathie, aber er kombiniert sie vorerst mit Ehe und ein wenig mehr Strenge in der Erziehung.

Für Sergej ist klar: »Kinder sind keine One-Man-Show.« Er fände auch, dass es schön wäre, wenn Männer in eine Abtreibung involviert werden sollten. Männer in die Verantwortung mit einbezogen. »Klar, es gibt Ausnahmen, wie Vergewaltigungen.« Aber ansonsten ist da vor allem eines: Eltern. Wir.

Beide. Und so geht er mit zum Frauenarzt und in Geburtsvorbereitungskurse. Er streicht das Kinderzimmer und wechselt Windeln. Wenn er abends nach Hause kommt, wird gespielt. Dann putzen Papa und Tochter gemeinsam die kleinen Milchzähne und ab ins Bett. Wie sich das für ihn anfühlt? »Normal.« Es ist das, wofür er sich entschieden hat.

Aber ist er ein moderner Bilderbuchpapa oder ist das alles nur Show? Hingekleckertes Pseudoengagement eines Menschen mit großen Ambitionen in so vielen Bereichen? Wie ist die Arbeitsaufteilung zwischen Julia und ihm?

»Realistisch. Sei ehrlich.«

»Siebzig zu dreißig. Prozent.«

Sie leistet also mehr als das doppelte der Erziehungsarbeit.

»Warum ist das so?«

»Die Arbeit macht es nicht anders möglich.« Die gemeinsame Firma fordert ihn mehr als sie. »Wenn etwas geschrieben werden muss, dann mache ich das. Und Schreiben erfordert Zeit und Raum.« Drehbücher, Regieinterpretationen, Konzepte. Wenn Not am Mann ist, geht er mit der Kleinen zum Arzt. Wenn seine Frau für ein Projekt auf Reisen ist, dann kümmert er sich. Die Arbeit ist zwar flexibel, aber sie muss gemacht werden. Notfalls nachts. »Alles hat Vor- und Nachteile.«

Das ist wohl sein Rezept: **Ernsthaftigkeit.** Das frühe Arbeiten hat ihn schon jung Verantwortung übernehmen lassen. Für sich und seine Mutter, für seinen Erfolg und seine Zukunft. Es entstand ein Wertgefüge, das sich bei vielen erst später entwickelt.

»Das eigene Glück hängt von dir ab.« Da ist sie: diese unbedingte Liebe zur **Selbstbestimmung**. Er trägt sie in die eigene Firma, die Projekte, die Familie. Einen doppelten Boden gibt es nicht. »Verantwortung für Kinder heißt auch Verantwortung für dich.«

Wenn man diese Verantwortung wählt, dann sind einem die Umgebungsreaktionen vielleicht auch weniger wichtig. Sergej definiert sich nicht als Dadster, eine Mischung aus den Worten Dad und Hipster. Vielleicht tun das eher Männer in der Midlife-Crisis, die mit Cap und Sneakers ihrer Jugend nachtrauern, während sie den Buggy schieben (müssen). Wenn man jung ist, hat so ein Buggygeschiebe eine gewisse Lässigkeit, die man nicht spielen muss. Ein Kind lässt einen 23-Jährigen einfach nicht alt aussehen.

Dennoch muss es sich seltsam anfühlen, wenn im Geburtsvorbereitungskurs alle 15 Jahre älter sind. »Der Kontakt zu Gleichaltrigen geht verloren. Jüngere drücken sich oft vor der Verantwortung.« Sergej beschreibt sie als rastlos Suchende. Wahrscheinlich haben sie Angst vor den Veränderungen.

Er selbst hatte nie Angst davor, ein Kind zu haben, sagt er. Heute ist er 25. Wenn ich in sein noch immer kindliches Gesicht sehe, zweifle ich ein wenig. Kann er so reif sein? Sicher ist: Er will so reif sein. »Durch das Elternsein ist da eine andere Art der Gelassenheit.«

Auch die Paarbeziehung entwickelt sich mit einem Kind. »Die Wirklichkeit verändert sich und man muss sich mehr zurücknehmen.« Familie bedeutet Konfrontation. Aufmerksamkeit. Und Ärger, manchmal. »Man kann seinem Partner nichts vormachen.« Aber die Basis wird stärker. Der Sex wird weniger. »Positiv und negativ. Der Sex wird seltener, aber intensiver.« Mit Kindern gehört man auf andere Art zusammen. Untrennbar.

»Die meisten verdrängen ihr Glück und finden feige Gründe, warum es jetzt nicht schön ist.« Sergej ist für Entscheidungen und dafür, Dinge anzunehmen und das Bestmögliche daraus zu machen. Das eigene Glück bleibt auch relevant, wenn man Kinder hat. Und nach dem nächsten großen Filmprojekt ist auch das nächste Kind geplant. Wer hätte etwas anderes erwartet?

Ich mag Sergejs Engagement und das vieler anderer Männer. Ob der Mann mit zum Vorsorgetermin geht oder wie viele Geburtsvorbereitungskurse oder auch gar keinen man besucht, das bewertet und organisiert ohnehin jedes Paar anders. Mir ist es wichtiger, dass der Mann sich nach der Geburt darauf einlässt, immer mal wieder ein paar Wochen Hauptverantwortlicher im Familienbetrieb zu sein. Ich will genauso reisen und arbeiten können wie er.

So hat jede Konstellation ihre Vorstellung vom perfekten Vater, irgendwo zwischen Superdaddy und Macho-Dude. Ob und wann unsere Partner geschlechtsunabhängig wickeln oder feiern dürfen? Ob der Mann ganz konservativ den Kombi durch die Waschanlage schicken soll? Diese Fragen muss sich jeder selbst beantworten. Ich glaube, Kreativität ist dabei wichtiger als schlaue Ratgeber, die Normen festlegen. Es geht um die geheimen Sehnsüchte. Die Erwartungen dürfen hoch sein. Ein bisschen Mut, die Dinge anders und persönlich zu gestalten, kann auch nicht schaden.

Troubleshooter

Die Mundwinkel sind verräterisch. Bei den Kleinen sammelt sich dort immer Ketchup und Schokoladeneis. Oder ihre Haare sind mit irgendwelchem Zuckersirup verklebt. Gerne vertuschen sie die vollgestreuselten T-Shirts und rollen sie von unten her ein. Doch ich sehe es schon in ihren Augen, wenn sie verstohlen zur Seite blicken. Und dann fliegt es auf: Papa hat den Kindern Pommes gekauft, mit Wurst und Ketchup. Und hinterher gab's Eis.

»Aber erst nach der Karussellfahrt.«

»Und woher habt ihr die Spritzpistole?«

» Und wer hat euch erlaubt, meinen Nagellack zu benutzen und im Wohnzimmer Fußball zu spielen?«

»Und außerdem ist heute nicht *Mutella*-Tag.«

AAAAHHHHRRRRGGHHH…

Bei uns wiederholt sich vieles, was ich von zuhause kenne. Oftmals bin ich davon nicht begeistert. Leider habe ich auch Grund zur Annahme, dass wir nicht die Einzigen mit diesen Erziehungsdifferenzen sind. Ich habe umgekehrt allerdings auch schon von Männern gehört, deren Frauen beim Anblick ihrer Kleinen kein **Nein** mehr über die Lippen bringen.

In meiner Kindheit war meine Mutter zuständig für Ordnung und Anstand. Schulsachen kontrollieren, Regeln aufstellen, Süßigkeiten und Fernsehen limitieren. Sie wusste nicht immer um die Gefahr, die sich auftat, wenn sie das Haus verließ: »Gott sei Dank.«

Das Chaos war vorprogrammiert. Mittwochabends ging sie zum Bauchtanzkurs. Jede Woche. Kaum war die Tür ins

Schloss gefallen, fingen mein Vater und ich an, im Hausflur Fußball zu spielen. Oder Basketball. Oder Irgendwas-Ball. Der Flur war nicht signifikant breiter als die Haustür und außerdem schielte ich damals noch wilder als heute, war mit meiner verschmierten Brille kaum besser dran als ohne und konnte die Entfernung von Bällen so wenig einschätzen wie die des Mondes. Aber das sollte uns nicht abhalten. Wir gaben uns Sportlernamen und spielten voller Elan. Steffi Graf hielt den Ball, bevor sie den nächsten Schuss verwandelte. Vorbei an Boris Becker ins Tor! **TOR!!** Was für ein Schuss! Einen Schiedsrichter brauchten wir nicht. Das Spiel hatte Halbzeit beim ersten **PENG! BUFF!** Während mein Vater nun die Erde auffegte und gemeinsam mit der gestürzten Pflanze zurück in den Blumentopf stopfte, konnte ich etwas trinken gehen. Durchatmen und weiter geht's. Das Spielende wurde durch ein lautes **KLIRR** signalisiert.

Au Backe. Das Bild. Das gibt Ärger. Bei kaputtem Glas müssen Kinder aus dem Weg gehen und in solchen Momenten ging ich auch immer gerne schnell schlafen. Huschhusch ins Bettchen, bevor Mama kommt.

Hatte ich Freundinnen zu Besuch, dann sprangen wir gemeinsam vom Kleiderschrank aufs Ehebett. Und **HOPP!** So oft, bis die Latten knirschten. Oder bis Mama kam. Wir seilten uns von meinem Hochbett ab und tranken Kakao aus Riesenbechern. Mein Vater schenkte mir großzügig Fernsehminuten von »seinen«, falls ich meine erlaubte tägliche Stunde bereits verbraucht hatte. Die Welt der Abendunterhaltung stand mir offen. Bereits als Kind sah ich *Stalingrad*, Filme von Antonioni und *Die Brücke*. Als meine Eltern dann geschieden waren, konnte ich bei meinem Vater abends nahezu unbegrenzt aufbleiben und auch tagelang bei meiner besten Freundin übernachten. Im Endeffekt könnte man vielleicht sagen: Meine Mutter hat mich erzogen, während mein Vater mir beibrachte, renitent zu sein. Insgesamt eine Mischung, mit der man ganz gut durchs Leben kommt.

Wahrscheinlich müssen Eltern nicht immer gleich streng sein und nicht bei allen Kleinigkeiten am selben Strang ziehen. Ohnehin gibt es das nur selten. Wer kann das schon? Sich immer einig sein. Nur ganz gelegentlich sind zwei Verliebte so gleich und ohne Gegensätze, dass keine Unstimmigkeiten auftreten.

Ich weiß, dass zuhause ein anderer Wind weht, wenn ich für einen Dreh einige Zeit weg bin. Ich weiß auch, dass dieses sanfte Lüftchen den Kindern sehr schmeichelt. Der gleiche Effekt tritt ein, wenn die Großeltern oder Urgroßeltern aufpassen. Nach meiner Rückkehr dauert es dann oftmals eine Weile, bis wir uns wieder eingependelt haben. Bis wieder pünktlich geschlafen und das Aufräumen des Kinderzimmers nicht als drakonische Strafe angesehen wird. Selbst nach einer Woche steht manchmal noch ein Kind auf einer U-Bahn-Treppe und heult: »Aber Papa trägt mir ÜMMER meinen Roller.« Und das, obwohl ich mich bereits vollbepackt und mit dem Buggy unterm Arm Richtung Gleise bewege.

Da hilft nur durchatmen. Liebhaben. Erklären. Sich treu bleiben. Unterschiede gibt es immer im Leben, warum also nicht in der eigenen Familie? Du machst es so und ich mache es anders. Da gibt es keine Maßeinheit für Besser oder Schlechter. Da gibt es nur plus minus Liebe geht gegen unendlich.

Was sich hier relativ entspannt liest, führt manchmal zu Mord und Totschlag. Gemeinsam Eltern sein muss man erst lernen. Das heißt, eigentlich muss man es erfinden. Talente und Schwächen testen. Sollbruchstellen erkennen. Sich selbst verbiegen, strecken und zusammenziehen. Die Forschungsgruppe Familie arbeitet dabei häufig mit hochexplosiven Stoffen. Der verheerenden Wirkung manch einer Substanz ist sie sich dabei nicht immer bewusst. Ein Tropfen noch und **BOOM**.

Das Ganze explodiert gelegentlich. Über die Meinungsvielfalt wird dann gerne hinweggewalzt und Ego trifft auf Ego. Es zählt, woran sich nicht gehalten wurde UND dass die Abmachung ohnehin großer Müll war. Man arbeitet zusammen und sich aneinander ab. Und man wird von kleinen Schlaumeiern reingelegt und gegeneinander ausgespielt. Bis man das einigermaßen raushat, sind die Kinder vermutlich schon aus dem Haus.

Durch die Rauchschwaden eines vorangegangenen Gefechts hindurch kann ich die Qualitäten meines Mannes einige Zeit später auch wieder erkennen. Ganz verschwommen. Er steht da. Ganz ruhig, und glaubt an das Gute. Die Zukunft. Die Familie. Egal, was passiert – der Optimist. Einer, der Teilgruppen seiner vier Kinder auch mal mit zum Meeting nimmt und im Büro spielen lässt. Mich würde das wahnsinnig machen, aber er schickt sie in die Küche: »Plündert den Kühlschrank und plagt die Praktikanten.«

Auch wenn es im Alltag manchmal hakt, wenn er die Hälfte des Einkaufs vergisst, die Kinder zu spät ins Bett bringt oder ohne Mütze in die Kälte jagt: Tatsächlich ist er ein hervorragender Troubleshooter. In Windeseile bringt er Ruhe in einen verstörten Ameisenhaufen. Stünde ich verzweifelt am Straßenrand, deprimiert und heulend, weil alles zu viel ist. Weil alles schiefgegangen und das letzte saubere Kleid soeben von einem Baby vollgekotzt worden ist. Da liefe er los. Entspannt, aber bestimmt. Er würde einen Esel aus einem Schuppen klauen. Er fände einen Eimer Farbe. Pinselte den Esel an und holte mich ab. Dann wäre er der Ritter auf dem weißen Schimmel und wir würden gen Sonnenuntergang reiten.

09

Angst fressen Seele auf

Alle guten Dinge haben etwas Lässiges
und liegen wie Kühe auf der Wiese.

Friedrich Nietzsche

Sprechende Matratzen

Ich bin zu einem Abendessen eingeladen und bringe keinen Wein mit. Die Gastgeberin stillt noch und ich besitze Anstand. Ich bewundere artig das frische Baby des Pärchens. Haut. Augen. Nase. Volles Kindchenschema-Programm. Ich will dieses kleine Wesen sofort beschützen, es kuscheln und wärmen. Ich will es in seine dicken Waden zwicken. Und dann möchte ich meinen kinderfreien Abend genießen.

Doch der Genuss scheint in weiter Ferne. Alles da, nur keine Stimmung. Etwas steif hier. Alles im Babymodus. Eine entfernte Bekannte, Margareta, auch Neu-Mutter, nimmt ihre neue Aufgabe ernst und will Wickelunterlagen- und Nuckelgespräche führen. Seitdem sie ihren Agenturjob, der ohnehin mehr Broterwerb denn Berufung war, gegen das Muttersein eingetauscht hat, herrscht da ein Vakuum in ihrer Gesprächsführung, wo sie früher mit Arbeitsblabla um sich warf. Jetzt purzeln nur noch Windelworte aus ihrem Mund. **BLUBB. BLUBB.** Babyöl. **BLUBB.** Beikost. Scheinbar unzusammenhängend blubbert ihre neugewonnene Muttersprache aus ihr heraus. Man sucht das Spucktuch oder ergreift die Flucht. Ich wähle die zweite Variante.

Ich setze mich zwischen die jungen Künstler, die zur Freude aller zwischen die Menschen gestreut wurden, die da meinen, Geschmack wäre käuflich und sie daher ganz vorne dabei, beim Trend des letzten Sommers. Aber auch die Künstler wirken etwas gelähmt. Die bezaubernde Sängerin, die den Raum im Vintage-Pelzmantel betreten hatte, ist kurz davor, diesen wieder anzulegen ob der Kälte hier. Ihr Freund, ein jüdischer Franzose, wippt mit dem Kopf zu einer Musik, die nur in selbigem zu hören zu sein scheint. Der junge Schriftsteller gähnt verschämt und schneidet Paprika klein für den Salat. Klassische Berlin-Mitte-Themen kommen auf den Tisch, irgendwo zwischen obskur und interessant. Manchmal lacht jemand. Meistens suchen alle vergeblich ein Publikum. Projekte. Namedropping. Filme. Musik. Gossip. Reisen. Die Gastgeber reisen viel. Alle Kontinente klapperten sie ab, bevor sie Eltern wurden, beruflich wie privat. »Aber mit Kind ist jetzt ja alles anders.«

Ich nicke: »Ja, klar. Da fährt man nicht mehr nach Israel oder in andere politische Krisengebiete. Da macht man nicht sofort 20-Stunden-Flüge.«

»Am schlimmsten ist es mit dem Gepäck.« Margareta wiegt ihren Kopf. Früher war sie oft in Südafrika für den Dreh von Werbespots. Das war das Schönste an ihrem Job. Überhaupt war sie viel unterwegs. Für Flüge nach München oder Frankfurt reichte ihr dann manchmal sogar das Handgepäck. »Heute zahle ich immer für ein zusätzliches Gepäckstück und muss Sperrgepäck aufgeben.«

»Wieso?«

»Na ja, weil unsere Babymatratze nicht in alle Beistellbetten passt und wir daher auch dieses mitnehmen müssen.«

»Ihr nehmt eure Matratze mit?«

Ihr Mann verdreht die Augen. Es ist ihm sichtlich peinlich. »Ja, weil die piepst, wenn das Kind nicht mehr atmet.«

Verwirrung. Offenbar existiert eine Art piepsender Matratzen, wobei die Atmung des Kindes überwacht wird. Wenn das Kind sich nicht mehr bewegt, reagiert ein Sensor und löst ein akustisches Signal aus. Plötzlicher Kindstod (SIDS) lautet das Angstszenario.

Zuhause google ich und erschließe mir eine neue Welt. Neben den mir bekannten Dingen wie Gumminoppen für Tische, klassischem Babyphone, Laufställen, Gitterbettchen und Kindersicherungen für alles Mögliche gibt es heute auch Monitore, die den Schlaf der Kinder per Kamera überwachen, oder spezielle Verschluss-Sicherungen für Kühlschränke. Angelcare-Atmungskontrolle heißt ein angebotenes Produkt. Ich staune. Wer eine Suchmaschine mit dem Wort Babysicherheit füttert, entdeckt ungeahnte Horrorszenarien. Laut einigen Internetportalen ist die Welt für Kinder eine einzige unbeherrschbare Gefahrenzone und kein Raum für Entdeckungen.

Lassen Sie nur so viel Wasser in die Wanne, dass es gerade die Beine Ihres Babys bedeckt (fünf bis sieben Zentimeter tief). Wer um alles in der Welt badet denn mit fünf Zentimetern Wasser in der Badewanne und wird dabei sauber? Ich bin irritiert, aber ich habe nichts dagegen. Solange ich selbst ohne Zusatzkosten, Reiseprobleme und Wohnungsverschandelungen leben darf, lasse ich andere gerne ihren Wohnraum in einen Hochsicherheitstrakt verwandeln. Auch ich verfüge über manische Tendenzen. Und auch ich habe schon nachts nachgesehen, ob mein Baby noch lebt, bin erschrocken, wenn es auf dem Küchentisch turnte, oder hatte einfach nur Angst, dass meinen Kindern etwas zustoßen könnte. Trotzdem empfinde ich manchmal Mitleid, wenn Eltern an Paranoia zu leiden scheinen. Überdeckt die Sorge dann nicht oft die Freude, das gemeinsame Abenteuer, das heimliche Auffinden von Lebenslust? Ich weiß es nicht.

Kinder an der Leine

Ich frage meinen Mann nach dem Thema Angst und bin positiv überrascht, dass er überhaupt zugibt, das Wort zu kennen. Ihm fällt sofort etwas ein, was er für übertriebene Angst hält: Kinder an der Leine. Ja, stimmt, das gibt es auch: Hundeleinen, teilweise getarnt als Plüschtier-Rucksäckchen, für Kinder, die nicht bei einem bleiben, wenn man unterwegs ist. Vier-, fünfmal habe ich das gewiss schon gesehen. Aber, vielleicht ist das auch sehr praktisch. Ich stelle mir ein ganzes Rudel Kinder vor, das mich auf einem Schlitten durch das verschneite Berlin zieht oder im Sommer auf einer aufblasbaren Insel über den Wannsee. Das hat was.

Die Frage ist jedoch: Wo fängt man an und wo hört man auf mit dem Angsthaben? Was ist noch normal und womit provoziert man bereits eine Angstprojektion beim Kind? Macht man mit übertriebener Angst nicht die ganze Familie verrückt?

Es gibt Dinge, die mein Mann mit den Kindern besser machen kann als ich. Aber Höhe ist nicht sein Ding. Oh nein. Ich brachte ihn schon öfter in glasumrandete Angstsituationen. Er kam auch immer freiwillig mit. Aber am Ende musste er sich doch zurückziehen und vom gläsernen Abgrund zurücktreten. Aus Angst. Einmal ging er bis ans Äußerste. Wir waren im obersten Stockwerk des Willis Tower in Chicago, das zweithöchste Gebäude der Vereinigten Staaten, und blickten über die gesamte Stadt. Ein besonderes Erlebnis versprach eine Ausbuchtung, deren Boden ebenfalls gläsern war und einen daher unter den eigenen Füßen in die Tiefe blicken ließ. Ich mochte das und war beeindruckt. Und so versuchte auch mein Mann sein Glück und wagte den Schritt auf den gläsernen Boden. Nie wieder sah ich ihn so flink hüpfen wie in diesem Moment. Zurück auf den Teppich. Sicherheit. **WOAH! Was habe ich gemacht?** Schweißgebadet blickte er mich an. Keine Ahnung, wie ein einzelner Mensch innerhalb von Sekunden circa zwei Liter Schweiß aus seinen Poren drücken kann. Er war klitschnass und seine Hände zitterten.

Wenn es also gilt, in Dänemark am Strand auf Nazi-Bunker zu klettern, an einer Klippe zu stehen oder im Feuerwehrmuseum mit der Drehleiter in ungeahnte Höhen zu fahren, dann ist das mein Job. Mein Mann sieht vom Boden aus zu, wie wir in die Höhe schweben und uns die Welt von oben ansehen in unseren dicken Feuerwehrjacken. Er selbst könnte es nicht. Seine Angst davor ist sehr real, aber mehr oder weniger unbegründet. Die Kinder sollten sie nicht teilen müssen und das gilt meines Erachtens auch für andere Ängste.

Kinder dürfen Schrammen haben und Sand essen, auch wenn mir das weh tut. Sie dürfen sich mal den Kopf stoßen, Begegnungen mit Tischkanten machen und ihre Grenzen erfahren, die nicht unbedingt positiv sind. **Hallo Welt!** Hier kommt mein Knie und hat keine Angst vor dir! Jeanne Liedloff beschreibt das in ihrem Klassiker *Auf der Suche nach dem verlorenen Glück* sehr schön: *Ein Baby hat keine selbstmörderischen Neigungen, jedoch eine ganze Reihe von Überlebensmechanismen, angefangen bei den Sinnesorganen.*

Kinder werden von manch einem behandelt, als wären sie schützenswerte Wattebäusche. Aber sie gleichen zuweilen eher einem Holzklotz denn einer Porzellanvase. Wenn ich ehrlich bin, sind die Dinge in meiner Wohnung häufig unterlegen, wenn sie in offene Konfrontation mit meinen Kindern geraten. Aber auch das ist nicht unbedingt ein Grund, die Konfrontationen zu eliminieren. Immerhin stellen die Fotos von Kindern, die von oben bis unten mit Joghurt oder Lippenstift beschmiert sind, und die Bilder von mit Nagellack bemalten Waschbecken jahrelang die Erheiterung der gesamten Verwandtschaft sicher. Unbezahlbar. Und irgendwie muss man schließlich lernen, Herr oder Herrin über seine Umwelt zu werden.

Das Gleiche gilt für Spielplätze und Parks. Hier lernen Kinder, auf sich achtzugeben. Hier lernen sie Risiken einzugehen, sie zu überwinden und dadurch ihre Angst zu verlieren. Auf seine Fähigkeiten zu vertrauen bedeutet auch, vorher

Aufgaben bewältigt zu haben. Ein Klettergerüst kann eine solche Aufgabe sein. Die Angst vor dem Fall lässt einen umsichtig agieren. Wird die Gefahr abgeschwächt, steigt auch die Risikobereitschaft. So haben Studien des Risikoforschers David Ball ergeben, dass ein stoßdämpfender Boden auf Spielplätzen die Zahl der Knochenbrüche bei Kindern ansteigen ließ, anstatt sie zu reduzieren. Die Kinder nutzten schlicht die federnde Wirkung, um mutiger und unvorsichtiger zu klettern.

Kinder müssen lernen, Gefahren einzuschätzen und mit ihnen umzugehen, wenn sie selbstständige Wesen werden sollen. Das gilt nicht nur für kindgerechte Gebiete, sondern auch im Straßenverkehr. Nur weil die Eltern in der Kleinstadt als Kinder nicht lernten, eine große beampelte Straße zu überqueren, heißt das nicht, dass die eigenen Kinder diese Unfähigkeit erben. Viele Paare in der Großstadt bilden sich ein, sie müssten mit ihrem Kind in eine Sackgasse ziehen und es bis zur Vollendung des 15. Lebensjahrs in die Schule bringen. Die Kinder jedoch werden an der Straße groß und lernen eher früher als später, zu gucken und ihr Leben zu beschützen, genauso, wie sie verstehen, dass es weh tut, wenn sie von einem Klettergerüst stürzen.

Vom ersten Tag an entfernen sich unsere Kinder jeden Tag ein Stück mehr von uns. Sie lernen krabbeln, laufen, denken. Sie gehen in die Schule, schlafen bei Freunden und kotzen in fremde Toiletten. Irgendwann finden sie andere Männer attraktiver als ihren Vater und wollen überall wohnen, nur nie wieder ihre Beine unter deinen Tisch strecken. Sie kaufen ein Auto und fahren durch Amerika. FREIHEIT! Und sie rufen nicht mehr an, wenn sie angekommen sind.

Und irgendwann bekommen sie sogar graue Haare. Echte. Nicht aus Spiel.

PLOPP. Jetzt ist mein Auge übergelaufen. Schon wieder. Obwohl meine Kinder noch klein sind, fange ich heute schon manchmal an zu heulen, weil ich denke, dass sie bald ausziehen. Eltern fällt es oft schwer zu akzeptieren, dass ihre Kinder sich früher oder später als eigene, unabhängige Wesen begreifen. Sie fühlen sich nicht mehr als ein Teil von mir, sondern empfinden mich als nerviges Anhängsel, das manchmal zu viele Fragen stellt. Jetzt muss ich nur noch lernen, mich in den nächsten zwanzig Jahren an diesen Gedanken zu gewöhnen.

Nervkram

Manchmal hilft es, sich taub zu stellen. Nicht zuzuhören, wenn die anderen erzählen, wie viel Angst sie haben. Wie viel Angst man haben muss. Und dann ist es noch wichtig, sich selbst nicht zuzuhören. Die eigenen Angstmonster in eine Kammer zu sperren und **lalalalalala** zu singen. Ja, ich fühle mich belästigt durch meine Angst und auch dadurch, dass ich die Angst anderer teilen soll.

Wer schwanger in die Welt geht, wird häufig mit Angstszenarien bombardiert, wenn nicht gar bevormundet. Da gibt es Restaurants, die schwangeren Frauen die Thunfischsteaks entgegen ihrem eigenen Wunsch vollständig durchgebraten servieren. Da beschimpfen einen Schüler, wenn man schwanger mit einem Pappbecher einer Fastfoodkette in der U-Bahn sitzt, selbst wenn man dort Wasser kaufte, weil man am Verdursten war. Getoppt wird das Ganze nur durch die Zeit nach der Geburt, wenn sich ältere Personen anmaßen zu wissen, wann und wo deine Kinder ihre Mützchen tragen sollen. Um die Kinder geht es dabei selten.

Einmal stand ich im Vorraum einer Postfiliale, um Geld abzuheben. Um das tun zu können, musste man jedoch einige Stufen erklommen haben. Ätzend. Wer alleine mit Kind und Kegel unterwegs ist und das schon seit Stunden, hat abends manchmal keine Nerven mehr, den Buggy das zehnte Mal zwanzig Stufen nach oben zu tragen, wo man doch in derselben Zeit schon alles erledigt haben kann. Also habe ich das Kind stehen gelassen, war die Stufen hinaufgesprintet und hatte es durch die Glastür so lange im Blick, wie ich nicht auf den Automaten sehen musste. Mein Herz pochte, aber ich wusste, ich würde schnell sein.

Während der Automat meine Geheimzahl prüfte, kamen zwei junge Frauen durch die Tür und begannen ÜBER mich zu sprechen: »Wie verantwortungslos, dass die ihr Kind da stehen lässt. Und nachher wundert sie sich, wenn es weg ist.«

Ich war in diesem Moment zu konsterniert und verwirrt, um zu antworten. Ich fand die Haltung zwar übertrieben, aber ich konnte ihre Angst nachvollziehen. Dennoch frage ich mich, wieso sie nicht bei dem Buggy stehen blieben und auf das Kind achtgaben, bis ich eine Minute später wiedergekommen wäre?

Eltern brauchen häufig ein dickes Fell. Manchmal wegen ihrer Kinder, deutlich öfter wegen ihrer Umwelt. Zwischen gut gemeinten Ratschlägen aus der Verwandtschaft bis hin zu den Bombardierungen mit Angstmeldungen aus den Medien muss man sich vor vielem schützen. Mein Vater kann und konnte das ausgezeichnet. Er ist ein gutes Beispiel für Sorglosigkeit. Manchmal war er sogar beängstigend sorglos und mit Sicherheit hat ihn nie interessiert, wie Fremde das finden. Das ist zumindest eine Einstellung, die Eltern viel Zeit und Nerven sparen kann und Kindern viel Freiraum gibt. Manchmal vielleicht sogar zu viel.

Ich war als Grundschulkind nicht immer gut darin, morgens meinen Schlüssel mitzunehmen. Und wenn ich dann nachmittags nach Hause kam, konnte es sein, dass ich vor verschlossener Tür auf den Treppenstufen saß und Däumchen zu drehen hatte. Mit etwas Glück nahm mich dann eine der Nachbarinnen mit zu sich. So tat es beispielsweise eine Sekretärin der Uni, die schräg gegenüber wohnte. Sie klebte einen Zettel an unsere Haustür, kochte mir Tee und gab mir Stifte zu malen. Die Zeit verging wie im Flug, es wurde dunkler und dunkler und schließlich fragten wir beide uns, wie lange meine Eltern denn noch weg sein wollten. Ich habe in Erinnerung, dass es 22:00 Uhr war, als ich mich auf den Weg machte, um nachzusehen. Es war zumindest sehr spät und dunkel. Also, 19:00 Uhr war es gewiss.

Als ich nach Hause kam, saß mein Vater am Küchentisch und studierte eingehend die *Süddeutsche Zeitung*. Schon immer machte ihn der Konsum dieser journalistischen Arbeit de facto beim ersten gelesenen Wort zu einem Taubstummen. Die Ohren sind fest verschlossen und lassen keinen einzigen Ton gen Hirn passieren. Erst wenn man wild fuchtelt, wird man bemerkt und er beginnt zustimmend zu nicken oder beruhigende Töne auszustoßen. Mit Sprache haben diese nichts gemein. Ich fuchtelte also lange und laut, bis er ohne jedes Erstaunen aufblickte.

»Ich bin da.«

»Gut. Wollen wir was essen?« Er wunderte sich kein bisschen, wo ich die ganze Zeit gewesen war.

»Hast du denn den Zettel an der Tür nicht gesehen?«

»Welcher Zettel?«

Ich habe jedenfalls gelernt, dass es eine hilfreiche Angewohnheit ist, meinen Schlüssel einzupacken. Überhaupt scheinen Entspanntheit und Erziehung zu helfen, selbstständige Kinder zu haben. Und wie lernen Kinder selbstständig zu sein? Ich glaube, indem man sie ausprobieren lässt. Damit sie mit Besteck essen lernen, gib ihnen welches. Ja, auch Messer und Gabel, wenn sie selbstständig den Löffel beherrschen. Bei mir bekommen Kinder echte Tassen und Schüsseln und Teller, weil ich will, dass sie lernen, nichts davon auf den Boden zu werfen. Und wenn sie es doch tun, bemerken sie rasch, dass ihre Mutter sauer ist. Und Scherben wirklich ungemütlich. Es macht doch weder Eltern noch Kinder stolz, wenn die Kleinen mit 25 noch keinen Nagel in die Wand hauen können und keine Bohrmaschine bedienen, weil man immer Angst hatte, sie könnten sich verletzen.

Die sogenannten Helikoptereltern, die beständig sorgenvoll und angstgesteuert um ihr Kind kreisen, mögen ihre Freude daran haben. Ich möchte mit 50 nicht in irgendeiner Kleinstadt sitzen und Regale in Studenten-WGs aufbauen, weil ich Angst habe, mein Kind könnte sich verletzen oder den Schraubenzieher kaputt machen. Noch jedenfalls finde ich die Vorstellung gut, mich dann meinen eigenen Projekten zu widmen, weil ich sicher bin, dass meine Kinder auf sich selbst achtgeben können.

Schlussendlich denke ich: Angst ist wichtig, aber es gibt keine Versicherung gegen das Leben. Wer mitmachen will, lebt gefährlich. Wer etwas lernen will, muss mutig genug sein, neue Wege zu gehen. Und wer Kinder will, hat unendlich viele Optionen.

Ob eine Beziehung hält, wenn sie 6 Jahre andauerte, ist so unsicher wie nach den ersten 14 Tagen. Es mag Statistiken geben, die etwas anderes behaupten. Diese helfen im Zweifelsfall aber nicht, einen Partner an sich zu binden. Sie können auch nicht dafür sorgen, dass man den Job behält oder die eigene Existenz nicht zerbirst. Sie können auch keine Garantie für Erziehungserfolge sein.

Wenn ich unsicher werde und nervös, dann denke ich oft an einen Satz, den meine Mutter zu mir sagt, wenn ich vor Nervosität zu platzen drohe: *Du musst dahin gehen, wo die Angst ist.* Hinter unserer Furcht verbergen sich häufig die Dinge, die wir uns nicht zutrauen. Also: **Nicht weglaufen.** Denn nicht zuletzt sollte gelten: Die Angst ist dein Freund, nimm sie an die Hand und spielt eine Runde Leben.

10

Großkariert

Das Ideal des durchschnittlichen westlichen Mannes ist eine Frau, die sich aus freien Stücken unter seine Herrschaft begibt, die seine Ideen nicht ohne Diskussion hinnimmt, aber seinen Gründen nachgibt, ihm ganz gescheite Gegengründe entgegensetzt, um sich schließlich überzeugen zu lassen.

Simone de Beauvoir

Frauensache

Gleichberechtigung ist eine tolle Sache, aber sie hat ihre Grenzen. Wenn ein Baby das Licht der Welt erblickt, ist es vor allem eins: mein Blut, mein Eiweiß, mein Fett, mein Schweiß. Zurückbekommen habe ich in 40 Wochen unter anderem: Dehnungsstreifen, Eisenmangel, vollgekotzte Eimer und ein seltsames Sexleben. Klar, manchmal bekommst du eine Hand voll hübscher Fingernägel oder jemand steckt dir ein paar Endorphine zu. Aber mal ehrlich: Ist das ein Ausgleich für 5 Jahre altern?

Die Belohnung kommt oft erst nach der Geburt und die Mütter dieser Welt haben sie mehr als verdient: ein Lächeln, ein Füßchen, ein Patschehändchen und ein Haufen Arbeit. Und der Großteil davon wird noch immer von Frauen übernommen. Häufig obwohl sie arbeiten. Ich habe in gewisser Hinsicht großes Glück: Ich entscheide selbst, wann ich welches Projekt annehme und wann ich die Kinder einbaue. Ich kann mir meine Arbeitszeiten zumeist aussuchen. Das bedeutet jedoch nicht, dass ich kein Geld verdienen muss. Und während ich schreibe, ist da nicht selten eine Kinderhand, die auch mal eine Taste drücken, oder ein spaghettiverschmierter Mund, der sich an meinem Pullover reiben möchte. Ich kann mir das erlauben, kann umschichten und mir notfalls Hilfe suchen. Und bestimmt ist das der Traum vieler Eltern: flexible Arbeitszeiten, Homeoffice, wenn die Kinder mal krank sind, Pausen, wenn die Kleinen dich brauchen. Im Umkehrschluss bedeutet es jedoch: nachts arbeiten, nie wirklich freihaben, keinerlei Sicherheit und wenn die Kinder krank sind, gibt es keinen Zettel vom Arzt, den ich meinem Chef vorlegen könnte, damit er mich weiterhin bezahlt. Wenn ich einen Drehtag habe, dann muss ich da hin, egal wie hoch das Fieber des Kindes ist. Das ist der Preis, den man für die Freiheit bezahlt.

In Studium-Phasen geht das meist besser. Lernen kannst du um die Kinder herum. Ich nehme sie auch gerne mit ins Museum, sehe mir mit ihnen zusammen Bücher an oder eine wichtige Dokumentation. Ich lese, während sie über mich drüberkrabbeln, oder höre Vorträge beim Kochen. Meine Hausarbeiten schreibe ich, wenn ich meine Ruhe habe, unabhängig von der Uhrzeit. Und wenn die Windpocken kommen oder Scharlach, dann sprichst du mit deinem Tutor und gibst die Hausarbeit eine Woche später ab. So flexibel sind die Umstände nie wieder. Wer die Kinder während des Studiums bekommt, hat die Chance, sich beim Einstieg ins Berufsleben zumindest vorwiegend auf die Arbeit zu konzentrieren, statt die Familienplanung parallel anschieben zu müssen.

Sobald man im wirklichen Arbeitsleben steckt, wird es für Mütter kompliziert. Der Begriff *motherhood penalty* beschreibt, dass die Lohndifferenz zwischen Müttern und Nicht-Müttern höher ist als die zwischen Männern und Frauen. Zudem werden Mütter seltener befördert und müssen ständig beweisen, dass sie gut sind, obwohl sie Mutter sind. Die Vorteile, die sich daraus ergeben, dass sie berufstätige Mütter sind, werden dabei noch selten beachtet. Ihr Organisationstalent, ihr Verantwortungsgefühl und ihre Effizienz werden häufig übersehen.

Auch ich muss mir die Frage stellen, warum ich berufliche Gespräche deutlich öfter mit Männern führe und dann gelegentlich in einer Sackgasse lande. So diskutierte ich kürzlich mit einem Regisseur über die Produzentin, mit der gemeinsam er ein Low-Budget-Projekt angeschoben hatte. Sie war zwischenzeitlich für einen finanziell einträglicheren Job gebucht worden und wollte anschließend zu seinem Film ohne Geld zurückkehren. Er war außer sich und enttäuscht. Ich versuchte ihn zu beruhigen, indem ich ihm erklärte, dass die Frau auch Geld verdienen müsse, um ihre Miete zu bezahlen und ihr

Kind zu ernähren. Sie war nicht böswillig, aber er wurde es. »Dann darf man eben nicht mit Menschen arbeiten, die Kinder haben. Ist mir doch egal, ob dieses Kind verhungert.« Gewiss, er war aufgebracht. Einem Mann jedoch hätte er das Bedürfnis, Geld zu verdienen, vermutlich weniger vorgeworfen.

Deshalb habe ich oft versucht zu vertuschen, dass ich Mutter bin. Die Kinder durften nicht gesehen oder gehört werden. Telefonate mussten ohne Quietschgeräusche stattfinden und meine Flexibilität darf auch heute nicht durch meinen Nachwuchs beschränkt werden. *Seriously?* Während mein Mann als Held gefeiert wird, wenn er mal ein Kind mit zu einem Termin nimmt – **Yay!** Supersüßer Vorzeigedaddy – und jederzeit stolz seine Kinderfotos präsentiert, versuche ich häufig, die Kleinen unter den Tisch fallen zu lassen. Aber ich habe beschlossen, das zu beenden. Ich liebe meine Kinder. Sie wie eine Behinderung zu behandeln, die man kaschieren muss, deprimiert mich.

Viele Frauen halten diesem Versteckspiel, den Anfeindungen und der Doppelbelastung nicht stand und bleiben bei den Kindern zuhause, trotz abgeschlossenen Studiums und Berufsfantasien. Die Vollzeitstellen, das ständige Gefühl, unzureichend zu sein, der Erfolgsdruck und die enormen Kosten, die eine qualitativ hochwertige Kinderbetreuung bedeutet: All das schreckt Frauen davon ab, in ihrem Beruf zu bleiben oder ihn überhaupt zu ergreifen.

Sogar die Vorzeige-Facebook-Super-Mutter Sheryl Sandberg, die mit ihrem Buch *Lean In* wegweisend ist für berufstätige Frauen weltweit, warnt neuerdings davor, dass die Frauenanteile in der Wirtschaft wieder zurückgehen könnten. Viele Frauen sehen nur die Flucht als Chance. Der Weg der einen führt in die Selbstständigkeit, wo sie sich mehr Selbstbestimmung erhoffen. Andere flüchten in das klassische Rollenmodell. Damit will ich nicht ausschließen, dass dieser Weg auch die Erfüllung eines Traums sein kann.

Bei einer Ausstellungseröffnung erblicke ich sie vor der Tür: **Die Vorzeigefamilie.** Da ist sie. Das perfekte Beispiel, das ich hier beschreiben wollte. **HALT!** Jetzt bloß nicht weglaufen. Mutter, Vater, drei Kinder. Dazu drei SIGG-Flaschen, drei perfekte Mützen und drei saubere Gesichter. Zwei Mädchen und ein Junge. Alle adrett, alle brav, alle freundlich.

Der Vater arbeitet bei VW, es klingt nach mittlerem Management und sieht viel weniger schlimm aus, als man es sich gelegentlich ausmalt. Ein Haus haben sie, es wird abbezahlt. Alles läuft. Beide Eltern sind jung, gebildet, zukunftsorientiert. Soll heißen: knapp unter 30, studiert, neugierig. Alle drei Kinder tragen neue Kleidungsstücke. Sie sollen nicht das Gefühl haben, sie müssten etwas von ihren Geschwistern auftragen. Jedes Kind soll sich in gleichem Maße wertvoll fühlen. Der Mantel der Mutter sieht weniger neu aus.

Entsteht ihr Wert durch die Kinder? Unsere Gesprächsthemen kreisen um Kinder und Küchengeräte. Wir sprechen über die Einmischung von Großeltern in die Erziehung und den perfekten Abstand zwischen Geschwisterkindern. Andere Themen haben wir nicht, da wir uns nicht kennen. Die Aufgabenteilung der Eltern würde man als konventionell bezeichnen. Sie kümmert sich und er hilft, wenn er da ist. Drei Kinder sind ein Fulltime-Job, der viele an den Rand der Belastbarkeitsgrenze bringen würde. Diese Mutter strahlt und bleibt ruhig. Dabei tut sie mehr, als ich je leisten könnte. Nicht, weil meine Arbeit mich fordert, sondern weil ich die Arbeit fordere. Ich wäre ohne sie nur eine halbe Saralisa. Andererseits merke ich: In gewisser Hinsicht bin ich nur eine halbe Mutter. Immerhin.

Wohin man auch sieht, man merkt, dass es meistens die Frauen sind, die die Kita aussuchen und den Kleinen die Fingernägel schneiden. Frauen versuchen, in irgendwelchen Kisten passende Schwimmflügel zu finden. Sie bleiben zuhause, wenn die Kinder nicht in die Kita wollen. Sie packen die Geburtstagsgeschenke ein, während sie Zuckerpampe auf Cupcakes klatschen. All das morgens um halb zwei, nachdem sie die letzten E-Mails beantwortet haben und bevor sie die Wäsche aufhängen werden.

Uns erging es nicht anders als den meisten Paaren. Was wir uns ausgemalt hatten, wurde von der Realität zurechtgestutzt. Die Theorie landete im Windeleimer. Es ist eine Art Verantwortungsfalle: Kind da, Klappe zu, Affe tot. Loslassen und Wegsein hilft. Ich bin gelegentlich einfach raus. Dann regelt mein Mann die Dinge auf seine Art.

Viel drastischer stellt sich die Situation bei Alleinerziehenden dar. Meist sind es die Frauen, die nach einer Trennung mit der Erziehungsarbeit allein bleiben. Die finanzielle Verantwortung liegt bei ihnen, genauso wie die Last der Erziehung und des Ansprechpartnerseins. Du bist die erste und die letzte Instanz und alle dazwischen. Immer. Täglich. Stündlich. In jeder verdammten einzelnen Sekunde. Wenn die Beziehung hält, ist da vor allem der Wunsch, es besser hinzubekommen und dieser Mist-Phrase von der Vereinbarkeit von Familie und Beruf Leben einzuhauchen. Das muss doch irgendwie möglich sein und der Plan ist oftmals ein guter.

Antonia

Ich fahre in die Schweiz, um Antonia zu besuchen. Sie ist ziemlich schwanger und hat klare Vorstellungen davon, wie das Kinderhaben laufen soll. Nach dem abgeschlossenen Masterstudium und sieben Jahren Beziehung voller Höhen und Tiefen hat sie geheiratet und erwartet ihr erstes Kind. Das ist perfekt. Wer kann das schon von sich behaupten, wenn er gerade 26 geworden ist. Noch dazu, wenn man wie sie seit Jahren nicht verhütet hat, weil sie dachte, sie könne nicht schwanger werden. »Einmal im halben Jahr habe ich meine Tage bekommen. Es ist ein großes Glück, dass es jetzt passiert ist.« Ein Wunder.

Ihre eigene Familie war eine klassische: die Mutter Hausfrau, ohne ein hausfräuliches Gefühl zu vermitteln. Was zählte, war die Familie. Von sich selbst als Mutter machte sich Antonia bislang keine Vorstellung, dafür von ihrer Karriere als Psychologin. Sie will in jedem Fall etwas erreichen und forschen. Das ist ihr sehr wichtig. Kinder hüpften jedoch immer durchs Zukunftsbild, waren da, sollten mit. Ihr Beruf und ihr Leben sind in ihrer Vorstellung nicht getrennt voneinander. Fließende Übergänge. »Das bin alles ich, auch die Forschung. Ich wollte nie Hausfrau sein. Würde ich auch nie wollen.« Sie will beides.

Doch schon in der Schwangerschaft wurde manches kompliziert. Ihre kinderlose Professorin legte ihr Steine in den Weg. »Ultraschwierig.« Die Dame war bereits kritisch gegenüber der Ehe eingestellt, ein Kind erschien ihr undenkbar. Womöglich spielte auch Neid eine Rolle oder die grundsätzliche Haltung, dass Mütter nicht arbeitsfähig sind. Aber Antonia ließ sich nicht beirren. Sie recherchierte alles detailliert. Zwar gibt es in der Schweiz kein Elterngeld und man darf sich maximal sechs Monate nach der Geburt Urlaub nehmen (unbezahlt und auch nur, wenn der Dienstbetrieb es zulässt), aber wer sollte sie aufhalten, eine Lösung zu finden. Der Mutterschaftsurlaub beträgt 16 Wochen und bedeutet Lohnfortzahlung. Danach will sie wieder arbeiten. Dann müssen die 500 Franken Betreuungszulage (diese ist abhängig vom Einkommen der Eltern) und das Kindergeld die Betreuung des Nachwuchses mitfinanzieren. Sie plant gerade eine 85-Prozent-Stelle als Doktorandin.

Der Arbeitsteilung ist ebenfalls mehr als konkret geplant: Sie und ihr Mann wollen sich zu gleichen Teilen um das Kind kümmern. Wenn sie nach vier Monaten wieder in den Job einsteigt, muss der Vater erst einmal mehr machen. Eingewöhnung ist hier Männersache. Die ersten vier Monate soll auch voll gestillt werden. Danach: Milch abpumpen und Eingewöhnung in die Kita. 3 Tage in der Woche sind geplant. Dann übernimmt jeder der beiden einen vollen Tag. Das Wochenende gehört ihnen gemeinsam. Getaktetes Familienglück.

Hat sie keine Angst, dass so ein gleichberechtigtes Modell nicht funktionieren könnte? »Ich glaube, mein Mann wird sich ein bisschen mehr um das Kind kümmern. Er ist ja Künstler.« Ihm bleibt also etwas mehr Flexibilität. Und dann ist da ein perfektes Großelternnetz. 100 Prozent verlässlich und nur gering beschäftigt. Und was ist mit der Angst davor, das Kind so viel allein zu lassen? Angst, dass das nicht gut ist? Angst, dass man sich vermisst?

Die Fokussierung des Kindes auf eine Person sieht Antonia auch als Gefahr. Außerdem hat sie Vertrauen in andere. »Ich will auch die Kita-Suche nicht zu einer Wissenschaft machen.« Im Idealfall soll ihr Leben weitergehen wie bisher. Kontinuität, wachsen, entwickeln. Mit Kind. Nach ihrer Zeit in der Schweiz wollen sie nochmal ins Ausland, hoffentlich weiterziehen in die USA. Wenn das Kind eingeschult wird, wollen sie sesshaft werden. Ständig umzuziehen ist einem Kind schließlich nicht zuzumuten. »Wie gesagt, für mich gibt es die Trennung zwischen Beruf und Freizeit nicht. Ich habe auch nicht das Bedürfnis, meine Schwangerschaft zu genießen.« Sie denkt, dass ein geregelter Arbeitsalltag möglich ist. »Ich werde nicht dieses Übermutter-Ding haben.« Ich habe keinen Grund, daran zu zweifeln.

Das ist also ihr Plan in den letzten Wochen der Schwangerschaft und ich kenne ihn nur zu gut. Immer wieder habe ich mir vorgenommen, mir die Kinder nicht anmerken zu lassen, weiterzuarbeiten, meine Ziele zu verfolgen. Als mein zweites Baby gerade vier Monate alt war, machte ich mich auf den Weg zu einem Dreh nach Konstanz. Frühmorgens stand ich im Treppenhaus und heulte Rotz und Wasser. **BUHUUUU!** – tatsächlich schniefe ich so laut, wie es vermutlich nur hormongetränkte Frauen zu tun vermögen. Ich lege den Kopf in den Nacken. Die Tränen mögen sich bitte wieder in den Kanälen verkriechen. Ich versuche mich zu fangen. Wangen trocken pusten. An was Schönes denken. Aber nicht an die Kinder! Distanz gewinnen.

Als das Auto der Produzentin vorfährt, habe ich mich einigermaßen im Griff. Zumindest bilde ich mir das ein, während ich meinen Koffer in den Kofferraum quetsche. Los geht's!

»Wie alt ist denn das Baby jetzt?«

»Lass uns bitte über etwas anderes sprechen.«

Ich freue mich auf die Dreharbeiten, aber ich würde es nicht wieder tun. *Nach vier Monaten für sieben Tage wegfahren? Auf keinen Fall.*

Meine Brüste machen schon an der ersten Raststätte gewaltigen Alarm. Ich stille noch voll und produziere einen Liter Milch pro Tag. Aktuell wird dieser nicht abgerufen und möchte raus. Stau auf allen Kanälen. Ich presse die Überproduktion in die Toilettenschüssel und esse frischen Salbei, der die Milchherstellung stoppen soll. Ich trinke auch nur Salbeitee, wenn überhaupt. Flüssigkeit macht Milch, habe ich gelesen.

Igor Plischke, mein schwuler Lieblingsregisseur, ist beeindruckt von meinen beständig wachsenden Brüsten. Fröhlich drückt er auf ihnen herum. **WAHNSINN!** Für manch ein Kostüm muss extra Milch abgepumpt werden, sonst passe ich nicht hinein, und für die Nacktszenen werde ich mit Klebe-BHs verarztet. Maske, Regie und ich bandagieren die kiloschweren Brüste ein. Niemand möchte riskieren, dass mein Spielpartner nass wird und den Rest des Tages nach Milch riecht wie ein kleiner Säugling.

Mitte der Woche geht es aufwärts bzw. abwärts. Ich kann schlafen ohne Brustschmerz, ich kann drehen ohne Abpumpen, ich kann Alkohol trinken ohne Milcheinschuss. Ich muss nicht mehr heulen, wenn ich an die Kinder denke, sondern freue mich auf ein Wiedersehen. Habe ich schon erwähnt, dass es eine fantastische Zeit war? Dass ich einen bezaubernden Film gemacht habe mit hochangenehmen Menschen? Ob ich es wieder tun würde? *Nach vier Monaten für sieben Tage wegfahren? Auf jeden Fall!*

11

Warum hast du keine Kinder?

Everything you can imagine is real.

Pablo Picasso

Feldstudien

Gleichberechtigung scheint selten schwerer zu sein als im Kinderzimmer und trotzdem sollte gerade diese Problematik die jungen und jede auf ihre Weise emanzipierten Frauen nicht von der Mutterschaft abhalten. Daher meine Feldstudien: ein paar Frauen, noch mehr Flaschen Wein und drei Fragen: Warum hast du keine Kinder? Was nervt dich an der Kinderfrage am meisten? Und wovon träumst du nachmittags?

So weit der Plan. Aber natürlich kam alles ganz anders. Als ich beschlossen hatte, dass ich Frauen befragen möchte, waren sie plötzlich überall. Ich begann mit wildfremden weiblichen Wesen Gespräche über ihre Partner und ihren Zyklus zu führen. Da war zum Beispiel die Geographin, die ich im Zug kennenlernte und die mir Einblick in ihre Fernbeziehung gewährte, oder die Freundin einer Kita-Mutter, die mich an ihren finanziellen Problemen teilhaben ließ. Sie erzählten mir von ihren Kinderwünschen oder von nicht vorhandenen Kindersehnsüchten und wir redeten von der Planbarkeit des Lebens. Von überall prasselten Geschichten auf mich ein.

Die Frauen, die ich befragte, waren allesamt gebildet und größtenteils auch gut ausgebildet. Keine war blöde oder faul und dennoch waren einige prekär beschäftigt, überfordert oder planlos. Teilweise hatte der Feminismus sie überrollt und am Straßenrand liegen gelassen. Manchen hatte er den Kinderwunsch entrissen, andere hatte er verwirrt. Nicht nur die kinderlose Alice Schwarzer scheint ihnen Fragezeichen auf die Stirn gemalt zu haben. All meine Gesprächspartnerinnen hatten individuelle Gründe für ihre Kinderlosigkeit und eigene Pläne. Ich entschied mich dafür, mit den Frauen über ihre Zukunftsideen, ihre Ängste und über ihren Mut zu sprechen. Denn was nutzen Statistiken, die uns sagen: Alle Frauen haben Rabenmutterangst. Es sind die Einzelfälle und ihre mannigfaltigen Geschichten, die zeigen, welche guten Gründe es gibt, sich nicht schon mit Anfang 20 zu reproduzieren.

Die Performerin

Die Tänzerin beschäftigt sich mit Performance und Kunstschnittstellen. Sie ist Weltenbummlerin, spricht viele Sprachen und agiert flexibel. Immer auf dem Sprung in ein neues Abenteuer. Kein Schlafsack ist ihr zu kalt und kein Pflaster zu hart. Sie liebt die Kunst und das, was sie tut. Sie sucht Tiefe und Bestimmung und Großartiges.

Die Tänzerin handelte aus viel pragmatischeren Gründen, als sie von ihrem festen Partner, »der Richtige«, mit dem sie noch heute zusammen ist, ein Kind erwartete und sich für eine Abtreibung entschied. »In dieser Situation hätte es unser Leben komplett umgestellt. Ich hätte nicht so arbeiten können, wie ich es tue.« In zwei Jahren ist sie vielleicht schon etabliert mit ihren eigenen Tanzstücken und ihrem Künstlerteam. Als sie schwanger wurde, hatte sie gerade erst angefangen, Fuß zu fassen. Der erste Zeh war in der Tür. Mehr nicht. Ein Baby hätte womöglich bedeutet, wieder in der Luft zu hängen. »Ich glaube, ganz so nebenher geht das mit den Kindern nicht. Ich denke heute auch, dass es die richtige Entscheidung war.«

Sie wollte nicht, dass sich das Schicksal ihres Vaters bei ihr wiederholt. Er warnt sie. Ein künstlerisches Leben mit Kind sei schwierig. »Ich habe sehr geschätzt, wie er mir das gesagt hat.« Seine ersten Kinder bekam er mit 23. Geld verdienen wurde dadurch essentieller als seine Karriere als Opernsänger. Er gab sie auf und begann zu unterrichten. Als die Tänzerin und ihr Bruder kamen, war der Vater älter. Er fühlte sich nun reif für Kinder. »Ich habe vermittelt bekommen, dass man sich beruflich verwirklichen sollte, bevor man Kinder bekommt. Mein Vater war nie unglücklich, aber mein Weg sollte ein anderer sein.«

Ihr prinzipieller Kinderwunsch, der sich wellenförmig durch ihr Leben zieht, sich dabei jedoch nur phasenweise auftürmt, konnte ihre Entscheidung nicht beeinflussen. Zwar sah sie sich schon immer als Mama. Irgendwann. Aber: »Je mehr ich arbeite, umso schwächer wird das Bild.« Die Idealvorstellung bleibt: Working Mama mit zwei Kindern. »Mein Mann macht dann die meiste Arbeit mit den Kleinen. Der Mann soll auch arbeiten, aber nicht so viel wie ich.«

Familie bedeutet für sie, dass die Kinder immer dabei sind. Sie gehören dazu. Sie leben mit. Es soll sich nicht alles um das Kind drehen. Über das Reisen sagt sie: »Ich finde wichtig für Kinder, dass sie Wurzeln haben und Freunde, mit denen sie aufwachsen. Kindergartenfreunde. Rumreisen würde ich nie machen mit den Kindern. Zwei- bis dreimal umziehen. Ein Kind braucht Verankerung.«

Außerdem wollte sie nie eine junge Mutter sein. Zwischen 30 und 35 zwei Kinder zu bekommen wäre gut. Ihre Mutter war im gleichen Alter. Die Tänzerin genoss den Altersabstand zwischen sich und ihren Eltern. »Sie waren einfach die Alten.« Heute begegnen sie sich auf Augenhöhe und die Schwangerschaft hat sie sehr eng mit ihrer Familie verbunden. Ihre Mutter rief an und heulte wie ein Schlosshund. Sie hätte sich sehr über Enkel gefreut. Aber sie will, dass es ihrer Tochter gut geht.

Für die Tänzerin ist die Kommunikation die Lösung. Sie hat mit allen darüber geredet. »Eigentlich waren alle cool. Am coolsten waren die Mamas.« Viele haben gesagt, sie hätten schon eine Abtreibung gehabt. Es gab alle Arten von Kommentaren. »Die unterschiedlichen Reaktionen waren fast das Beste.«

Die Entscheidung lag absolut bei ihr. Ihr Freund unterstützte sie dennoch vollständig. »Er war nie so cool wie in der Zeit, als ich schwanger war. Ich hatte immer gedacht: mit ihm schwanger? Kann ich mir nicht vorstellen.« Er überraschte sie und übernahm die totale Verantwortung. Er war bereits 35 und konnte sich ein Kind vorstellen. »Ich hatte Zeit, mich auszutoben.«

Erst als sie sich entschieden hatte, abzutreiben, kam heraus, dass sie Zwillinge erwartete. Nochmal drei Wochen nachdenken.

»Machte es einen Unterschied, dass es Zwillinge waren?«

»Die Chance, dass es nochmal Zwillinge werden, ist gleich null. Da ist das Gefühl, du hast was verpasst, das du nicht wiederholen kannst.«

»Denkst du oft: Was wäre, wenn?«

»Nein.«

»Wenn man schwanger ist, spielt man viele Varianten durch. Was ist, wenn ich unglücklich bin mit meinem Leben als Mutter? Was ist, wenn der berufliche Erfolg ausbleibt, für den ich auf das Kind verzichtet habe? Wie war das bei dir?«

»Ich fand es schlimmer, mir vorzustellen, dass da ein Kind ist, mit dem es nicht funktioniert, statt es nicht zu bekommen und dann zu merken, der Job klappt nicht.«

Die Mode-Unternehmerin

Angefangen hat alles mit dem Slogan *Hosen für Heldinnen*. Die weiten, fließenden Kreationen hingen an einer Stange in einem Ladengeschäft des Hamburger Karo-Viertels. Schnell wechselte sie in ein eigenes Reich, steckte Können und Energie und Träume und Ambitionen in dieses Projekt. Heute designt Vanessa Henning auch Kleider, Mäntel, Blusen und einiges mehr für ihr Label *Variété van Kroen*. Selbstgemacht.

Vom Logo bis zur Schaufensterdeko. Nichts läuft ohne ihre Zustimmung, ihre Expertise, ihre Ideen. Ausstellungen bei den wichtigsten Messen: Macht sie seit Jahren. Vergrößerung des Ateliers: Musste sein. Die Expansion nach Zürich: Wird gerade geplant. Sie kann davon leben. Das war das Ziel. Weitere folgten.

»Hast du es dir so vorgestellt?«

»Nein.«

Das liegt womöglich daran, dass Karriere in ihrem Leben nicht so viel Relevanz besaß. Reisen und Menschen waren ebenso bedeutsam. Aufsaugen. Sehen. Sprechen. Spüren. Austausch. Die Bewerbung an einer privaten Modehochschule entsprach ihrem Wunsch nach Kreativität. Dank eines Stipendiums waren die Kosten dafür gedeckt. Mit 27 folgte direkt ein Job, der sie nach Istanbul brachte. Viel Reisen, viel entwerfen, viel Verantwortung. Alles ergab sich immer aus dem, was sie zuvor getan hatte. Die eigene Firma war eine logische Konsequenz. Seitdem sie 30 ist, ist sie selbstständig. Finanzierung. Formulierung. Fokussierung. Ohne das geht es nicht. Die Nähmaschinen surren auch nachts. Die Bilanzen verfolgen dich in den Schlaf. Mitarbeiter, Produktion, die Etablierung einer Marke, Kunden finden für mehrere Kollektionen pro Jahr. All das erfordert deine volle Konzentration. Permanenter Ausnahmezustand. Sie könnte sich darin verlieren.

Vanessas Ziele sind jedoch different. Genauso wichtig wie die Firma sind die sozialen Beziehungen, die sie hegt und pflegt. Sie gibt gerne und sucht Erfüllung auch in anderen Menschen. »Ich bin kein karriereorientierter Einzelgänger.« Freundschaften, Familie, sich Zeit nehmen und da sein. Das ist ihr wichtig. Sie kümmert sich, sucht Lösungen und Auszeiten. Der Beruf soll sie ernähren und bereichern, Freude machen und Schönes schaffen. Auffressen darf er sie nicht. Deshalb hat sie sich auch selbstständig gemacht. »Der Job in der Modebranche hat mir den Beruf verleidet.« Jetzt ist sie ihr eigener Chef und der einiger Mitarbeiter.

Als Kind träumte sie sich als Zirkusmädchen. Unabhängig, fantasievoll. Sie will Gold schmieden oder Möbel bauen, wenn sie erwachsen ist. Gestalten, schaffen, veredeln. Blumen und Wasser und Sand und Freiheit. Kinder waren in diesen Träumen obsolet, schlicht nicht vorhanden. Die Idee, Mutter zu sein, kam erst später auf, als sie bereits erwachsen war.

Heute gäbe es theoretisch die Möglichkeit für ein Kind. Sie ist ersetzbarer als früher, wegen der besseren Strukturen in der Firma. Aber das gilt nicht für alle Bereiche. Sie ist die Designerin, die Marke und die beste Verkäuferin. Ohne sie geht es nicht und so ist die Firma zum Baby geworden.

»Hast du Angst, dieses Engagement irgendwann zu bereuen?«

»Nein, die Firma ist es wert, in sie zu investieren.«

Dennoch fühlt sie sich heute bereits dreigeteilt, viele Interessen kollidieren. Sie bräuchte eine vierte Vanessa, um Kinder zu haben.

Gleichzeitig »will sie nicht so ein verkrampftes Ding daraus machen«. Kinder sind eine Herausforderung, die man nicht unbedingt eingehen muss. Sie ist jetzt 36 und in den letzten Jahren blitzte die Kinderidee natürlich regelmäßig auf.

»Ich dachte dann immer: irgendwann später, jetzt geht es nicht.«

»Und jetzt?«

»Jetzt wird langsam eine Entscheidung fällig.«

Sie mag Kinder. Andererseits könnte sie sich vorstellen, auf Kinder zu verzichten, statt diesem quälend repetierenden Kopfkino nachzuhecheln. Kinder sind für sie nicht obligatorisch, auch ein Lebensentwurf ohne Kinder ist denkbar. »Kinder sollten nicht kompensieren müssen, was nicht funktioniert hat.«

Vielleicht ist es besser für sie, wenn ihr Job und ihr Leben sie erfüllen? Sie geht gerne aus und liebt ihren urbanen Lebensstil. Das ist nicht unbedingt kongruent zu dem Bild, das sie von sich als möglicher Mutter hat. »Ich würde nicht wollen, dass das Kind nur die Nanny sieht.« Auch der Mann müsste mitziehen. Er dürfte nicht erwarten, dass sie zuhause bleibt, sondern müsste für eine 50:50-Lösung zu haben sein. Das Bild ist klar, die Lösung fern.

Womöglich fehlt ihr das Vorbild. Frauen, denen es in ihrer Position gelingt, ihren Job und die Kinder in der Qualität zu betreuen, wie Vanessa es sich wünschen würde. Sie hat jedoch oft erlebt, dass Frauen sagen: »ALLES EASY. Und dann sind sie zwei Jahre lang weg.« Das möchte sie nicht. Sie will weiterleben, weiterarbeiten, weiterhin sie selbst sein. In ihrem engen Freundeskreis gibt es viele wundervolle kinderlose Frauen. Vielleicht sind diese Frauen ja Vorbild genug für ein schönes Leben.

Die Doktorandin

Für Steffi war Kinderkriegen immer selbstverständlich. Sie hatte auch nie das Gefühl, ihre Mutter hätte da eine große Aufgabe. »Ich habe erst später gemerkt, wie viel Pflege Kinder brauchen. Meine Eltern waren freigiebig mit Nerven, Zeit und Geld.« Die Kinder wurden nicht verwöhnt, aber sie bekamen ebenfalls nicht zu spüren, welche Mühen sie kosteten.

Steffis Mutter ist das Herz, das Vorbild **... bumm bumm ...** »aber sie tritt zu wenig für ihre Rechte ein«. Steffi findet, sie ziehe nicht genug Grenzen. Trotzdem hat sie Steffis Familienbild geprägt: Füreinander da sein, Gemeinschaft sein, sich gegenseitig guttun. »Meine Familie war toll.« Deshalb wünschte sie sich früher auch zwei oder drei Kinder. Doch ihr Respekt vor der Arbeit, die Kinder bedeuten, ist gestiegen. Fragen sind aufgetaucht: »Wie belastbar bin ich wohl? Wie viel Kind halte ich aus?« Sie plant vorläufig nur eines. »Dann mal weitersehen.«

Immerhin hat sie den richtigen Mann gefunden. Daran hätte es auch scheitern können. »Ohne Mann werde ich keine Kinder haben.« Das war ihr Singleleben-Standardsatz. Und sie hatte sich beinahe schon damit abgefunden, kinderlos zu bleiben. »Irgendwann ist man dann auch zu alt.« 40 ist ihre absolute Obergrenze. Die eigene Belastbarkeit lässt nach. »Ich bin heute viel fertiger als früher, wenn ich mal eine Nacht durchmache.«

Außerdem richtet man sich in einem kinderlosen Leben ein. »Manchmal brauche ich einen Nachmittag auf der Couch.« Ohnehin hängt ihr Herz nicht am Trubel. Sie ist schon vor etlichen Jahren aus der Großstadt in eine beschaulichere Gegend geflüchtet und sucht auch nicht den 60-Stunden-Job. »Ein Leben ohne Kinder wäre jedenfalls denkbar. Vielleicht wäre man auch froh, dass das Leben ruhig bleibt.«

Jetzt ist Steffi 32 und gerade will sie kein Kind. Sie lacht. »Vor 'nem Monat wollte ich eins.« Unabhängig voneinander hatten sie und ihr Freund entschieden: Wir wollen eine Familie sein, mit Kindern. Die Frage ist nur: **WANN?** Die Beziehung ist wichtig. Die Karriereplanung aber auch. Wenn Steffi in ihrer Forschung festhängt und Angst hat, dass sie nicht zu den Ergebnissen kommt, die sie für ihre Dissertation bräuchte, dann verschieben sich auch die Kinderträume. Und das geht schon eine Weile so.

Den ökonomischen Aspekt verdrängt sie. Sie kann nicht sagen, ob sie ihren Job behalten könnte, wenn sie schwanger würde. »Mit Leberzellen im Labor forschen. Das wird schwierig.« Aktuell bekommt sie ohnehin nur Dreimonatsverträge. Ob man einer Schwangeren einen neuen gibt? Fraglich. »Es wird am Ende keine finanzielle Entscheidung sein. Andere Leute schaffen das auch.« Im Notfall hätte sie die Unterstützung der Eltern und Verwandten.

Sie fürchtet andere Dinge: Kinderhaben als Isolationshaft. Sie glaubt, dass sie zwangsweise auf das Kinderhaben reduziert wäre. »Mal sehen, wie es ist. Ob ich mit Kind glücklich bin oder nicht. Wenn die Arbeit wegfällt, verliert man auch viele soziale Kontakte.« Sie wirkt nachdenklich.

Steffi hat es aufgegeben, auf den richtigen Zeitpunkt zu warten. Sie glaubt, dass sie zu alt ist, wenn er kommt. Wenn sie das nächste Mal beide in Kinderlaune sind, schlagen sie womöglich zu. Karriere hin oder her. »Ob ich Hausfrau werde oder arbeite, sehen wir dann.« Sie ist in der DDR groß geworden, da war die arbeitende Frau selbstverständlich. Die Mutter hat sich nicht aufgeopfert. Sie hat Sport gemacht und teilgenommen an der Gesellschaft. »Ich würde das deswegen nicht so persönlich nehmen.« Sie sieht ihr Leben nicht als politisches Statement. »Ich profitiere von meiner Herkunft, weil ich glaube, die freie Wahl zu haben.«

Die Ärztin

Mareike arbeitet im Krankenhaus. Der Geruch ist eine Mischung aus sauber und eklig. Eine Melange aus Desinfektionsmitteln und menschlichen Ausscheidungen. Als angehende Chirurgin arbeitet sie ungefähr 60 bis 70 Stunden pro Woche. Nachtdienste. Tagdienste. Schreibtischdienste. OP-Dienste. Überlebensdienste. Sie mag ihren Job, aber privatlebenkompatibel ist er nicht unbedingt. Und wenn man das Krankenhaus verlässt, ist der Kopf noch immer voll mit Arbeit. »Sagen wir so: Kinder kann man haben, aber man sieht sie nicht oft.« Mareikes Idealvorstellung sieht anders aus. Und Idealvorstellungen realisiert sie gerne.

Mareike und ihr Freund sind gerade 28 geworden und Kinder sind das große Thema. Unbedingt. »Keine Kinder kommt gar nicht in Frage.« Sie steht drauf. Während des Studiums jobbte sie immerzu als Babysitterin und zuvor half sie bereits, ihren kleinen Halbbruder großzuziehen. Ihre Eltern waren sehr jung, als sie zur Welt kam, gerade 20. Klar, dass 30-jährige Eltern für sie schon in eine alte Kategorie gehören. Sie dachte daher immer, sie würde eine junge Mutter werden. Aber mit steigendem Alter verschob sich auch das Bedürfnis, ein Kind zu haben. Es blieb wichtig, eine junge Mutter zu sein. Sie war sich immer sicher: »Kinder, bevor ich 30 werde. Und jetzt habe ich gerade mein Studium abgeschlossen und begonnen zu arbeiten.« Am vergangenen Wochenende fragte Mareikes

Freund nach ihrem Zeitplan. Ihre Antwort: »Die Probezeit muss ich noch abwarten, dann kann es losgehen.« Sie befürchtet, dass sie sich eine Vertragsverlängerung abschminken müsste, würde sie zuvor eine Schwangerschaft riskieren. Der Plan ist wichtig. Er tut den beiden gut.

Der Mann an ihrer Seite ist noch der gleiche wie bei der Abtreibung vor einigen Jahren. Der Beziehung war sie sich damals zwar sicher, aber sie hätte noch nicht sagen können, ob sie sich auch im Alltag verstehen. »Das erste halbe Jahr ist sehr aufregend.« Sie waren damals erst seit vier Monaten ein Paar. Beide studierten noch. Gefestigt sieht anders aus. »Kinder werden ja auch groß, wenn die Eltern nicht zusammenbleiben. Aber meine Entscheidung war sehr emotional.« Er wollte gute Verhältnisse für sein Kind. Eins nach dem anderen. Erst einmal die richtigen Rahmenbedingungen schaffen.

Seither wurde die Frage nicht mehr erörtert. Mareike hatte einen Erasmusplan: ein halbes Jahr in Bologna. Zurück in Berlin war sie mit dem Studium fast fertig und stand kurz vor dem praktischen Jahr. Ein Kind hatte bedeutet, das verschieben zu müssen. Das wollte sie nicht. »Studieren war zwar schön, aber ich hatte auch Bock, fertig zu werden.« Danach muss man das Staatsexamen auch gleich machen. **Tadaaa …** schon ist man Arzt. Heute kennt sie den Krankenhausbetrieb und seine Möglichkeiten.

Angst vor einem Kind hat sie nicht. Karriereknick? Interessiert sie nicht. »Einen Chef, der mich wegen einem Kind ablehnen würde, den will ich auch nicht haben. Ich will selbst über meine Prioritäten bestimmen.« Hier kommen mal wieder die Vorbilder ins Spiel: Ihre Mutter war alleinerziehend und hat immer, immer auch gearbeitet. Absolute Normalität. Es war auch normal, dass die Väter mit den Kindern alleine waren. »Ich war gerne ein Papakind und fand es immer wichtig, meinen Papa zu haben.« Der Vater ihres Halbbruders übernahm gar die Hälfte der Elternzeit.

Wen wundert es da, dass ihr eigener Plan ebenfalls Gleichberechtigung vorsieht. »Mir war immer klar, dass ich Ärztin werden möchte, und auch die Kinder waren früh klar für mich.« Ihr Freund habe kein Problem damit, zuhause zu bleiben. Elternzeit würde er nehmen, nicht nur die obligatorischen zwei Monate. »Männer haben schließlich auch ein Recht darauf, diese Zeit mit ihren Kindern zu verbringen.« Die volle Stelle mit den 60 Wochenstunden Arbeit würde sie dennoch nicht weiterführen. Die ist ihr ohnehin zu viel. »Ich bin frühestens um 6 zuhause und die meisten Kinder gehen ja so gegen 7 ins Bett.«

Wunschvorstellung: Beide eine Dreiviertelstelle wäre perfekt. Teilzeit wird aber immer häufiger: »Dreiviertelstellen und halbe Stellen gibt es oft, vor allem in Abteilungen, in denen auch mit Kindern gearbeitet wird. Da könnte man auch eine Kita abdecken.« Eine Kita mit Rundumbetreuung, wie es sie in einigen Krankenhäusern bereits gibt. Das wäre natürlich noch besser und ein Auswahlkriterium für die nächste Stelle.

Es klingt nach dem perfekten Plan und sie sind jung genug, um ihn problemlos umzusetzen. Gibt es ihn also manchmal doch, den richtigen Zeitpunkt?

Die Studentinnen

Anna

Als ich mit Anna über unser gemeinsames Geburtserlebnis sprach, als ich sie fragte, wie sie sich dabei fühlte, und sie beschrieb, wie sehr sie Kinder liebt und wie gerne sie mit ihnen abhängt, fragte ich mich, warum sie eigentlich keine eigenen hat. Ihre letzte Beziehung hatte fast sieben Jahre gehalten. Warum spielten Kinder bislang keine Rolle in ihrem Leben?

»Ich werde eine alte Mutter sein. Das war mir schon früh klar.« Ihre eigene Mutter war bereits 38 beim ersten Kind. Ihre Großmutter, eine Lehrerin an der Kunstakademie, war ebenfalls eine Spätgebärende und auch ihre Cousine machte Karriere, bevor sie die Familienplanung in Angriff nahm. Für Anna ist beruflicher Erfolg relevant und vom Elternhaus vorgegeben. Die Tochter soll vorzeigbar sein.

Aber Anna ist noch nicht so weit. Sie musste ihren Weg erst suchen. Sie war in Australien und Südtirol, studierte Verschiedenes und genoss das Studentenleben. Jetzt ist sie 28 und plant ihre Bachelorarbeit. Bevorzugtes Gebiet: Portugal. Hier will sie recherchieren, reisen, surfen und Sonne tanken. »Ich will offen bleiben für Leidenschaft, statt mein Leben zu verplanen.«

Annas Identitätsfindung ist noch nicht abgeschlossen. Ihr zukünftiger Beruf soll da eine große Rolle spielen. Dabei geht es nicht um Anerkennung, sondern darum, ihre Überzeugungen und Ideen umzusetzen. »Wenn man findet, was man gut kann und gut macht, dann trägt das Energien in die Welt.« Bevor sie Kinder bekommt, möchte sie das noch finden. Und richtig surfen lernen und ein gutes Körpergefühl entwickeln.

Und es geht um Geld. Das möchte sie auch verdienen. Sie träumt von einem Industrieloft und einem dunkelblauen Oldtimer. Ein Burberry-Trenchcoat wäre gut und ein Paar Turnschuhe von Balenciaga auch. Dazu der richtige Job und der richtige Mann. Dann könnte es losgehen. Es darf aber auch alles ganz anders kommen. Neuer Ort, neuer Job, neues Leben. Sie ist flexibel und will es bleiben. All die Ideen und Träume sind nichts, worauf sie sich später selbst festnageln wird.

Wenn irgendwann ein Kind da ist, würde sie gerne ein Jahr zuhause bleiben und dann erfolgreich weiterarbeiten. Ihr Partner sollte auch beruflich engagiert sein. Sie wünscht sich ein Lebenskonzept, in dem beide dem Leben fordernd gegenüberstehen und akzeptieren, dass auch die Frau beruflichen Erfolg hat. Es soll ein Gerüst der Regelmäßigkeit geben für die Kinder, in dem Platz für das Schöne bleibt. Sie will Rituale pflegen und sich kümmern. Die Bedürfnisse der Kinder sollen geachtet werden.

Die Diskrepanz zu ihrem jetzigen Leben erkennt sie, weswegen vorerst weiter und überordentlich verhütet wird. Sie nahm immer die Pille und trägt jetzt eine Spirale. Sie besteht dazu auf Kondome und kontrolliert ihren Zyklus. Schwanger werden war keine Option. Ist keine Option.

»Aber sind sie denn wichtig, die Kinder?«

»Zumindest aktuell sind sie keine Priorität.«

Außerdem glaube sie nicht an die Erfüllung durch ein Kind. Auch eine Adoption, falls es mit eigenen Kindern später nicht klappt, hält sie für ausgeschlossen. »Mein Glück hängt nicht von Kindern ab. Für mich war Familie nie etwas Erstrebenswertes.«

Tanja

Es ist möglich, dass Tanja der fröhlichste Mensch der Welt ist. Ihr Lächeln verzaubert und bringt gute Laune. Man kann sich ihr nicht entziehen. Tanja macht gerade ihren Master in Musikwissenschaften. Sie ist 26, naturblond, schlau und macht tolle Sachen. Unter anderem passt sie auf die Kinder anderer Leute auf. Das ist ein Teil ihrer Selbstfinanzierungsstrategie. Der andere Teil ist ein Festival, in das sie Zeit und Herz und Energie und Sehnsucht steckt. Bands suchen. Strom im Schlamm verlegen. Menschen tanzen machen. Hier bleibt ihr eine freie Zeiteinteilung und sie ist keiner Bevormundung ausgesetzt. Andererseits ist es mehr Herzblut denn die große Karriere. Eigentlich wäre alles ideal, abgesehen vom Gehalt. »Dadurch, dass man weiß, dass man das nicht ewig machen kann, fühlt es sich immer mehr wie eine Sackgasse an.« Eine bequeme Situation, die Spaß macht, die Zukunftsangst wegen der Branche sitzt ihr dennoch im Nacken. Sie ist voll beschäftigt, ohne das Gefühl zu haben, dass das Privatleben zu kurz kommt. »Wenn aber noch jemand versorgt werden müsste, wie ein Kind, wäre das schwierig.«

»Willst du denn eigene Kinder haben?«

Ein bekennendes, strahlendes **Ja**. Tanja will **AUF JEDEN FALL KINDER!** Mehrere sogar. Zwei oder drei. »Weil es Kindern nicht guttut, zu viel Aufmerksamkeit zu bekommen, und ich selber Geschwister habe und das ein gutes Gefühl ist. Und weil Geschwisterkinder immer entspannter sind.«

»Aber warum hast du dann noch keine?«

Klare Antwort: »Keine abgeschlossene Ausbildung, kein Job, kein Mann.« Am wichtigsten wäre ihr der Mann. Geld ist nicht so entscheidend.

»Und wie muss der sein?«

»Der Mann sollte sich auch für die Familie interessieren.«

»Gibt es denn die Möglichkeit, dass er arbeitet und du zuhause bleibst?«

»WIE JETZT? GANZ zuhause? **NEEE.**« Tanjas Ideal ist das, was ich von den meisten Frauen höre: gleichgestelltes Arbeiten. »Mein Mann sollte nicht nur zu den Vergnügungen auftauchen. Wenn beide eine Zweidrittelstelle hätten … das wäre schön.« Auch die Meinungen in ihrem Freundeskreis gehen in diese Richtung. Sie kennt ein Studentenpärchen, wo beide trotz Kind weiterstudieren. »Im Studium kann man sich die Zeit sehr gut einteilen und auch mal 'ne Vorlesung sausen lassen.« Studieren hilft scheinbar bei der Gleichberechtigung.

Wenn sie sich umsieht, stellt sie jedoch auch fest: Gleichaltrige Männer sind oft furchtbar unselbstständig. Sie haben einen unsicheren Beruf oder sind im fünften Praktikum und heulen rum, wenn sie mit 26 kein Geld mehr von den Eltern bekommen. Männer sollten wissen, was sie wollen, und nicht so rumeiern. Sie weiß schließlich auch, was sie will. Und das ist nicht die 40-Stunden-Woche plus Hausarbeit und Kindererziehung.

Tanja fände es schön, in absehbarer Zeit Mutter zu werden. »Ich mag sie so gerne.« Die Vorstellung, erst mit 35 ein Kind zu bekommen, erscheint ihr weniger ideal. Aus Beobachtungen als Babysitter auf Spielplätzen kennt sie das Altersphänomen: Mit dem Alter ändern sich häufig die finanziellen Mittel und die Einstellung. »Eltern machen sich um die falschen Sachen Sorgen. Sie denken, jede Sorge ließe sich wegkaufen. Sie kreisen um das Kind und stecken es in Schutzkleider. Man sollte das nicht so verkrampft sehen, aber mit dem Alter werden die meisten verkrampfter.«

Einen Notfallplan gibt es auch schon: Der schwule beste Freund hat sich bereit erklärt, die Vaterrolle zu übernehmen. »Sollte ich das kritische Alter erreichen, wäre mir der Mann egal. Eine Adoption käme auch in Frage.«

Tanja ist davon überzeugt, dass Kinder das Leben bereichern: »Ab einem bestimmten Punkt wird es doch öde ohne Kinder. Das liegt nicht daran, dass ich mich vermehren oder unsterblich werden möchte. Leben mit Kindern ist einfach spannender. Anderen beim Entwickeln zusehen, das macht unglaublichen Spaß.«

Die Schauspielerin

Sie ist die schönste Schauspielerin des Landes und gerne würde ich von ihren Haaren sprechen, ihren Lippen, ihrem Ausdruck. Ihre Augen allein wären schon ein Grund, sich in sie zu verlieben. Aber ich könnte sie wohl nie wieder zu einem Kaffee überreden, wenn ich es täte. Sie ist nämlich keine, die ihr Leben öffentlich breittritt oder Einlass gewähren will. Genau genommen verachtet sie die ganze Filmbranche und will die Fragensteller, die dazugehören, draußen halten. Vor der Tür. Ausnahmen macht sie nur wenige. Wahrscheinlich wird sie bald Astronaut. Solange sie jedoch auf der Erde weilt, werden sich die Filmkameras weigern, ihre Linsen von ihrem erdbeerblonden Haar zu lassen. **Ups.** Genug von ihren Haaren.

Wir trinken Kaffee. Ohne Kamera und ohne Maske. Wir kennen uns seit ein paar Jahren, aber eigentlich auch nicht.

Perfekte Voraussetzungen, um sich vorurteilsfrei dieser Thematik zu nähern. Nähern? Bevor ich eine Frage stelle, sind wir schon mittendrin im Kindertrubel. Sie lächelt. Sie liebt Kinder. Alle ihre Freunde haben Kinder und das ist wunderschön. Seit Jahren wird ihr bestätigt, dass sie eine gute Mutter wäre. Einen Mann hat sie auch. »Ich werde Mutter, klar.« Normalgefühl!

Aber jetzt, so knapp über 30, zum Durchschnittszeitpunkt, in den absoluten Kinderkriegejahren, da merkt sie: »Ich brauch die nicht.« Sie ist weder dagegen noch dafür. Es ist nur so, dass es jetzt gerade verdammt gut ist. Ohne Kinder. Sie ist nicht der Typ Mensch, der auf irgendetwas hinarbeitet, sein Leben plant und den nächsten Schritt vorbereitet. Das Leben kommt auf sie zu. Sie nimmt es mit. Nimmt es an. Wird zum Star oder auch nicht. Das Leben liebt sie, sie liebt es zurück. Kinder waren bislang noch nicht dabei und dieses I'm-ready-Gefühl, das manche in Sachen Reproduktion antreibt, hat sie bisher noch nicht ereilt.

»Die 30er, die will ich für mich alleine haben.« PUNKT. Sie hat das Gefühl, Kinder bekommt man in seinen 20ern, oder durch Zufall oder ab 40. Aber nicht jetzt. Nicht heute. Sie ist gerne ein Kontrollfreak, aber eher im Sinne von *the Master of Desaster*. Sie will noch ein paar Ufer erforschen, sich neu entdecken, arbeiten, sich definieren. Herausfinden, was möglich ist. Herausfinden, was bleibt, was kommt, was geht. Kunst machen, wie man es nur ohne Kinder kann. Musik machen tut gut und unterwegs sein und Pilze sammeln und nachdenken und Platz haben. Vielleicht kommt das Kindernormalgefühl eines Tages ganz unverhofft und plötzlich. Vielleicht auch nicht. Jetzt ist da erst einmal keine Sehnsucht nach Kindern.

Sie wirkt auch so ganz ausgefüllt. »Ich finde es im Moment ganz gut, einfach in den Tag hinein zu leben.«

Die unfreiwillig Kinderlose

Eines stelle ich immer wieder fest in meinen Gesprächen: Die Frauen, die ihr Leben gerne takten und einen genauen Plan verfolgen, neigen eher zu Kindern als jene, die das Leben auf sich zukommen lassen. Wenn Freiheit, Vergnügen und Spontaneität ein wichtiger Faktor sind, scheinen Kinder häufiger durch das Raster zu fallen. Wer sich seiner beruflichen Entfaltung verschrieben hat, verzichtet ebenfalls häufiger auf Nachwuchs als weniger karriereaffine Frauen. Die moderne Medizin hilft uns bei der Verhütung. Geburtenkontrolle: läuft. Aber nicht jeder verzichtet freiwillig.

Malta und ihr Mann sind in einer schnieken Klinik für Reproduktionsmedizin gelandet. Der Arzt, der ihnen gegenübersitzt, ist gerade mal 1,60 Meter groß, mallorcabraun und blondiert. Sein Gürtel sitzt eng und strahlt mit seinen Zähnen um die Wette. Seine Harley hat er als Bildschirmschoner auf dem Computer installiert. Er rast und brummt durch den Termin.

»Wären wir noch im Mittelalter, dann wären Sie schon lange nicht mehr am Leben. Ihre Eierstöcke wissen das aber nicht.« Malta ist da gerade 36.

»Danke.«

»Tschüss.«

Zehn Minuten nimmt sich der Arzt, bevor er das Paar zurück in die Abfertigungshalle schickt. Sie werden ihn danach nie wieder sehen.

»Ihr Mann muss noch kurz Sperma abgeben.« Es ist wie im Fernsehen: peinlich. Die Heftchen sind schlecht und die Fernbedienung ist in Plastik eingepackt, falls man mit spermaverschmierten Händen noch den Porno-Kanal wechseln möchte. Alle anderen Patienten sehen zu, wie der Mann in die Kammer reingeht und wieder rauskommt. Etwas peinlich, aber damit ist sein Part erledigt.

Malta und ihr Mann kamen zusammen, als sie Anfang 30 waren. Die Bedingung war, dass auch er ein Kind möchte. Sie wollte keine Zeit mehr verschwenden mit ziellosen Beziehungen. Soweit der Plan. Geklappt hat es nicht. Sie wird nicht schwanger. Eine Adoption kommt nicht in Frage. Der Ausweg könnte künstliche Befruchtung heißen. Damit die Krankenkasse die Hälfte der Kosten übernimmt, muss man jedoch verheiratet sein. Gesagt, getan. Mit zwei Trauzeugen zum Standesamt. **JA!** sagen. Pizza bestellen. Schöne Ringe machen lassen. Sie haben kein Geld und keinen Bock auf einen großen Event, denn eigentlich ist das nicht ihr Ding: »Dieses Geheirate.« Andererseits kostet jede künstliche Befruchtung 6000 Euro, verheiratet nur 3000.

»Wenn du das nächste Mal deine Tage bekommst, holst du dir in der Klinik die Hormone ab. Die Spritzen setzt du dir dann täglich selbst. In die Bauchdecke, bis sie überall blau und zerlöchert ist. Drei Wochen lang. Du musst höllisch aufpassen, dass das funktioniert, dass du es richtig machst.« Schließlich sind die Medikamente teuer und sollen auch wirken. Dazu kommt die psychische Belastung durch die Hormone. »Da geht es auch im Hirn ab. Prämenstruelles Syndrom mal 100.«

Und dann wieder zum Arzt. »Dort bekommst du dann die Eisprungspritze. Am nächsten Tag werden dir unter Vollnarkose die Eizellen entnommen. Durch die Hormone produzierst du unnatürlich viele davon. Dann gehst du wieder nach Hause.« Die guten werden währenddessen mit dem Sperma geimpft.

Schließlich der Anruf: »Wir konnten drei von den fünf Eiern befruchten. Zwei werden wir jetzt einsetzen. Kommen Sie vorbei.«

In Deutschland dürfen diese Eier fünf Tage in einer Petrischale rumschwimmen. In anderen Ländern sind es zehn Tage. In dieser Zeit prüft man, ob die Schwangerschaft funktionieren kann und ob die befruchteten Zellen genetisch in Ordnung sind. Dann werden sie eingesetzt. »Die Schwester mit der Riesenspritze kommt, liest deinen Namen vor und kontrolliert alles doppelt und dreifach. Schließlich will niemand die Zellen eines anderen Paares eingesetzt bekommen.« An einem großen Bildschirm können Malta und ihr Mann verfolgen, wie die Eizellen in sie reingespritzt werden.

Banges Warten. Zwei Wochen später folgt der Test. War es nur eine biochemische Schwangerschaft (der Begriff für eine Kurzzeiteinnistung) oder eine richtige? Ernüchterung beim ersten Versuch, es hat nicht geklappt. Beim zweiten Mal ist eine Nachkontrolle nicht nötig. Sie bekommt Blutungen und spürt: Es ist vorbei.

Eigentlich würde die Krankenkasse noch eine dritte künstliche Befruchtung mitfinanzieren. Aber Malta ist bereits 40. Für Frauen ist das die Finanzierungsgrenze. Für Männer liegt sie bei 50 Jahren. Sie müssten also den vollen Betrag aufwenden. 6000 Euro für eine Hoffnung. Ihre Schwiegereltern, die bislang die zweite Hälfte bezahlten, würden vielleicht auch die komplette Summe aufbringen. »Wir hätten uns das sonst gar nicht leisten können.« Aber Malta weiß nicht, ob sie das noch einmal will. »Dadurch, dass sie das zahlten, kam danach auch immer der Anruf: Wie sieht's aus? Dann gibt man Bescheid. Ich hätte das alles gerne im Stillen gemacht. Die zwei Wochen nach dem Einsetzen der Zellen, in denen man ganz entspannt sein soll, werden dadurch eher verkrampft.«

Außerdem hat sie keine Lust mehr, sich irgendwelche Sachen in die Scheide zu stecken. »Zäpfchen und tralalala. Du stehst so unter Druck und die Hormone machen dich total gaga.« In der Klinik fühlt sie sich nur wie eine Nummer. Wie ein Zahnrad in einer Gelddruckmaschine. Die Kliniken dealen mit einer emotionalen Notlage und man selbst sieht die Chancen auf ein Baby schwinden.

Der Prozess der künstlichen Befruchtung wird zum totalen Lebensinhalt. Emotional, zeitlich, thematisch. Die Beziehung hat dadurch Gespräche, aber auch zusätzlichen Stress. Alles dreht sich um **das Eine**. »Wir haben uns nur in die Haare gekriegt.«

Malta weiß gar nicht, ob sie das nochmal auf sich nehmen möchte. »Dann kriegen wir halt keine Kinder. Mensch, vielleicht soll das dann ja auch nicht sein.«

»Hast du denn das Gefühl, dein Leben wäre besser mit Kind?«

»Ne. Wenn Bekannte schwanger sind, denke ich zwar: Werd jetzt bloß nicht so 'ne ätzende Alte, die neidisch ist auf andere Frauen. Aber ich schiebe das jetzt weg. Wir sind immer noch zusammen und lieben uns, das ist auch schön.«

Der Beziehung hat es nicht geschadet, trotz der Tiefen. Ein Baby mit ihrem Mann wäre das Sahnehäubchen. »Aber ich will nicht um jeden Preis ein Kind.«

Die Zufriedene

Schlussendlich bleibt die Frage, ob man sich überhaupt für Kinder entscheiden muss. Die häufig zitierte biologische Uhr tickt nicht bei jedem. Und Windelwechseln und Schlafmangel werden nicht für alle Frauen durch Babyfüßchen aufgewogen. Wer gerne allein ist und seine Ruhe liebt, lebt ohne Kinder wahrscheinlich glücklicher.

Als ich Elvira kennenlernte, war ich 11 und sie 25. Sie war sportlich bis zum Umfallen, gut gelaunt und bis über beide Ohren in meinen Vater verliebt. So ist es auch geblieben. Das **JETZT** ist das, was für sie zählt. Einen Plan hat sie nicht verfolgt. Zukunftsbilder? Gab es nie. Trotzdem weiß sie immer sehr genau, was sie will. Mit 12 entschied sie sich, auf ein Internat zu gehen. Freiwillig. Mit Absicht. Und ihre Eltern unterstützten sie dabei, obwohl sie sie vermissten. Danach ging sie in die Lehre, wohnte im Lehrlingswohnheim und, während sie die Berufsoberschule besuchte, in einer WG. Selbstständig. Verantwortlich. Unabhängig. Als sie nicht wusste, was sie studieren sollte, kam ihr der Zufall zu Hilfe. Der Bruder eines Freundes erzählte von seinem Plan, sein Biotechnologie-Studium abzubrechen, weil es zu schwer war. Da wusste sie: Dann ist das was für mich. Gesagt. Getan. Sie ist gut darin, sich zu entscheiden.

Warum sie sich gegen Kinder entschieden hat, ist schnell beantwortet: »Weil ich nie welche wollte. Ich bin kein Muttertier.« Tatsächlich hat sie nichts von einer Dutzi-Dutzi-Glucke. Sie sucht sich gerne Leute, die auch nicht so viel Getue brauchen. Sie hat immer Verantwortung für sich selbst übernommen, aber für ein Kind wollte sie die nicht auch noch tragen müssen. Als sie jung war, war es immer zu früh. Mit 18 kam einmal Schwangerschaftspanik auf. **Fürchterlich.** »Da war mir klar, dass ich abtreiben würde.« Und dieses Jetzt-nicht-Gefühl ist bis heute geblieben. Sie wollte ihr Studentenleben genießen und danach arbeiten. Als Biotechnologin hat sie sich durchgesetzt gegen eine Horde Männer und behauptet sich in einem Job, den sie mag. Ihre Freizeit verbringt sie lieber zwischen Berggipfeln, auf dem Fahrrad oder in einer Bar in Tokio statt mit einem Säugling zuhause. Ihre Welt ist weit.

Hatte sie ein Bewusstsein für den Karriereknick, den ein Kind für sie bedeuten könnte? »Ich sehe bei vielen Kolleginnen, dass es nicht der Knick sein muss.«

In den letzten 10 Jahren hat ein Wandel stattgefunden. Es gibt heute mehr Frauen in den Firmen und unter ihnen sind auch die, die es einfach gemacht haben. Eine von Elviras Kolleginnen kam nach sechs Wochen Mutterschutz zurück an den Arbeitsplatz. Sie wurde schnell wieder schwanger und verfuhr bei dem zweiten Kind genauso. »Innerhalb von zwei Jahren ist sie um zehn Jahre gealtert, aber es funktioniert.« Für Elvira stand es dennoch nie zur Debatte.

Sie mag ihr Leben, wie es ist. Ohne Kinder, obwohl sie Kinder mag. Freunde mit Nachwuchs gehen ein und aus. Für die kleinen Gäste gibt es Spielzeugkisten und Kinderbücher. *Oh wie schön ist Panama.* In der Garage stehen zusätzliche Schlitten bereit und ein Kindersitz für die Enkel ihres Mannes wurde auch angeschafft. »Aber hätte ich ein eigenes Kind bekommen, dann nur meinen Eltern zuliebe. Das geht ja auch nicht.« Die Eltern, die ihr viel bedeuten, ließen sie immer einfach sein, wie sie ist. Zudem sind ihre Eltern ebenfalls ruhige

Menschen, die gerne ihre Ruhe haben. Enkel schienen nicht unbedingt notwendig. Elvira wirkt in sich geschlossen und zufrieden, auch ohne Kinder, sodass niemand das Gefühl hat, es würde etwas fehlen. »Meine Eltern haben nie einen Ton dazu gesagt und mein Umfeld fragt auch nicht danach.«

Für Egoismus wird diese Einstellung in der Gesellschaft dennoch oft gehalten. *Kinderlose denken immer nur an sich selbst und kümmern sich nicht um Kinder.* Aber seit wann ist es wichtig, sich um jemanden zu kümmern, der gar nicht existiert?

Männerträume?

Kinder machen nicht glücklicher. Kinder sind nicht sinnstiftend. Kinder stellen keine Erfüllung dar. Sie sind eine persönliche Entscheidung, die wir heute treffen dürfen. Ich glaube, alles andere ist Schönfärberei von unglücklichen Eltern oder persönliche Empfindung. Zumindest legen Studien dies nahe. Eltern sind gestresst. Vielleicht sind wir zu viele Menschen auf der Welt, vielleicht macht uns die Wahlfreiheit kirre, vielleicht sind wir zu ökonomisiert, um den Kindern eine wichtige Rolle zuteilwerden zu lassen.

Brauchen wir einen Geburtenzwang? Wohl kaum. Zwar kenne ich die Probleme der Rentenkassen und den Arbeitskraftmangel, aber das sind keine schlagkräftigen Argumente, um zusätzliche Kinder zu bekommen. Wir könnten andere Lösungen finden. Wir könnten Landstriche veröden lassen. Wir könnten Roboter bauen. Wir könnten zu den Chinesen ziehen. Wir könnten kreativ werden.

Frauen sollten Kinder bekommen dürfen, wann immer sie wollen – oder gar nicht. Keiner hat das Recht, Frauen, die freiwillig auf Nachwuchs verzichten, mit Mitleid zu bedenken. Trotz all der suggerierten Freiheit leben wir noch immer in einer Gesellschaft, die eine Frau ohne Kinder als unvollständig erachtet, selbst wenn sie mehr als erfüllt ist. Wir suchen Gründe, die Frauen zum Gebären anregen sollen. Warum? Dieser Gehirnauswringwahnsinn muss ein Ende haben. Das Statussymbol Kind gehört durch Glück ersetzt.

Wenn man sich bei den Männern umhört, die einigermaßen aufgeklärt daherkommen, merkt man schnell, dass sie Zeitung lesen und feuilletonbewandert sind. Die babyfeindlichen Artikel haben sie genauso inhaliert wie die seitenlangen Hymnen auf die berufstätige Mutter. Sie wünschen sich eine Frau, die sich beruflich entfaltet, und sie erkennen den Vorteil, nicht der Alleinverdiener sein zu müssen. Man trägt dadurch weniger Verantwortung und bleibt unabhängiger. Gleichberechtigung. Augenhöhe. Partnerschaft.

Und **schwupps**. Sie ist schwanger und alles ändert sich. Da ist mein Freund, der seiner Partnerin plötzlich ein Auto kauft, damit sie nicht mehr mit den Öffentlichen fahren muss. Da ist der Mann, der seine Mutter in der Wohnung über sich einquartiert, damit sie das Kind versorgen kann, obwohl er nicht scharf darauf ist, wieder mit seiner Mutter zusammenzuwohnen. Da sind die Jungs, mit denen man früher um die Häuser ziehen konnte. Nächtelang Nonsens. Heute reiben sie sich auf zwischen Überstunden und Babylätzchen. Ich musste mir jüngere Kumpanen suchen.

Nicht selten hört man von Paaren, bei denen keiner von beiden mehr das Haus verlässt, um abends Freunde zu treffen oder ins Theater zu gehen oder zum Sport. Es erschiene ihnen ungerecht, wenn nur einer raus kann. Also gibt es eine Tüte Chips und eine Flasche Langeweile. Beides wird so korrekt geteilt wie das Babyschaukeln. Ich kann mir nicht vorstellen, dass Freudlosigkeit ein Ziel der Emanzipation war. Und wenn, dann wäre es ein falsches gewesen.

Mein Mann ist auch sehr angetan von dem Emanzenkram, den er regelmäßig von mir um die Ohren gehauen bekommt. Er ist froh, dass er nicht allein verantwortlich ist für seine vier Kinder, für zu schließende Verträge, für Überweisungen und Reparaturen. Dennoch ärgert es ihn gelegentlich, dass niemand die Socken gewaschen hat. In einer sehr angespannten Situation sagte er zu mir: »Andere Männer, die so viel arbeiten wie ich, haben eine Frau, die ihnen zuhause den Rücken frei hält.« Da wurde mir wieder deutlich, wie schnell die Falle doch zuschnappen kann. Berufstätige, kreative Frau mit ausschweifendem Lebensstil und Anspruch sitzt hinter Gittern in Mutterhausen. Bis zu 20 Jahre. Resozialisierung ist da natürlich schwer. Das weiß jeder. Wer will schon einen Morder, äh, eine Mutter in der Firma haben?

Den Frauen wird hier oftmals zum Verhängnis, dass sie ein Männertraum sein möchten. In Perfektion. Also geben sie nach und tun, worum man sie bittet. Was von Männern dabei oft vergessen wird: Das ist nicht die Frau, die du dir gewünscht hast, geschweige denn gesucht. Du hast dich in das wilde Gör verliebt, morgens um 5 vor der Bar25, nachmittags beim Surfurlaub mit Freunden, beim Segeln, auf einem Festival. Du mochtest, dass sie ihr sonnengebleichtes Haar offen trug und Nietzsche zitieren konnte. Als sie dir 300 Euro geliehen hat für die Miete, warst du ihr dankbar und hast sie gefeiert. Als die Semestergebühren fällig wurden, zahltest du es ihr zurück. Ihr Auslandsaufenthalt und deiner: Fixpunkte eurer Paarwerdung. Gemeinsame Konzerte: episch. Zukunftsaussichten: berauschend.

Während wir davon träumen, so zu leben wie Bill und Hillary Clinton oder Jean-Paul Sartre und Simone de Beauvoir, Ray und Charles Eames oder auch Brangelina, schleicht sich bei den meisten von uns das Leben unserer Eltern ein. Aber diese Träume sind nichts wert, wenn wir sie selbst mit einem Panzer überrollen. Frauen, die Verantwortung tragen wollen, sollten sie nicht aus der Hand geben. Männer, die Familie wollen, sollten sich engagieren. Frauen und Männer, die sich Gleichberechtigung wünschen, müssen jeden Tag miteinander dafür kämpfen, ihre persönliche Unabhängigkeit beweisen und ihre gemeinsame Schlagkraft erfahren. Die Rollenverteilung ist dabei sekundär, entscheidend ist das Glücksgefühl.

12

Live hard, bear young

In der Zeit, in der ich ein ganz bürgerliches Leben leben musste – als ich, wie jeder andere auch, tonnenweise Wäsche wusch, Toilettenschüsseln putzte, Hunderte von Windeln wechselte und Kinder stillte – da habe ich eine Menge gelernt.

Patti Smith

Leben

Ich bin so hip, dass ich abwechselnd vegan esse oder blutige Steaks serviere. Ich trinke nur Espresso während meiner Detox-Phase. Ich mache monatelang keinen Sport, um dann innerhalb einer Woche täglich in den fein lackierten Yoga-Laden zu pilgern. *Pranayama.* Luft rein, Luft raus. Tiefe Ströme von Montag bis Donnerstag. Dann bleibe ich wieder im Bett. Ich kaufe Bio-Essen UND Oreos UND Gemüsedöner MIT Fleisch. Ich träume von einem Leben ohne Kompromisse, in dem jeder ein wenig auf den anderen zugeht. Ich scheiße auf alles und kümmere mich im Anschluss daran um jedes Detail. Ich gehe einmal im Jahr ins Berghain und sehe an den anderen 364 Abenden *Breaking Bad* in Dauerschleife. Ich tanze und chille im gleichen Atemzug, bevor ich fröhlich in die Ecke kotze. Ich bin Nichtraucher, bis ich zum Kettenraucher mutiere, und das alles innerhalb einer einzigen Nacht.

Kurzum: Ich mache dem Berlin-Mitte-Hipster alle Ehre und sowieso jedem, der gerne auf der Style-Welle von vorgestern gegen den Strom reitet. Alle parallel gegen den Rest der Welt. Für mich gilt das zumindest so lange, bis ich die Grenze passiere und zum Prenzlauer-Berg-Eltern-Mensch mutiere (tägliche Grenzüberschreitungen: ca. 5). Und allerorten herrscht persönliche Klischee-Überdosis. Alle mal herkommen, ich schmeiße eine Runde Gratis-Vorurteile. Alles bestätigt, alles echt. Altbau. Retro. Kunst an der Wand. Flausen im Kopf. Espressomaschine. Die Kinder fahren auf dem Laufrad zur musikalischen Früherziehung. Meine Nägel sind von Natur aus bunt und die Bücher in meinem Regal ein Zeichen meines Strebens nach Verzicht. Hauptsache achtsam bleiben. *Nachhaltig* ist ohnehin schon wieder out und ebenso stark ausgehöhlt wie der Begriff *authentisch*.

Obwohl ich die Codesysteme zu begreifen scheine und sämtliche Klischees simultan befriedige, bin ich vermutlich die Einzige, die in Berlin ihre Sneaker noch selbst bezahlen muss. Die anderen bekommen sie gesponsert. Warum? Weil sie für das richtige Label arbeiten oder in den richtig Clubs auflegen, weil sie das richtige Cover zieren, den richtigen Partner haben, die richtigen Bücher schreiben oder Filme produzieren oder Bilder malen oder … Was auch immer diese Leute tun, es ist hip genug, um Schuhe geschenkt zu bekommen. Außerdem stehen sie auf den Gästelisten der entscheidenden Partys, es regnet Champagner, Wodka und Club-Mate für sie, und wenn sie Hunger haben, wird sich schon irgendein Praktikant diesem Problem widmen. Die hippe Mitte-Glitzerwelt ist vereint bei Fashion-Week und Filmpremieren, bei Lesungen, Ausstellungseröffnungen und dem wichtigsten Private Dinner der Woche.

Babygrenze

Die zweite Vereinigung findet im Geiste statt. Die meisten hier sind liberale, offene Menschen. Studierte Feministen oder Hetero-Normative, die Akzeptanz gegenüber dem eigenen Leben verströmen. Kurzum: Eine Beschreibung fällt schwer, ohne der Political Incorrectness bezichtigt zu werden. Dafür kann man hier fast allen Annehmlichkeiten der freien Welt frönen, ohne schief angeguckt zu werden.

Doch es wird nicht nur die Freude an der Freiheit geteilt, sondern auch die Angst. Die Furcht vor dem lebenzersetzenden Nachwuchs scheint allgegenwärtig. Es ist fast so, als würde man mit dem Eintreten der Schwangerschaft sämtliche Rechte auf Schuhe, Gästelisten und Dinner verwirken. Sogar außerhalb der Mitte-Blase ist der Angstbalken stark erkennbar. Wenn man die Streitgespräche über Kinder verfolgt, könnte man davon ausgehen, dass Eltern und Nichteltern einer völlig anderen Spezies angehören. Eine Bekannte beschrieb mir die Schwangerschaft einer ihrer Freundinnen als Übertritt in ihre Welt. Als käme das Elternsein einer Art Sekte gleich. »Sie war eher meine Partyfreundin. Deshalb haben wir nach dem Baby erst mal den Kontakt verloren. Jetzt werden wir uns wieder öfter sehen.«

Es scheint, als gehörten Menschen mit und ohne Kinder fein säuberlich separiert. Junge, gutaussehende Nicht-Eltern stehen den alten, langweiligen Eltern gegenüber. Der nächste Community-Battle ist bereits vorprogrammiert. Tiefliegende Kampfgelüste werden wach. Eine dezidierte Meinung zur Thematik ist unabdingbar. Dafür oder dagegen?

»Willst du wirklich ein Kind, soooo jung, mit 29? No way. Viel zu früüüüüüüh. Das ändert dann ja ALLES!«

Die Partys, das WG-Leben, das Reisen, das Lieben, die Freiheit. Das Elternsein hat sich zum Synonym für ein langweiliges Spießerleben entwickelt, das man möglichst lange nicht führen möchte. Rauszögern, bis es sich nicht mehr verschieben lässt, lautet die Devise. *Das Jungsein gehört mir! Ich bleibe wild und ungestüm.*

So weit, so gut, nur ist selten wirklich Ungestümes zu erkennen. Die meisten leben weniger kinderfeindlich, als sie sich einzureden versuchen. Was ist mit den Ladys, die auch ohne Schwangerschaft einen Dreizehn-Zentimeter-Absatz nicht beherrschen und um 23:00 Uhr die Party verlassen, um ihren Schönheitsschlaf zu bekommen? Was ist mit den Leuten, die zu faul sind, sich ein Hobby zu suchen oder ihre Freunde zu treffen? Was ist mit den Neurotikern, die den Dreck der Welt nicht ertragen, oder mit den Jungs, die schon immer am liebsten zuhause mit ihren Kumpels abhingen? Was ist mit denen, die auch ohne Kinder keine Backpacker waren? Stimmt. Sie hätten es noch werden können. **Halt!** Sie könnten es noch immer, wenn sie nur wollten, trotz Kind.

Der Spießer in mir

Selbstreflektion kann helfen im Kampf gegen den Kinderhass, der oft nur ein Hass gegen den Spießer in dir selbst ist. Ehrliche Selbsterkenntnis statt Elternbashing. Insignien der Spießigkeit abzulehnen macht selten cooler. Das Spießertum relaxt zu handhaben und drüberzustehen ist die Königsdisziplin. Viele Eltern sind die größten Langweiler und das schon lange, bevor sie überhaupt Kinder haben. Ein jugendlich wilder Anstrich mag helfen, ihre phlegmatischen Züge zu vertuschen, aber ein Kind würde alles offenbar machen. Sie planen genau, sie zählen exakt, sie bügeln ihre Handtücher. **Geistig unflexibel** ist ihr Lebensmotto. Abweichungen von der Norm sind nicht vorgesehen und ein temporeiches Leben bringt sie durcheinander. Diese Eltern sind froh, ihre eigene Verschnarchtheit ihren Kindern in die Schuhe schieben zu können.

Denn mal ehrlich: Sind wirklich die Kinder schuld, wenn wir uns gehen lassen oder die Party verpennen? Setzen nicht wir die Prioritäten? Und wenn diese Prioritäten nun Kinder, Schlafen und Fernsehen gucken sind, warum nicht einfach dazu stehen? Weil es im Zeitalter der unbegrenzten Möglichkeiten nicht angebracht ist, viele Angebote für nervigen Schwachsinn zu halten?

Der junge Vater neben mir im Restaurant stöhnt: »Wenn man Kinder hat, wird alles anders, dann kann man am Samstagmorgen nicht mehr überlegen, ob man in eine Galerie geht oder die Wohnung putzt.« Irritation meinerseits. Natürlich kann man nicht mehr alles so handhaben wie früher. Zum Beispiel sollte man seine Kinder nicht mitnehmen, um zwei volle Tage auf einem Festival durchzufeiern. Auch Fallschirmsprünge oder Kriegsfilme sind nicht unbedingt angebracht. Aber Putzen und Galerien sind doch absolut kinderkompatibel!? »Na ja«, sagt er, »ich interessiere mich überhaupt nicht für Kunst.«

Wenn die Eltern um dich herum also mal wieder darüber jammern, wie sehr ihre Kinder ihnen das Leben versauen, dann einfach mal kurz schmunzeln und ahnen. Die Leute sind oft dankbar für diese zauberhafte Ausrede. Ich kenne das von mir. Kinder sind der beste Grund, den Samstagabend mit einem Buch in der Hand zuhause zu verbringen. Sie erlauben einem, die Bootstour abzusagen oder den Geburtstag dieses Jahr ausfallen zu lassen. Sie ermöglichen dir, nicht das 20. Mal die gleiche Party zu feiern, sondern umzudisponieren, ohne mehr sagen zu müssen als: *Die Kinder!*

Viele werden häuslicher mit dem Alter. Das liegt nicht am Nachwuchs, sondern am Abschluss ihrer persönlichen Sturm-und- Drang-Phase. In den Vierzigern fallen wir raus aus der werberelevanten Zielgruppe, weil wir beginnen, die Routine dem Neuen vorzuziehen. Selbst etwas derart Spießiges wie ein Kind kann da unerwünschtes Chaos bedeuten.

Ich liebe das Chaos, aber ich bin auch noch nicht vierzig. Meine Kinder sind mein Luxus. Sie sind meine Pelzmäntel und Louboutins. Ich pflege und hege sie. Ich genieße es, sie zu haben. Kein Preis ist zu hoch für sie … Obwohl, ein bisschen schon. Denn ich liebe das Unterwegssein, das Leutetreffen und Studieren, das Entdecken, das Fragen, das Abhängen, das

Tanzen, das Arbeiten, das Kunstgucken, das Suchen, das Finden, das Umziehen, das Spielen, das Lieben, das Schreiben, das Freisein. Glücklicherweise hatte ich noch nicht oft das Gefühl, meine Kinder würden das behindern. Es gibt viele Eltern, die wild und offen bleiben und neugierig, ganz unabhängig von kleinen Rotznasen.

Höllenritt

Mein großes Glück: Ich brauchte noch nie übertrieben viel Schlaf. Trotzdem merke ich mit der Zeit, dass durchgemachte Nächte nicht schöner machen und *geistige Reife* einen Begriff für den bald überschrittenen Leistungszenit darstellt. Mit 24 sah ich frischer aus, wenn ich zu wenig Schlaf bekommen hatte, ich lernte schneller und hatte weniger Falten. Rückenschmerzen, Augenringe, Burnout. All das ist mit 24 kein Thema. Kurzum, ich war fit genug, um Kind und Leben wegzustecken und nicht unter Make-up-Schichten verbergen zu müssen. Und wenn das Alter kommt und ich meinen Schönheitsschlaf brauche und den Friseur und die gebügelten Klamotten, um die Falten im Gesicht auszugleichen, dann sind die Kinder hoffentlich aus dem Haus. Dann lege ich mir Gurkenscheiben auf die Augen, bevor ich anfange zu arbeiten, und plane Reisen und Konzertbesuche ohne Stress.

Ein Freund von mir sagt: »Mir ist das alles egal, ich bin ein Mann, Kinder zeugen kann ich bis zum Tod«, und irgendwie hat er Recht. Nur ist es mit der Zeugung nicht getan, wenn es überhaupt noch funktioniert. Fruchtbarkeitstests, In-vitro-Fertilisation, Fruchtwasseruntersuchungen, die höhere Wahrscheinlichkeit einer Fehlgeburt. Wenn das Kind dann da ist, wirbelt es alles durcheinander: die Samstagmorgenzeitung, den Donnerstag beim Italiener, die Mittagspause mit dem Partner, die regelmäßigen Kinobesuche, die Ruhe. Da kann man schon mal ins Stöhnen kommen.

Und das wird dann auch fleißig getan. Stöhn. Jammer. Zauder. Stöhn. In der Wochenzeitung *Die Zeit* wird die Vereinbarkeit von Beruf und Kindern als unerreichbare Lebenslüge dargestellt. Zwei berufstätige Väter beklagen, dass sie unfähig sind, ihr Handy aus der Hand zu legen und mit den Kindern Fußball zu spielen. *Die Hölle.* Die Terminkoordination nervt sie gewaltig und überhaupt: Früher war alles leichter, weil es *klare und eindeutige Rollen gab*. Zwei Männer, die der Generation meiner Eltern zugehören, scheitern am Alltag und ich empfinde aufrichtiges Mitleid. Dennoch kann ich den Artikel nicht einmal bis zur Hälfte lesen. Ich schaffe es nicht, mir das Gejammer anzuhören. Männer thematisieren, dass sie die Waschmaschine bedienen können? Sind das die Nebenwirkungen der Emanzipationsbewegung?

Ich frage mich, woran das liegt, dass die Herren so öffentlich überfordert sind. Und ich glaube, es ist ihr Perfektionismus, der sie zur Verzweiflung treibt. Die Kinder sind das nächste Projekt, die nächste Hürde, der nächste Schritt in einem ansonsten kompletten Leben. Mein Haus, mein Auto, meine Frau. Alles hat man richtig gemacht, alles erreicht. Jetzt mit über 40 wirft man noch die Kinder in die Waagschale. Die Herren sind damit nicht allein, viele späte Eltern drehen durch, während sie das Kinderhaben zur Lebensaufgabe schlechthin erheben.

Ella 2

Ella holt mich runter von dem Alte-Eltern-Bashing. »Es gibt in jedem Alter anstrengende Frauen.« Das leuchtet ein. Auch dass das Mutterbild sich verändert habe, erscheint realistisch. Rooming-in, Hebammenbetreuung, Singen in der Schwangerschaft, Schwangerschaftspilates, -massagen und -yoga, Rückbildungskurse, Babyschwimmen, Pekip und Krabbelgruppen. Die Angebote gehen gegen unendlich. Eltern und Kinder sollen sich wohlfühlen, unabhängig von Alter und Umfeld. Ob wir all das benötigen, ist eine andere Frage.

Ella sagt: »Ein Baby braucht nichts anderes als Muttermilch, Liebe und zwei Strampler.«

»Babys sind also genügsame Wesen?«

»Die Eltern sind der Stressfaktor, sie machen alle nervös und hibbelig.«

Sie meint den Prenzlauer-Berg-Prototyp, der auch viele andere Heimstätten hat und den wir zur Genüge aus der Zeitung kennen: 35, alles erreicht und jetzt noch das erste Kind.

»Da liegt dann schon der Bücherstapel. Alles wurde gelesen, gegoogelt, sondiert. Das Problem ist, dass diese Frauen so detailliert ihre Schmerzen und Probleme beschreiben können wie Analytiker. Sie achten so sehr darauf, dass etwas schiefgehen könnte, dass sie dabei ihr Baby vergessen.«

Wenn man jung ist, fehlt es an vielem und das an allen Ecken und Portemonnaies, aber wer garantiert mir, dass es später anders sein wird? Und wer gibt mir diesen Mut zurück, der aus der körperlichen Unversehrtheit heraus erwächst? Das Alter macht uns vorsichtiger, weil wir verletzlicher werden. Das gilt nicht für alle, aber für viele. Und so sind wir hier gelandet. Vor kurzem bin ich 27 geworden und bin doch schon seit guten drei Jahren Mutter. Das jüngste Kind ist gerade mal ein paar Tage alt, noch ganz zerknautscht und abhängig. Ein Jahr lang wird es nun die meiste Zeit mit mir verbringen, auf mir rumkauen, mich vollsabbern und mir den Schlaf rauben. Und es wird mich anlächeln und krabbeln lernen und versuchen, mir Dinge zu erzählen. Ich weiß sofort, dass ich mehr davon möchte. Und Ella geht es genauso. Sie weiß schon, dass sie sich eine noch größere Familie wünscht, obwohl sie gerade das zweite Mal schwanger ist und schon wieder kotzen könnte. Ich besorge ein paar Schokoladenreste und eine Tasse Tee. Irgendetwas davon scheint zu helfen. Sie strahlt.

Ich würde mein letztes Kind gerne mit 31 oder 32 bekommen. Im Durchschnittsalter der Erstgebärenden wäre dann quasi Schluss für mich. Ich glaube, danach habe ich nicht mehr so viel Power wie jetzt, um alles gleichzeitig zu machen. Ella sieht mich an. »Ich betreue sie doch, diese ganzen Helikoptereltern, die alles erreicht haben und nun völlig saturiert über ihren Kleinen kreisen. Und dann ist da immer die Hoffnung, dass das jetzt das Leben ist, das man sich wünscht. Und die Kinder sollen das dann gefälligst erfüllen, wo man doch alles nur auf sie zugeschnitten hat.«

Das erscheint mir seltsam. Ich will noch eine Weile offen bleiben und suchen, auch mit Kindern. Und ich will **mit** ihnen leben statt für sie. Ella nickt. »Darauf sind wir eingerichtet. Das ist schon richtig so. Kinder sind was für junge Leute.«

Viele ältere Mütter haben keine Antwort, wenn Ella sie fragt, wie sie sich ihre Geburt vorstellen. »Da ist dann nur wichtig, welche Farbe der Kreißsaal hat und welche Geräte vorhanden sind.« Mein Kreißsaal hat mehr Watt als deiner. Wie beim Quartettspiel. **YEAH!** Ich gewinne bei Baujahr und Fahrer, äh, Arzt. Dabei geht es immer nur um das Risiko. »Die Gynäkologin sagt erst einmal: wir machen den Test, den Test, den Test. Da ist man faktisch schon krank.«

Eine ältere Mutter hat mit erhöhten Risikofaktoren zu kämpfen. Schwangerschaftsdiabetes, Thrombosen, hoher Blutdruck, Kinder mit Downsyndrom, Frühgeburten oder gar Totgeburten nehmen mit dem Alter der Mutter, aber auch mit dem des Vaters zu. Allerdings geht diese Zunahme langsam vonstatten und die meisten Frauen erwarten dennoch gesunde Kinder. Ärzte und Hebammen belasten Eltern jedoch stark mit diesen Ängsten, natürlich um einen zu schützen und um notfalls zu intervenieren. Aber das Alarmprogramm wirbelt häufig auch die elterliche Gefühlswelt durcheinander. Häufig werden die Einleitung der Geburt, Kaiserschnitte und andere Eingriffe empfohlen. Die Sicherheitssucht zerstört oftmals die Möglichkeit, ein entspanntes Umfeld zu etablieren. Vor dem Leben beschützen kann sie dennoch nicht. »Es gibt keine absolute Sicherheit. Wer gibt mir nach der Geburt 100-prozentige Sicherheit? Wenn mein Kind mit vier Jahren vom Baum fällt und behindert ist, gebe ich es doch auch nicht wieder ab.«

Die Schwangerschaft und das erste Lebensjahr gleichen bei diesen Spätfamilien oft einem Hochsicherheitstrakt. Überall Angst. Überall Gitter. Überall Schutzwesten.

»Ich hatte mal eine Freundin, die hatte ein Gitter vor ihrem Kinderzimmer.«

»Warum?«

»Damit der Kleine nicht hinterherkommt, wenn sie ins Bad oder in die Küche geht.« Das Spielzimmer war kindersicher, ein Verlassen des Raumes nicht vorgesehen. Klar, wir alle machen uns Sorgen um die Kleinen und befürchten, es könnte ihnen etwas zustoßen. Elternnormalität. Diese ständige Alarmbereitschaft überträgt sich jedoch auch auf die Kinder und alle anderen Menschen in der Umgebung. Sie beschränkt das Entdecken, Lernen, Ausprobieren.

Aber es muss doch auch positive Seiten geben, bei einer späteren Mutterschaft? »Na klar, wenn du bei einer älteren Mutter bist, ist da immer alles perfekt. Zumindest wenn genug Geld da ist.« Es ist ja auch schön, all das zu haben, was man sich für sein Kind wünscht. Ältere Frauen achten außerdem besser auf sich in puncto Ernährung und Gesundheit. Es heißt, sie seien gefestigt, klar, finanziell abgesichert und entspannter. Das Einzige, was noch zu beweisen war, ist: *Ich kann auch Kind.* Ella betreut aktuell eine Frau, die deutlich über 40 ist. »Eine mit einer ganz gesunden Lebenseinstellung. Die sagt: Jetzt lern' ich mit fast 50 noch wickeln. Hab ich noch nie gemacht.« Ella findet sie herrlich. Die gibt es also auch.

»Die 35-Jährigen sind heute natürlich auch fitter als früher.«

»Ist das wirklich so, oder sehen sie nur besser aus? Ich meine: Botox in der Stirn trainiert ja nicht den Beckenboden.«

»Ja, aber die machen ja alle Yoga und so.«

Ich bin dennoch nicht ganz überzeugt. Ich persönlich glaube, mit Anfang, Mitte 20 ist man wesentlich widerstandsfähiger, ohne sich zu bemühen. Nachts aufstehen, viele Dinge parallel machen etc. All das steckt man jünger besser weg. Ab 35 sinkt unsere Leistungsfähigkeit, wir bauen ab. Das macht sich im Beruf, beim Sport und in den Knochen bemerkbar. Bei Profisportlern ist uns das bewusst. Die meisten Karrieren enden vor dem 35. Lebensjahr. Privat verlangen aber viele genau an diesem Punkt Höchstleistungen von sich. Zusätzlich zum anspruchsvollen Job soll jetzt noch ein Kind umsorgt werden. Kein Wunder, dass sich Eltern überfordert fühlen.

Auch Ella denkt, dass einige Frauen viel zu lange warten. Sie bekam ihr erstes Kind mit 26, das zweite gleich hinterher. »Vielleicht bin ich auch gut dafür gemacht. Ich hatte kaum körperliche Probleme.« Trotzdem sind ihrer Erfahrung nach die Wehwehchen bei den jüngeren Frauen seltener, die Regeneration ist leichter. Ich kenne das von mir: Kind raus, Waschmaschine an und kochen. Ich war nicht bettlägerig nach der Geburt, auch wenn ich im (Wochen-)Bett meine Unibücher wälzte.

»Hausgeburten machen junge Studentinnen und keine Risikoschwangeren.« Wer sich also eine entspannte Geburt in den eigenen vier Wänden wünscht, ist nicht schlecht beraten, wenn er früh anfängt mit dem Kinderkriegen. Abgesehen davon kann ich sagen: Kinder sind auch mit Anfang 20 anstrengend genug.

Bei vielen Eltern kommt erst das Studium, dann die Karriere und dann: ein Kind. Aber was ist, wenn die Karriere gar nicht kommt? Wenn es länger dauert, bis man die Dissertation fertig geschrieben hat? Was, wenn die Beförderung oder der erste Auftrag sich verschieben? Es ist schwer, den richtigen Zeitpunkt abzupassen, und genau genommen kommt er nie. Was hingegen kommt, ist bei vielen die biologische Uhr, die immer lauter **tick-tack-tick-tack** schlägt, bis es nur noch *ticketackeckicketacke* macht. Dann muss es ganz schnell gehen. Der richtige Mann muss sofort gefunden werden, es muss auch sofort klappen mit der Schwangerschaft und dann wird alles um das Kind herumgebaut. Das Durchschnittsalter beim ersten Kind liegt heute bei knapp 31 Jahren und scheint kontinuierlich anzusteigen.

Täuschen wir die Eltern über die Risiken hinweg, die sie eingehen, wenn sie erst später Eltern werden? Wenn wir lesen, wie leicht es ist, Eizellen und Sperma einzufrieren, und wie schön es ist, wenn wir beim ersten Kind wohlhabend und gesettelt sind, glauben wir dann nicht, dass es mit 40 körperlich genauso leicht ist, Kinder zu bekommen wie mit 20? Und ist das nicht eine Lüge?

Halle Berry, Charlize Theron, Julia Roberts und Co. sind auch nur Menschen. Auch nur Mütter. Späte Mütter von kleinen Kindern. In erster Linie sind sie jedoch Hollywood. Sie sind schöner, reicher, gepflegter, umsorgter, gelifteter, personalgecoachter als die meisten anderen Frauen der Welt. Sie haben nicht nur die besten Ärzte, sondern auch die behütetste Gebärmutter, wenn sie es wünschen. Oder sie haben eine Leihmutter oder eine Eizellenspende oder irgendetwas anderes, das man für Geld kaufen kann. Nach der Geburt haben sie bei Bedarf mehr und besser ausgebildetere Nannys. Kurzum: Sie funktionieren als Ikonen, als Poster, als Traum und als Inspiration. Aber zum tatsächlichen Vorbild taugen sie kaum.

Wenn es wie bei den Stars mit dem späten Kind klappt, ist es ein wunderbares Wunder. Spätgebärende mögen angestrengter sein, von der Schwangerschaft und von ihren Kindern, dafür können sie sich meistens mehr Hilfe leisten. Mein nächstes

Kind bekomme ich frühestens mit 30. Mein Mann ist über zehn Jahre älter als ich. Ich kenne das Risiko, das auch von ihm ausgeht. Ab 35 erhöht er für mich die Wahrscheinlichkeit einer Fehlgeburt signifikant. Aber wird es mich davon abhalten, noch ein Kind zu bekommen? Nein, auf keinen Fall.

Ente, Tod und Tulpe

Mein Freund Malte Welding schreibt gerade an einem Buch über das Kinderkriegen. Das ist nichts Ungewöhnliches. Seit Jahren publiziert er auf verschiedenen Kanälen zu den unterschiedlichsten Themen. Seit ein paar Monaten ist er Vater und nimmt dies zum Anlass, seine Kinderbefürwortung in ein Buch zu verpacken. Ein Befürworterbuch. Vielleicht sogar eine Liebeserklärung an sein Baby? Ich bin neugierig. Heute führen wir ein Elterngespräch, fernab von dem Atheismus-Geschwätz und dem Flachflöten-Bashing, das wir ansonsten so betreiben. Heute treffen wir uns als Eltern. Vater Welding, erzählen Sie mal!

»Früher konnte ich nie Erledigungen machen. Wäsche aus der Reinigung abzuholen konnte Wochen dauern.« Zur Post zu gehen fiel ihm ebenso schwer. Aber als Elternteil entwickelt man diesen starken Imperativ. So hatte Malte noch nie Schwierigkeiten, Windeln zu besorgen. »Menschen sind nicht statisch. ›Da passt kein Kind rein‹ ist daher eine seltsame Aussage.«

Hätte Malte früher jemand gesagt, dass es mit Kind 15 Minuten dauert, bevor man das Haus verlassen kann, weil ein Baby erst in Jäckchen, Söckchen und Mützchen gestopft werden muss, er wäre vorsorglich schon einmal ungeduldig geworden. »Aber auch das lernt man: geduldig sein.«

»Das macht vermutlich die Liebe mit einem.«

»Da ist diese ungeheure Intimität mit dem Kind. Das öffnet einen ganz neuen Tank in mir. Wahnsinn!«

Ja, das kenne ich. Was er beschreibt, klingt vertraut. Malte ist gerne Papa. Aber warum erst jetzt, mit 40? Wie viele Menschen bindet er das Kinderkriegen stark an eine stabile Beziehung. Falsche Frau = kein Kind. Eine simple Gleichung. »Wenn man gemeinsam ein Kind bekommt, ist es gut, wenn man merkt, dass man sich von der Person trennen könnte ohne Mord und Totschlag.« Seine vorherige Beziehung ließ ihn eher an Rosenkrieg und Kindesentführung denken.

Außerdem wäre eine dauerhafte Beziehung wünschenswert. Eine geprüfte Beziehung, die sich über die erste Phase der Verliebtheit hinwegsetzt. »Man will ja eine gute Familie gründen, in der man sich liebt. Kinderzeugen alleine reicht da nicht.« Also wartete er ab, ob die nächste Beziehung so eine ist, und er hatte Glück. Im Urlaub mit seiner jetzigen Frau kam dann dieser Moment, in dem er dachte: »Hierher könnte man auch Kinder mitnehmen.« Die Befürchtung, einem Kind nichts zu sagen zu haben, war gewichen. Es passte. Da war er schon Ende 30. »Die Frage ist doch am Ende: Kommen Kinder überhaupt zustande? Das ist doch das Wichtige.« So kann man das auch sehen.

»Natürlich wäre es schön gewesen, bereits mit 29 Kinder zu bekommen, aber es war einfach nicht drin.« Hätte er früher geahnt, wie einfach es ist, ein Baby zu haben, wäre es ihm jedoch eine Überlegung wert gewesen. »Wenn man junge Eltern hat, ist da dieses Gefühl von einer Generationenfolge. Da erleben die Kinder ihre Eltern so richtig als Eltern.« Als Malte und seine 10 Jahre jüngere Frau den Babyplan fassten, war er 37 und sie 27 und ihre Umgebung verstört. Es wurde gefragt, ob seine Frau dafür nicht viel zu jung sei. »Medizinisch, also biologisch betrachtet, war das natürlich grotesk.«

In unserem Regal steht das Kinderbuch *Ente, Tod und Tulpe* von Wolf Erlbruch. Die Ente macht darin die Begegnung mit dem Tod. Die beiden werden Freunde und leben eine ganze Weile gemeinsam. Sie lernen sich zu schätzen und die Ente lernt das Loslassen. »So ist das also, wenn ich tot bin«, sagt sie, als sie von einem Baum aus auf den Teich blickt, an dem sie normalerweise ihre Tage zubringt. »Wenn du tot bist, ist auch der Teich weg – zumindest für dich«, antwortet der Tod. Aber die Zeiten am Teich sind ohnehin vorbei. Die Ente geht seltener ans Wasser. Sie friert. Sie stirbt. Es ist der Tod, der ihr die Federn glatt streicht, sie auf den großen Fluss legt und »fast ein wenig betrübt« ist.

So ist das. Wir alle müssen sterben. Der Tod gehört dazu und mit ihm umzugehen ist eine unserer Aufgaben. Natürlich ist es schade, wenn Kinder ihre Eltern schon früh verlieren. Malte fragt: »Aber wo willst du anfangen und wo aufhören? Es ist doch auch schade, die Ururenkel nicht mehr aufwachsen zu sehen.« Klar. Vielleicht hat er Recht. Sterben will gelernt sein. Und trotzdem ist es hart, wenn die Nächsten zu früh gehen. Das sieht auch der überzeugte Atheist Malte ein: »Ich würde sofort religiös dafür werden, dass meine Eltern mein Kind sehen könnten.«

Schon Maltes Vater litt an Verspätung, allerdings nicht befindlichkeitsbedingt, sondern verursacht durch Krieg und Zerstörung. Er begann spät mit dem Arbeiten, spät mit den Kindern und mit 60 begann er Tennis zu spielen. Malte war das letzte Kind und kam zur Welt, als sein Vater 53 und seine Mutter 38 waren. Dafür zeichneten sie sich durch eine milde Erziehung aus. Als Nachteil hat er das Alter seiner Eltern daher nie empfunden. »Mein Vater war voll durch mich. Wir hatten so viele Gespräche. Ich konnte meinen Eltern wirklich etwas mitgeben.« Und vielleicht war das späte Vaterwerden auch eine Inspiration?

Wessen Eltern nicht die Jüngsten sind, der befürchtet den Tod selbiger früher. Malte selbst war zwischen 16 und 30 immerzu bedroht davon, dass seine Eltern sterben könnten. Mit 23 verlor er seinen Vater, mit 30 war er Vollwaise. Trotzdem ist Malte sorgenlos, was sein eigenes Alter anbelangt. Zukunftsängste, dass sein Kind früh den Vater verlieren oder ihm die Enkel nicht wird zeigen können, hat er nicht. »Vielleicht werde ich ja 150!« Warum nicht?

13

Immer schön geduldig bleiben

Manchmal scheitern wir in der Tat,
und ich glaube fast, dieses prinzipielle
Scheitern ist unser letztes Ziel.

Elfriede Jelinek

Zukunftsmusik

»Ich hasse dich und dein Scheißleben und ich will ein Auto zum Abi. Das ist tootaal normal … wenn du mich lieb hast …« Schnief. Trampel. **Türknall.** Kullertränen. Tür auf, aber nur einen Spalt: »Sag mal? Kannst du mir 'n Zehner geben? Ich will ins Schwimmbad.«

Danach nochmal 20 Minuten lang irgendein Gedudel von Kesha oder Rihanna oder Justin, bevor ein eindeutiges **WUMMS** die Haustür ins Schloss fallen lässt. Doch das sollte nur eine angenehme Illusion sein, ein Täuschungsmanöver.

Die Wahrheit sieht anders aus: Klingeln. Öffnen. »Schlüssel vergessen.« **Motzen.** Deine Schmerzgrenze wird von einer Dampfwalze übersehen und überrollt. Man möchte dem geliebten Teenager sofort einen voll ausgestatteten VW-Bus kaufen, mit der Option, einmal um die Welt zu reisen, bis die Pubertät abgeschlossen ist. Wenn man sie dann nur nicht so vermissen würde, diese Kinder. Erneutes Tür-ins-Schloss-fallen-lassen mit Hilfe von markerschütterndem **SCHALL.** Dann: **Ruhe! Endlich Ruhe.**

Meine Mutter leidet bereits das zweite Mal unter Pubertätsgören, mein Vater macht drei Kreuze, dass er nur ein Kind hat, und mein Mann bereitet sich auf das vor, was ihn mit seinen älteren Kindern in den nächsten Jahren erwarten wird. Ansprüche. Visionen. Wahnsinn. Erwachsen reden – kindisch handeln. Wenn ich dieses Verhalten an Teenagern beobachten darf, dann wird mir meine eigene Jugend sofort wieder gewahr. Aufregend war das. *Flirr. Glitter. Peng. Peng.* Und ein abgrundtiefer, schwarzer, klebriger Horror für alle, die an meiner Seite ein normales Leben führen wollten. Mir schaudert. Ich war die reinste Katastrophe. Niemand konfrontiert einen so unverschämt und dabei immer unausweichlich mit den eigenen Unzulänglichkeiten wie unsere Kinder. In jedem Alter, aber am härtesten die Teenager, die einen in der eigenen Soße wenden und dann genüsslich grillen.

Zu meiner Hochzeit hatten meine Eltern und ich uns wieder im Griff. Alles gut. Mutter-Tochter-Liebe. Meine hält gar eine Rede und schnieft und ist nervös und lächelt mütterlich. Sie sagt: »Als du dann auch, für die Verhältnisse in unserer Familie relativ spät, ein Kind bekommen hast, hatten wir die

Krisen bereits überwunden.« **Relativ spät?** Tatsächlich waren die meisten Frauen in meiner Familie früher dran mit dem Kinderkriegen als ich. Meine Mutter ist heute noch nicht einmal 50 und hat bereits zwei Enkelkinder und zwei erwachsene Töchter, wovon eine seltsame Filme dreht und die andere bald ein Studium aufnehmen wird. Ist das nicht schön?

»Also, ich finde halberwachsene Töchter anstrengend. Das ist wie mit Kleinkindern, die noch nicht sprechen können.«

Wir haben meine Mutter offenbar viel Kraft gekostet. Vorfreude auf den Auszug hat es daher auch gegeben. »Es ist schön, mal wieder zu zweit zu sein und sich in Ruhe lassen zu können.« Der Organisationskram reduziert sich. Geistige Kapazitäten werden frei. »Die Präsenz der täglich wiederkehrenden Katastrophen, die einen mit Kindern ereilen, fällt weg und die Eltern als Hüter der Ordnung haben Verschnaufpause.« Kinder bedeuteten für meine Mutter standige Notfalleinsätze, um die kleinen und großen Untaten zu erahnen.

Ist ja gut, Mama. Ich habe verstanden, dass wir anstrengend waren. »Aber es muss doch auch etwas Gutes haben, wenn man zwei große Kinder hat!?«

»Am schönsten ist das Gefühl, wenn es wieder aufwärtsgeht. Wenn man merkt, dass alles, was man den Kindern beigebracht hat, irgendwo unter einem Schleier versteckt war. Das ist wie mit einer Blumenzwiebel, die man im Herbst pflanzt, die aber erst im darauffolgenden Frühjahr anfängt zu blühen.« Zwischendurch liegt sie im Dunkeln und man weiß nicht, was mit ihr passiert.

Heute ist unsere Beziehung ein gleichberechtigtes Hin und Her. Berufliche Beratung. Emotionales Zurechtstutzen. Teilhabe. Austausch. Unterstützung. Augenhöhe.

»Stell dich nicht so an. Ich kenn dich doch, Mama. Weiter geht's.«

»Das ist der Wechsel von mütterlicher Verantwortung und Kümmern zu einem Netz von gegenseitiger Hilfe.« Familie als Schutzraum. Engmaschig. Verlässlich. »Es ist eine Gnade, dass man die Kinder hat.« Die Kinder sind jetzt ein dicker fetter Knotenpunkt in der Außenwelt meiner Mutter.

Als ich zehn war, lebten meine Mutter und ich allein zu zweit. Wir liebten uns zu dieser Zeit präpubertätsbedingt weder heiß noch innig, aber wir konnten uns auf Nachtisch und Fernsehprogramm einigen. Das ist mehr, als es vielen alten Ehepaaren vergönnt ist. Wir sahen jede Woche *Iris & Violetta*, eine Serie, in der Mutter und Tochter zusammenlebten und das Chaos meisterten. So wären wir auch gern gewesen und manchmal entwickeln wir noch heute serienähnliche Zukunftskonzepte. In der Zwischenzeit rentnermäßig.

Wenn ich 70 bin, ist meine Mutter 89. Wir beide sind rüstig, schick und unsere Männer tot. Die Alten-WG als Option. Bei Fremden geht das häufig schief. Zickenkrieg in der Senioren-WG. Wir beobachten unsere Macken, seitdem ich auf die Welt kam. Wer kennt mich besser, inwendiger, länger? Durch meine frühgebärende Mutter ist uns eine ungeheuerliche Wegstrecke vergönnt gewesen. Wir haben meine Pubertät überlebt, wir werden auch die Bettpfannen meistern. Aber, wer weiß, vielleicht zieht sie ja lieber bei meinen Kindern ein, weil die für sie inspirierender sind.

Je älter man wird, umso krustiger wird man. Manche Menschen bleiben frisch und offen, aber den meisten fällt es immer schwerer, sich auf Neues einzulassen, das gilt auch für Kinder.

»Kinder werfen alles über Bord, wo man Sicherheit vermutet«, sagt meine Mutter. »Sie sind ein permanenter Lernprozess.«

Kinder bedeuten immer Jonglieren. Reinfinden. Dazugeben.

»Bei Kindern ist 1 + 1 nie 2. Überall ist immer irgendwas, was nicht ganz rund läuft«, sagt meine Oma.

Ein Leben ohne Kinder wäre in mancher Hinsicht leichter. Man könnte die Welt bereisen und sich entspannen. Oder auch nicht. Die Beschäftigung, der Stress, die Work-Life-Balance. Eine Krankenkassenstudie hat gerade offenbart, dass berufstätige Kinderlose sich ebenso gestresst fühlen wie berufstätige Eltern. Und manch einer läuft Gefahr, durch die Ich-Fokussierung die Vielfalt im Denken zu verlieren. Zumindest ist meine Mutter überzeugt, dass das bei ihr der Fall wäre. »Ich würde inkrustieren, wenn ich nur mit mir selber wäre. Ich würde mich von innen betrachten und schön finden. Wenn aber einer kommt und sagt, dass man eine doofe Oma ist, dann muss man das aushalten lernen und hinterfragen, was dran ist.«

»Meinst du, dieser Prozess ist ohne Kinder möglich?«

»NEEE. Irgendeiner muss das Gummiband ja spannen.«

Sie hat das Gefühl, ihre Kinder warfen sie mit ihrer Pubertät aus der Bahn und die Enkel geben ihr eine Chance, sich neu einzusortieren. Nichts ist passiv. Man muss sich einlassen. »Das sind meine zwei kleinen neuen Lehrmeister.« Die Enkel sind ein Ansporn, besser zu werden, ein Ansporn, nonverbale Kommunikation zu üben, sich mit den eigenen Kindern auseinanderzusetzen und die Wunden der Vergangenheit zu schließen. Kinder fordern Bewegung, Reflektion und Geduld mit dir selbst. »Früher dachte ich, es muss aufgegessen werden. Heute ist mir das egal. Warum soll man denn zweimal von der gleichen Suppe essen?«

Wenn ich mit meinen Eltern spreche oder mit meinen Großeltern, wenn sich meine Kinder an mich kuscheln oder ich meiner Schwester zu ihrem Geburtstag gratuliere, wenn ich mit Cousin, Cousine, Onkel, Tante, Oma skype oder per Instant Messenger Kinderbilder an die Paten schicke, wenn ich einen großen Topf voll Suppe koche, während meine Oma an meinem Küchentisch sitzt und Kinderhosen flickt, dann weiß ich, warum ich früh Mutter geworden bin. Biologie, Fitness, Widerstandsfähigkeit und Zukunftsmusik sind nur periphere Aspekte. Ausschlaggebend ist: Ich liebe es.

Familie ist für mich so ziemlich das Beste, das ich mir vorstellen kann. In aller Härte, in aller Offenheit, mit allen Schwachstellen, in aller Zuneigung und allem Unmut, in aller Genervtheit und allem Vertrauen. Die Geduld, die man hier aufzuwenden lernt, die Nachsicht, die man zu üben übt und die Liebe, die diese Fragmente irgendwie zusammenhält wie alter Fensterkitt – all dies beschreibt für mich ihren Wert. Kinder verändern unsere Sicht auf die eigenen Eltern und alle anderen Schwachstellen, die wir mit uns herumtragen. Ist es nicht schön, diese Erfahrungen möglichst früh zu machen? Ist es nicht wünschenswert, seinen Kindern nach der Pubertät noch einige Zeit folgen zu können, um sich ganz neu gegenüber zu stehen? Ist es nicht schön, aneinander zu wachsen?

14

Bekindert – nicht tot

100 Kilometer sind keine Entfernung,
1 Stunde ist keine Zeit,
100 Gramm Wodka sind kein Alkohol
– und für nichts gibt es eine Garantie.

Sibirisches Sprichwort

GROßA und kleina

GROßA lebt in einer für deutsche Verhältnisse sehr großen Großstadt. Dort arbeitet sie in einer der größten deutschen Agenturen und lebt ein mehr oder weniger großspuriges Leben. Kurzum, GROßA ist eine dieser Knallerfrauen: erfolgreich, unglücklich, weiblich sucht. Sie kann Technik und Alkohol und Boden lackieren. Will kreativ sein und essen und lieben. Aber niemand kann alles haben. Abgesehen davon meint sie es verdammt gut mit der Welt und rettet so ziemlich alles, nur nicht sich selbst. Als Schutz hat sie nur einen kleinen

Eimer Häme unterm Bett stehen, der gefüllt ist mit den schönsten Spitzen des Landes.

Außergewöhnlich ist jedoch, dass GROß**A** nicht alleine ist, sondern mit klein**a** zusammenlebt. klein**a** ist ihre Tochter, und obschon noch ein wenig klein, kann man jetzt bereits sagen, dass sie GROß**A** in nichts nachstehen wird. Sie ist ganz offensichtlich zu Großem geboren und übt sich fleißig in Großspurigkeit. Zudem bereichert sie ein Leben, in das sie nach der Vorstellung vieler nicht gehört. Großstadtdschungel. Sushidinner. St.-Pauli-Spiele im Stadion. Sie hat eine Single Mum mit Träumen und einem Beruf, der nicht nur zum Geldverdienen gedacht ist. Der Vater, ein Tätowierer, ist viel unterwegs. Anpassung sieht anders aus und die Babybrei-Werbung auch.

GROß**A** ist eine Frau von unglaublichem Format: oft krank – immer stark. Sie würde zusätzlich auch noch meine Kinder auf ihren Schultern tragen, während sie keuchend die Rechnungen bezahlt. Sie will es gut machen. Verdammt gut. In jedem Fall besser als die anderen. Man möchte sie nicht zum Feind haben, so zerstörerisch wirkt ihre Kraft, obwohl ich noch nie gesehen habe, dass sie jemandem etwas zuleide tut. Selbst mit ihrem Exfreund hält sie mehr als guten Kontakt. Er passt sogar manchmal auf ihre Tochter auf.

Klein**a** kam zur Welt, als GROß**A** 29 war. Gerade noch rechtzeitig. Mit 30 ein Kind, das war das Ziel. Solche setzt sie sich gern. Natürlich war da die klassische Assoziationskette am Werk. Der Kinderwunsch kam im Kombipaket mit der Idee von der klassischen Familie. Strukturplan und Zukunftsvisionen. GROß**A** hatte Ideen. GROß**A** war bereit für den nächsten Schritt. Danach hatte sie auch den Mann ausgesucht. Stark sollte der sein und klarkommen mit sich. Sie hatte ihn gefunden. Aber es kam anders als erhofft.

Die Arbeitsteilung zwischen GROẞ**A** und dem Vater war eindeutig und klar. 9:1. Besorgungen, Amtsgänge, Arzttermine, all das war und ist Muttersache. Viel Streit. Wenig Lösung. »Er ist ja kein schlechter Mensch. Er ist einfach nur unfähig, sich um irgendetwas anderes zu kümmern als sich selbst.« Vermutlich hat er deshalb auch kein Sorgerecht. Er hat sich einfach nicht darum gekümmert. Und erst kürzlich fiel ihm auf, dass seine Tochter einen anderen Nachnamen trägt als er.

Mit dem Heranwachsen klein**a**s wuchs auch das Bewusstsein, dass dies eine endliche Geschichte ist. GROẞ**A** sagt: »Es lag nicht an mir, ich konnte es nicht alleine schaffen.« Als er sie verließ, hatte sie noch Hoffnung. Vielleicht war es nur der Respekt, den sie vor dem Alleinsein hatte.

Von außen betrachtet veränderte die Trennung der Eltern nicht viel. Sie lebten von Anfang an in unterschiedlichen Wohnungen, in voneinander entfernten Stadtteilen. Nachgeben und bei dem anderen einziehen wollte keiner der beiden. »Was soll ich denn da?« Jeder hatte sein eigenes Einkommen. FINANZIELLE UNABHÄNGIGKEIT (wurde immer großgeschrieben), garniert mit einem Hauch von Workaholictum. Sie kaufte Klamotten, die bei ihm verloren gingen. Für ihn war Freiheit und Freizeit ein nicht verhandelbares Gut. Was sie zum Ausgleich als Mutter an Verantwortung übernahm, erschien ihm selbstverständlich. Er ärgerte sich über ihre Engstirnigkeit.

Heute ist der gegenseitige Psychoterror beendet. Sie fühlt sich nicht mehr so hilflos und wütend. Die Ambivalenz zwischen

Forderungen und dem Wunsch zu gefallen ist verschwunden. Klare Absprachen und klare Ansagen statt Gefühlschaos und Beziehungsstress. Heute gibt es eindeutige Deals. Sagt er Termine ab, werden Ersatztermine gesucht. Beide halten sich an die Abmachungen. Alles ist entspannter.

»Was ich nie wollte, habe ich jetzt.« Und es fühlt sich besser an, als sich immer wieder den Kopf der Männer zu zerbrechen. GROß**A** trifft ihre Entscheidungen. Sie gestaltet. Sie bucht Flüge, beruflich und privat. Geld: verdient sie. Tochter: hat sie. Pläne: sowieso. »Träume kann man auch mal abschaffen.« Schwierigkeiten sind ihr Hobby. Wenn er montags das Kind hat, kann sie ihr Wochenende verlängern. Sie kann abends im Büro bleiben ohne das Gefühl, dass sie erwartet wird. Sie kann ausgehen, sich mit Männern treffen, Freunde besuchen, während er sich kümmert. Den Rest löst sie mit dem Babysitter und flexiblen Arbeitszeiten. Wobei flexibel das Agenturwort für **Nachts-im-Bett-Arbeiten** ist. Das Netz ist eng, der Druck ist groß, vor allem der, den sie sich selbst macht. Dennoch ist alles ihrs, alles jetzt, alles gut.

Ihre Mutter hatte schon immer gesagt: »Du wirst irgendwann fünf Kinder von fünf verschiedenen Männern haben.« Ich freue mich bereits, klein**b**, klein**c**, klein**d** und klein**e** kennenzulernen. Denn genau genommen ist GROß**A** die einzige Frau, der ich zutrauen würde, daraus gestärkt hervorzugehen.

Bierorgel

Grau und bröckelnd, das ist mein erster Eindruck. Untermalt ist das Ganze von Gitarrenmusik. *Dumdidumdidum.* Yogitee fließt durch mich hindurch und überall sind Menschen, die ich nicht kenne, die sehr entspannt wirken und diesen aufregenden Ort für erbauend halten. Platz. Zeit. Alles da. Geld spielt keine Rolle. Alles ist billig und darf erobert werden. **Dit is Berlin**, Prenzlauer Berg, Anfang der 90er.

Freunde meiner Eltern sind hierher umgezogen, in die Lychener Straße. Zeitgleich mit Tausenden aus der ganzen Republik. Direkt nach der Wende. In den baufälligen Gebäuden herrscht Aufbruchstimmung. Schlange stehen vor der unbeheizten Toilette auf dem Zwischengeschoss. Picknick auf dem Dach. Manche schlafen sogar dort oben. Ich hätte zu viel Angst runterzukullern. Geländer und Dachterrassen: Fehlanzeige. Dafür klapprige Leitern, zugige Fenster, knarzende Dielenböden, Hippieromantik.

Wir sind zu einem Kinderbegrüßungsfest eingeladen, eine Art Tauffest-Ersatz für das in Stoffwindeln gehullte Baby, und reisen etwas früher an, um Berlin zu erforschen. Mein Vater und ich fahren mit einem hellblauen Fahrrad, auf das Wölkchen gemalt sind, durch das Brandenburger Tor, am Bundestag vorbei und durch die Seitenstraßen. Meine Mutter kauft bunte Keramiktassen in einer Kellerwerkstatt. Zurück in der Wohnung laufen im Kassettendeck Die Prinzen: *Küssen verboten … streng verboten* und ich erhole mich von der Aufregung. Da kommt ein junger Student und fragt: »Na, was machst du so?«

»Heute bin ich krank und ab morgen ist Wochenende!«

»Du bist krank? Sieht aber nicht so aus.«

»Nicht in echt. Nur in der Schule. Sonst könnte ich ja nicht hier sein.«

»Ah, Schule.« Er spricht es aus, als wäre es ein Fremdwort.

Überhaupt fühle ich mich gelegentlich wie ein kleiner Alien, der in einer Studentenwelt ausgesetzt wurde. Ich hänge mit Erwachsenen ab und gehöre doch nicht ganz dazu. Aber eigentlich kenne ich das auch von zuhause.

Des Öfteren habe ich meine Zeit als Kind auf Studentenpartys verbracht. Fete hieß das. Manchmal fanden sie in unserem Garten statt. Langeweile kam dabei nie auf. Notfalls baute mir Ralf, der Pianist und Lebenskünstler, eine Tonleiter aus Bierflaschen. Hatte man acht Flaschen zusammen, konnte man schon kleine Stücke spielen. In jede kommt ein bisschen mehr Wasser als in die vorhergehende. **Klingdingklingkling.** Es ist immer was los und ich bin dabei.

Als ich vor ein paar Jahren das erste Mal wieder in die Lychener Straße kam, erkannte ich nichts wieder. Knapp 20 Jahre haben den Prenzlauer Berg extrem verändert. *Pregnancy Berg* ist ein Stadtteil mit durchschnittlicher Kinderzahl. Dennoch gilt er heute deutschlandweit als der Kinderbezirk schlechthin. Für die Studenten sind die Mieten zu teuer geworden. Für große Familien jedoch auch. Der Kindersegen ist eingebildet. Warum? Vielleicht, weil Eltern hier sichtbarer sind. Weil die Kinder sie nicht davon abhalten, ihrem Leben nachzugehen. Vielleicht, weil sie die Leute bei der Zeitung kennen und deshalb landauf, landab gefeatured werden. Was geblieben ist in diesen 20 Jahren? Hier leben Eltern, die mehr wollen, als nur bekindert zu sein.

Roter Teppich im Kinderbett

Blitzlichtgewitter und Interviews. Frau Volm hat einen Film gedreht, in dem man nackte Haut und angeklebte Narben sehen kann. Das ist spannend, das ist toll. Das ist **Boulevard**. Und der Boulevard fragt natürlich nach: »Was ist, wenn Sie mal Familie haben? Dann macht man ja solche Filme nicht mehr. Macht man sich Gedanken, dass die Kinder die Filme sehen könnten?«

Ich sitze auf dem Sofa und unterdrücke ein Schmunzeln. Zu diesem Zeitpunkt bin ich bereits das zweite Mal schwanger. Geheimhaltung ist angesagt. Meine Kinder sind nicht öffentlich.

Ich bin nicht Jane Birkin und vermutlich ist die Menge der Personen, die sich meiner Filme erinnern, verschwindend gering. Dennoch schätze ich das, was Charlotte Gainsbourg in einem Interview des *Zeit Magazins* über Jane Birkin sagte: »Meine Mutter hat auch *Je t'aime … moi non plus* gedreht, als ich klein war, und ich habe es überlebt.«

Es ist ein Film, bei dem ihr Vater 1976 Regie führte, fünf Jahre nach ihrer Geburt. Die Hauptrolle spielte ihre Mutter. Sie hat darin Analsex mit einem schwulen Müllfahrer. Immer und immer wieder und eindeutig. Charlotte Gainsbourg sah den Film, als sie erwachsen wurde. »Als ich den Film mit 18 gesehen habe, mochte ich ihn. Er hat mich nicht schockiert, ich hatte Abstand dazu. Meine Mutter hat den Weg für mich geebnet, mir gezeigt, dass es okay für die Kinder ist.«

Charlotte Gainsbourg hat selbst zwei Kinder und drehte mit Lars von Trier den sehr expliziten Film *Antichrist*. Trotz Internet, Klassenkameraden und Fragen der Presse: Sie wusste, es würde gehen. Als sie dann den Darstellerpreis bei den Filmfestspielen in Cannes gewann, war ihr 12-jähriger Sohn sehr stolz auf sie.

Es scheint mir ein Irrglaube zu sein, dass die meisten von uns mit 35 solide, babyreife Bürger sind. Bei vielen, die man so kennt, nimmt das Karussell in eben diesem Moment erst wieder richtig Fahrt auf. Sie schleudern noch einmal alle Gliedmaßen in die Luft, um sich neu zu erfinden oder zumindest um noch einmal … ja, was denn eigentlich? Das Gleiche zu tun wie in den letzten 20 Jahren?

Liest man Artikel über frische Mittdreißiger-Eltern, hat man oftmals das Gefühl, sie haben sich selbst eingesperrt, weil nun die Zeit gekommen schien, in der man Kinder erzieht. Dabei haben sie leider übersehen, dass 35 aus der Nähe betrachtet ganz anders aussieht als durch die Augen eines 20-Jährigen. Du bleibst ein lebenslanger Entwicklungsfall mit Höhen und Tiefen. Die Welt ist mit 35 noch immer ein rätselhafter Ort voller Entdeckungen und das Schöne ist, die Tür ist weniger hart, als man denkt. Auch Eltern dürfen leben, essen, reisen, Extremsport machen und nackt durch die Wohnung laufen. Manche Eltern haben sogar Sex. Wenn auch unter anderen Voraussetzungen als früher.

Sollte das eigene Bett von kleinen Rotznasen besetzt sein, bleibt nur das Bad. Oder man verkriecht sich im Kinderzimmer oder in der Abstellkammer. Es ist nur wichtig, dass man die Tür verschließen kann, denn niemand kann erahnen, wie lange der Tiefschlaf eines Kleinkindes anhält. Eine weitere Vorsichtsmaßnahme: Achten Sie darauf, dass auf der Waschmaschine keine Lego-Piraten liegen, bevor Sie Ihre Frau daraufsetzen. Sobald sie aufgespießt wurde, könnte ihre Laune umschlagen. Abgesehen von gefährlichem Spielzeug und eventuell auftauchenden Kindern lauern nur wenige sexgefährdende Elemente in einem Elternhaushalt. Babybäuche zählen ausdrücklich nicht dazu.

Aber was ist, wenn die Kinderzimmer-Spieluhr-Musik kein Feuer der Leidenschaft mehr zu entfachen vermag? Permanente Windelpräsenz und überfüllte Wäschekörbe wirken nicht immer stimulierend. Viele unterhypte Beziehungen stolpern darüber. Genickbruch. Wie kommt man also raus aus der Babykotze-Spirale, wenn sie einen eingeholt hat? **Loslassen.** Umdrehen und gehen. Wegwehen lassen. Das sagt sich so leicht? Stimmt.

Wir haben das Glück, dass unser Leben uns zwingt, nicht immer in den eigenen vier Wänden präsent sein zu müssen. Unsere Berufe nötigen uns, andere Menschen zu sehen und nicht ausschließlich um unsere Kinder zu kreisen. Allerdings laufen die Bedürfnisse nicht immer synchron und Arbeit bedeutet nicht immer Entspannung und Abstand. Sport, Kino, ein Spaziergang im Park, Kaffee auf dem Balkon. Die Alternative muss jeder selbst finden. Mir hilft es oft, ein paar Tage lang zu drehen.

Ich bin keine ausgebildete Schauspielerin. Eigentlich bin ich gar keine Schauspielerin. Zu viel Gefühl, zu viel Kind, zu viel Sehnsucht. Ich nuschle und fürchte mich. Da ist zu wenig Technik und zu wenig Vermögen, mich abzugrenzen. Ich bin nicht unbedingt gut darin, mit blutverschmiertem Mörderkopf nach Hause zu gehen und umzuschalten. Nach Prügelszenen und Tränen bleibt oft nur eine Rest-Mutter, die ich den Kindern gerne ersparen würde.

Natürlich ist das abhängig von der Produktion. Nicht alles ist gleichermaßen nervenaufreibend. Nicht jeder Dreh ist blutgetränkt und psychotisch. Nicht jeder Dreh ist unvorhersehbar. Bei meinem letzten Spielfilmprojekt hatte ich allerdings einen Regisseur an meiner Seite, der sehr frei und unerwartet arbeitet. Ohne Zeitplan oder Drehbuch. Ohne System. Alles ist Überraschung, Forderung, Opfermut. Alles ist permanent anders, neu und ungewohnt. Da braucht man Platz und Raum, um sich darauf einzustellen.

Während dieser Drehzeit wollte ich auf keinen Fall zuhause wohnen. Wenn ich abends in meine Wohnung käme, bildeten sich dort alle ein, ich sei verfügbar, könnte Notfälle lösen und die Eisenbahn reparieren. Ich selbst wäre jedoch in einem fremden Ehestreit gefangen, würde Text repetieren oder mit meiner fiktiven besten Freundin telefonieren, während ich eine Bank ausraube. Am liebsten wollte ich für diesen Dreh in ein Hotel nach Kalifornien oder wenigstens ins Ruhrgebiet. Aber dafür reichte, wie sollte es anders sein, das Budget nicht. Der Drehort Berlin stand fest. **KACKE.** Ich sagte erst einmal ab. »Das geht nicht. Dann kann ich weder den Kindern noch dem Film gerecht werden.«

Als ich mit der Drehoption schon beinah abgeschlossen hatte, kam die rettende Idee. *Ich ziehe aus!* Ich bat die Produktion, mir eine Wohnung in einem anderen Stadtteil zu mieten, damit ich in Ruhe arbeiten konnte, und packte einen großen Koffer sowie siebzehn Tüten voller Bücher, Schuhe, Magazine und Kamerazubehör. Nun würde ich Zeit haben für den Film und für all die Dinge, die immer liegen bleiben. Für die ungelesenen Seiten und ungeschriebenen Sätze. Meine eigene

Wohnung in einem völlig anderen Berlin wird mir Zeit schenken und Ruhe. Hier kann alles liegen bleiben, ohne kaputtzugehen. Hier können Leute hereinschneien und jugendfreie Witze erzählen. Jederzeit. Hier kann ich arbeiten, ohne unterbrochen zu werden, und Fragen stellen, die nicht zu schnell verhallen. Ich mache eine kleine Geschäftsreise in meiner eigenen Stadt und schlafe allein in einem fremden Bett.

Aber nicht heute. Heute habe ich ein Date. Leicht nervös ziehe ich mich an. Frisch rasiert und eingecremt. Ob er mich gut findet? Wir treffen uns auf der Straße. Er telefoniert. Ich blicke nervös auf mein eigenes Handy. Irgendjemand sendete eine SMS, die ich nicht beantworten will. Ich wechsle nervös von einem Fuß auf den anderen. Ich höre auf damit. Lässig, relaxt, dezent gelangweilt. Das ist meine neue Haltung. Er dreht sich um und lächelt mich an. Er weiß: **Alles nur Show.** Alleine leben ist befreiend. Und alleine leben erzeugt bei mir eine unbändige Sehnsucht nach meinem Mann, nach Zeit zu zweit und Zukunftsmusik.

Dates können helfen. Eine Woche Urlaub ist noch besser. Gerne einmal pro Jahr. Paris. New York. Mecklenburgische Seenplatte. Oder, besonders exklusiv: das eigene Schlafzimmer. Nirgendwo sonst kann ich mich so gut kinderlos, jung und unbeschwert fühlen … Genau genommen ist es wie sturmfrei haben, als man ein Teenager war. **Eltern allein zu Haus.** Hier kann man rumlümmeln, in Ruhe arbeiten, brutale Filme gucken. Chipskrümel verteilen, Cola trinken oder Gin auf Eis, asiatische Soßen über dem Sofa verschütten, auf dem Küchentisch Sex haben. Alleine Carrera-Bahn spielen, Freunde einladen, mit den Fingern essen und nichts tun. Einfach nichts tun.

15

MAMABEAT

The only people for me are the mad ones,
the ones who are mad to live, mad to talk, mad
to be saved, desirous of everything at the same
time, the ones who never yawn or say
a commonplace thing, but burn, burn, burn like
fabulous yellow roman candles exploding
like spiders across the stars.

Jack Kerouac

Herzschlag

Mein Leben folgt einem sehr schnellen Rhythmus, weil ich vieles mag und will und schaffen möchte. Hohe Amplituden. **Dodumm Dodumm Dodumm.** Weil mein Herz für vieles schlägt, überschlägt es sich häufig und treibt mich dennoch an. Ständig sind da Ideen und Pläne und Blödsinn, mit dem ich meine Umwelt wachhalte. Da ist es wichtig, den richtigen Ton zu treffen, die Welle gemeinsam zu nehmen und den Kindern Gründe zu vermitteln für meinen Anspruch.

Ich habe Glück. Meine Kinder waren bisher sehr angenehm. Sie schlafen durch. Sie schreien nicht viel. Sie rennen nicht auf die Straße und sie quengeln selten an der Kasse. Klar haben wir Diskussionen, aber keine täglichen Explosionen. Wie gesagt, ich habe Glück, und was nicht ist, kann ja noch werden.

Du kannst mit den Kindern aufräumen üben und sich selber anziehen und ordentlich essen und all den anderen Kram, den Eltern für wichtig halten können. Du kannst sie nötigen, ihre Hausaufgaben zu machen, mitzuhelfen und sich ordentlich die Zähne zu putzen. Gelegentlich fühle ich mich wie eine hängengebliebene Schallplatte, die immerzu dieselben Sätze ausspuckt: *Bitte, kremple deine Ärmel hoch. Setz dich bitte ordentlich hin. Raus mit dem Ball. Ich möchte nicht, dass meine Sachen kaputtgehen.* Du willst es gut machen und überforderst dich.

In einem langen Essay im *New York Magazine* von Jennifer Senior mit dem Titel *All Joy and No Fun* finde ich den Satz: »Kids, in short, went from being our staffs to being our bosses.« Zumindest fühlt es sich für viele heute so an, als verfügten die Kinder über das Leben ihrer Eltern. Wir verbringen viel Zeit mit unseren Kindern und fühlen uns noch immer unzureichend. Wir erziehen und fördern, bis wir an unsere Grenzen stoßen. Immer und immer wieder. Erziehungserfolg ist unser Auftrag. Für Jennifer Senior erklärt dieses Phänomen, warum Eltern so unglücklich sind und warum viele das Elternsein hassen.

Aber Eltern können auch Dinge lernen, die Kinder für wichtig halten. Nicht so viel schreien. Nicht so viel fordern. Nicht so viel drängen. Nicht so viel vergleichen. *Mein Kind schläft deinem Kind was vor.* All das macht nicht glücklicher. Einfach laufen lassen statt sich in Ratgebern festzulesen hilft auch nicht immer. Ich kämpfe jeden Tag mit mir, um den richtigen Rhythmus zu finden. Der Beat, der dein Leben unterlegt, ist der, der dich auch durch das Elternsein trägt. Er ist variabel, modular, korrelativ. Du kannst besser werden oder schlechter. Du kannst langsamer werden oder schneller. Du kannst sogar aus dem Takt fallen. Dich wieder fangen. Dich neu entdecken. Über dich hinauswachsen und ein Solo auf das Parkett legen. Jede Familie muss ihren eigenen Rhythmus finden.

Ich vermute, dass der Grundton dieses Buches eine wichtige Komponente meines Erziehungsstils verschleiert, verniedlicht und verdrängt: DIE STRENGE. Tatsächlich lasse ich meinen Kindern viel Raum Dinge zu entdecken, aber nur bis zu den Grenzen, die ich stecke. Quengelkassen sind mir gleichgültig, weil ich auf flehendes Geheule nicht reagiere. Ich höre es überhaupt nicht. Zumindest simuliere ich das, während ich im Erdboden versinke.

Wer schreit, hat ohnehin verloren. Wer auf der Straße schreit, verliert noch mehr. Ich akzeptiere kein *ich will* für *kannst du bitte* und erwarte Hilfe und Anstand und Freundlichkeit. Vor kurzem fing das Kind in der Trambahn an zu weinen, weil es gerne den Sitz beansprucht hätte, auf dem nun eine ältere Dame Platz nahm. Das Kind klammerte sich an seinen Roller und weinte bitterlich, in der Hoffnung, die Dame würde aufstehen und den Platz räumen. Mir blieben nur ein strenger Blick und eine ausgedehnte, ernsthafte Erklärung. Ich wollte, dass das Kind lernt, dass ältere Menschen bei Sitzplätzen den Vortritt haben.

Erwartungen niedrig halten und für Überraschungen sorgen. Soll heißen: Nicht mehr versprechen, als man leisten kann. Nicht mehr Druck aufbauen als nötig. Und nicht häufiger nachgeben als vertretbar. Wir sind Familie, aber nur zwei von uns sind die Eltern. Wir versuchen, besser zu werden. Wichtig ist, dass wir einen guten Flow finden und dass jeder genug Platz hat, um sich selbst zu entfalten. Wie in einer Band: Zusammenspielen geht nicht, ohne auf die anderen zu achten, mitzuhören, hinzufühlen. Jedem sein Solo und dennoch alle auf dem gleichen Beat.

Küchenkonzerte

Augen auf durch ohrenbetäubenden **LÄRM** und sofort hellwach: Dieses Geräusch war mindestens eine Vase, vielleicht mein Laptop … hoffentlich nur ein Glas. Während die Füße noch Halt suchen: *eiliges Rennen*. Das kann den Saft zwar nicht daran hindern, in die Ritzen zwischen den Dielen zu sickern und damit ein lebenslanger Käferfreund zu werden, aber vielleicht lassen sich noch ein paar Unterlagen oder Briefe oder Bücher retten. Oder auch nicht. Die glitzernden Kinderaugen, die sich zugleich ertappt und bärenstark fühlen, funkeln sich direkt in mein Erbarmen. Es hätte auch schlimmer kommen können, morgens um 7 Uhr. Arme auf und durch.

Denn spätestens um 8 Uhr, wenn das süßeste Baby der Welt mal wieder den Küchentisch mit Olivenöl massiert und das andere Kind versucht, ein wilder, wilder Rock'n'Roll-Pianist zu werden, ist der verschüttete Saft bereits vergessen. Natürlich gibt es Schäden, die länger anhaltend sind: bemalte Wände, Spielzeug, das hinter der Heizung eingeklemmt ist, Kleber auf Kinderkleidung … **KLEBER** überall. Aber es existiert die Hoffnung auf die nachhaltige Wirkung von Erziehung.

Sosehr ich Kinder auch liebe: Ich hasse Fußbälle in meiner Lieblingsvase, Kugelschreibergekritzel auf uralten Holzböden und kaputt gelutschte Computerladekabel. Ich werde nicht gerne angekotzt, ich finde es nicht schön, Apfelstücke aus Bettritzen zu pulen und Fingerfarben von Möbeln zu wischen. Aufgerissene Jeans, unendliche Mengen an verlorenen Handschuhen, Hausschuhen, Turnschuhen und herabstürzende Müslischüsseln säumen den Weg des Elternseins. **PUFF.** Und schon wieder sind alle dreckig. Um dem retardierenden Herzinfarkt-durch-Kindertat-Moment vorzugreifen, eignet man sich am besten einige Tricks an. Schmerzbefreite Füße (die auch über ein Nagelkissen laufen könnten), Augen, die an vielen Stellen blind sind, Klebrigkeitsunempfindlichkeit und ein ausgefeilter Ohrenschließmechanismus können, zum richtigen Zeitpunkt angewendet, Wunder wirken. Wenn diese Selbstheilungskräfte nicht ausreichen, empfehle ich Ohropax, Augenbinden und Rückzugsorte. Klar abgetrennte Kinderzerstörungsflächen (gelegentlich auch als Kinderzimmer bezeichnet) können Abhilfe schaffen. Dort werden im Idealfall jenseits der elterlichen Nervenstränge Matratzen zerhüpft, Plastiktiere gejagt und Plüschbären erlegt. Abwechselnd ist hier Mal-, Tröt- und Flugzimmer. Das einzige Problem: Abgesehen von mir scheint sich das keiner zu merken. Die wilden Hummeln fliegen weiterhin durch die Wohnung, um mit der Hilfe von Spielzeug Angst und Schrecken zu verbreiten. Auch kleine Gäste führen gerne öffentlich auf, was sie darzubieten haben.

Klein**a** ist eine besonders schlaue Kandidatin, wenn es um Regelumschiffung und Publikumswirksamkeit geht. Sie kann zur selben Zeit Flöte, Mundharmonika und Tamburin bearbeiten und wie nebenbei Konversation betreiben. Wenn sie ihr Küchenkonzert beginnt, ist ihr nur schwerlich Einhalt zu gebieten. **STOP!** Klein**a**, hier ist doch nicht das Musikzimmer. Wir versuchen uns zu unterhalten. Würdest du vielleicht zu den anderen ins Kinderzimmer gehen und ihnen etwas vorspielen? Die freuen sich bestimmt. *Nein! Hier ist heute die* ***MUSIKKÜCHE!*** *Tröttröt, kraschbumm, tätärääää.*

Alles klar. In solchen Momenten hilft nicht viel mehr als Kuchen, Wein und Schabernack. Wir Erwachsenen unterhalten uns, so gut es geht, legen die Füße hoch und genießen den mit lautstarker Geräuschkulisse untermalten Sonntagnachmittag. Was ich beobachten könnte, lasse ich unkommentiert. War was? Ich habe nichts gesehen. Es verhält sich wie mit den drei Affen: Nichts sehen. Nichts hören. Nichts sagen. **Erziehungspause.** Buddhistische Funkstille.

Montagmorgen geht es dann weiter mit Strenge und Anspruch und elterlicher Besserwisserei. Dann setzen wir wieder alle Regeln in Kraft und drängen die Spielzeugwellen zurück in die Kisten. Dann wischen wir den Saft vom Tisch und fischen die Enten aus der Badewanne. Montagmorgen werden wir, frisch gebadet, neue Kleidung über saubere Köpfe ziehen.

Und damit sich das besonders schön anfühlt, schmieren wir jetzt noch ordentlich Joghurt ins Haar. Der Unterschied muss schließlich zu erkennen sein. Sonst macht es keinen Spaß.

Gelegentlich brauche ich eine Pause, kann und will nicht jeden Schritt und jedes Klettermanöver kommentieren. Mit diesem Bedürfnis bin ich nicht allein. Die Kinder, der Mann, die Verwandten, die Freunde. Wir alle lieben vorwurfsfreie Nachmittage, stressentleerte Lümmelstunden und sinnbefreite Müßiggänge. Entspannung ist angesagt. Du willst noch ein Stück Kuchen? Na klar! Ein Spiel spielen, obwohl wir Wäsche waschen müssten? Papier zu Fliegern verarbeiten, obwohl wir darauf Drehpläne drucken sollten? Fünfe gerade sein lassen, obwohl es Käse ist? Laissez-faire.

An diesen, zugegebenermaßen ungewöhnlichen und seltenen Tagen bleibt Raum für kleine Zeitreisen. Ich träume mich in meine späten 40er Jahre. Alle Kinder sind ausgezogen und ich mümmele auf einem unbefleckten Sofa. Mein Getränk steht auf einem kleinen, feinen Tischchen. Vielleicht ist es aus besonderem Holz, aus Glas oder antik. Jedenfalls ist es unbemalt und nicht beschädigt. Daneben liegt meine Kamera und lässt ihr Band entspannt in Richtung Boden hängen. Niemand wird daran zerren und das schöne neue Objektiv in Gefahr bringen. Niemand wird das Tischchen anrempeln und alles verschütten. Ich laufe barfuß und dabei nicht Gefahr, mich zu verletzen. Ich verteile Bildbände auf dem Boden und höre ganz leise Musik. Ich spiele etwas Klavier und habe Sex auf dem Küchentisch. Wir gehen spontan ins Kino, ohne Angst zu haben, dass danach das Haus abgebrannt ist. Wir unterhalten uns ohne Unterbrechungen. Ich schlafe aus und rufe meine

Kinder an, um zu fragen, wann endlich die Enkel kommen. Es ist so still ohne sie.

Während die Kleinen die Wände rund um die Lichtschalter mit ihren Händchen in ein zartes Braun tunken, freue ich mich auf die Farbe, die die Wand als Nächstes zieren wird. Während sie Mangostücke auf den Stühlen verteilen, durchforste ich die Welt nach attraktiven Bezugsstoffen. Während sie meine Studententassen und Flohmarktteller zerlegen, freue ich mich auf das Porzellan, das ich mir zulegen werde, wenn sie aus dem Haus sind.

Wer das für unvernünftig hält, möge heute bitte die Klappe halten. Mein offenes Ohr für gutgemeinte Ratschläge von Außenstehenden ist aktuell geschlossen. Ich lege die Meinung Fremder in nicht beschriftete Kartons und staple sie in einer hinteren Ecke. Zeitnah nehme ich sie wieder ernst. Oder auch nicht. Erst einmal lasse ich mich von meinen Kindern kitzeln, übersehe dabei die schokogetränkten Händchen, die Tomatensoßen-Münder, die mich rot und feucht im Gesicht treffen, und die laufenden Nasen, die sich an meinem Pullover sauber rubbeln. Ich rieche nur Kinderköpfe und Schokolade und gute Laune. Ich bin kurz leben, gleich wieder da.

16

Zwillingsmusik. 2+2=4

There is a light that never goes out.

The Smiths

Turbostart

Aleen und Tobert kenne ich aus der Kneipe auf St. Pauli. Finster. Punkrock. Wunderschön. Wände und Publikum sind gleichermaßen tätowiert und zwischen Mexikanern und Jägermeister bleibt kein Auge trocken und kein Herz ungerührt. Hier werden Seebären zu zahmen Hünen und Piratenbräute zu Mädchen. Mehr Nacht ist nirgendwo montagmorgens um 10:36 Uhr. Selbst ich kleines Hiphop-Gör in bunten Klamotten konnte mich selten trennen von diesem Inbegriff einer Bar. Fluoreszierende Gedankenblitze. Leute hinterm Tresen, die schon Undercut trugen, bevor der Begriff überhaupt bekannt wurde.

Aleen war eine von ihnen. Jung und wild und vermutlich mit einem Hauch von Orientierungslosigkeit versehen. Ihr gegenüber: desolate Menschen. Harte Trinker. Suchende. Am Tresen sitzt, wer Trost benötigt oder Durst hat. Wenn einer fragt, bekommt er 'ne Antwort. Tobert fragt nach einem Bekannten. Der ist nicht da, aber Aleen weiß etwas zu erzählen. »Ich dachte, Tobert ist schwul, deshalb war ich distanzloser als sonst bei Männern.« Es hat gewirkt. Fast 10 Jahre später sind sie noch immer ein Paar. Sie ertragen sich gut. Besser als die meisten. Ein Freund sagte immer: »Ich verstehe gar nicht, was die die ganze Zeit zu quatschen haben. Kaum ist er da, reden die ununterbrochen.«

Als nach 1½ Jahren die Schwangerphase einsetzte, war das trotz der Harmonie nicht geplant. »Das war alles sehr absurd.« Vor allem war es sehr spontan und plötzlich und unerwartet. »Wir haben es total spät erfahren, zu spät, um uns dagegen zu entscheiden.« Zwischenblutungen und die unregelmäßige Einnahme der Pille legten die Vermutung auch nicht nahe, dass sie schwanger sein könnte. Die nächste Zeit versprach turbulent zu werden. Tobert sagt: »So richtig krankenversichert war Aleen auch nicht. Wir konnten erst mal nur ins Krankenhaus und nicht regulär zum Arzt, und es kostete einen Haufen Geld, sie wieder in die Versicherung zu bringen.« Aber es funktionierte und die erste Ultraschalluntersuchung beim Frauenarzt folgte.

Die Dame stellte gleich eine seltsame Frage: »Was haben die im Krankenhaus Ihnen denn erzählt?« Die beiden verstanden nicht so recht, was sie meinte: »Na, dass ich schwanger bin« – bis sie auf den Bildschirm blickten. Dort erkannten sie zwei kleine, blinkende Erdnüsse. **ZWILLINGE!** Das war der erste Panikmoment.

Der zweite folgte sofort: »Wie kann man die Liebe zu dem, was da ist, denn auf zwei aufteilen?« Und überhaupt? Was macht man jetzt? Was bedeutet das für uns? Wie geht das? *Keine Ahnung!* Woher sollten sie auch wissen, was es heißt, Kinder zu haben. Sie kannten keine Leute mit Kindern. Aber es dauerte nicht lange, dann stellten sie sich ein, »die typischen IKEA-Momente: Wir saßen da und guckten Kindern beim Spielen zu. Unser Fokus hatte sich plötzlich verschoben.« Alles neu! Alles gut!

Alles gut? Als berufslose Zwillingsschwangere, die ihren Tresenjob hinwerfen muss, statuslos durch die Akten geistert und mit dem Bassisten einer Punkband an ihrer Seite lebt, hat man doch existentielle Ängste zu haben? NÖ! Mir stehen Fragezeichen im Gesicht.

»Dafür gab es nie einen Grund. Freunde, Familie, Staat, alle zeigten an, dass es für diese Situation eine Lösung gibt.« Hilfe für die Erstausstattung bekamen sie von einem »blabla zum Schutz des ungeborenen Lebens«. Monatlich wurde Geld überwiesen. »Als die Kinder da waren, war dann plötzlich das Arbeitsamt für mich zuständig.« Und alles bekamen sie doppelt, wegen der Zwillinge.

Problematisch waren andere Gedanken: »Wollen wir jetzt aufs Land ziehen? Wie sollen die Kinder heißen?« Lange Listen wurden erstellt. Sie hatten keine Ahnung, wie man Kinder heutzutage nennt. Bislang hingen sie nie auf Spielplätzen ab. Und dann fielen ihnen genau die Namen ein, die allen einfallen, und sie fingen wieder von vorne an mit der Namenssuche. Währenddessen wuchsen die Kinder ins Unermessliche. Der Riesenbauch war so fett, dass Aleen schon nicht mehr unter

Menschen wollte. **Glotzt mich nicht so an!** Die Ärzte am Universitätsklinikum Eppendorf drängten auf einen Kaiserschnitt. »Megaverunsichert« sagte sie Ja.

»Was mir nicht bewusst war, die sagen einem nicht, dass man nach einem Kaiserschnitt richtig behindert ist.« Wer kommt denn auf die Idee, gesunde Leute aufzuschneiden? »Ich wachte auf und alles war anonym. Alle waren vermummt.« Sie fror. Eine beschissene Geburt. »Du hast ein Kind gekriegt und du bist gelähmt. Nach einem Kaiserschnitt bist du einfach krank.« Die Kinder schreien und die Mutter kann nicht aufstehen vor Schmerzen. »Es ist erst cool geworden, als wir nach Hause gefahren sind. Da fing es echt an gut zu werden.«

Besonders gut finden sie, dass ab dem Moment der Geburt Gleichberechtigung herrscht zwischen Tobert und Aleen. Jeder bekam ein Kind auf die Brust. Seither fungieren beide als Bezugsperson. »Dadurch, dass es Zwillinge waren, konnte ich die Rolle ganz pragmatisch gar nicht an mich ziehen«, sagt sie. Obwohl Tobert gerade sein erstes Plattenrelease auf einem Major-Label hatte, war er am Start. Warner hatte Turbostaat gesignt. Klar musste er jetzt Konzerte spielen und auf Tour gehen. Alarm machen. Aber wenn es ihm möglich war, kam er nachts nach Hause gefahren. Und dann wurde es auch wieder ruhiger. So hatte Aleen trotz der Zwillinge Platz zum Leben. Rollenverteilung 50:50. Das Leben finanzieren sie ebenfalls zu gleichen Teilen.

»Ihn machte das zum geilen Typen und mich zur Rabenmutter.« Das Gefühl, dass von einer Mutter etwas erwartet wird, was von einem Vater keiner verlangt, kennen die meisten Frauen. »Da entsteht ein Defizit. Wenn der Vater alleine mit den Kindern spazieren geht, kommt da immer Respekt. Bei einer Mutter ist es einfach nur normal.« Wenn eine Mutter alleine unterwegs ist, wenn sie abends eine Veranstaltung besucht oder verreist, ist da immer die Frage: **Wo sind die Kinder?** »Das passiert ihm natürlich nicht.«

Kurz bevor die Kleinen ein Jahr alt wurden, kamen sie in die Kita und die Mutter erfüllte sich einen Traum: HfbK – Hochschule für bildende Künste. Endlich ankommen. Sich richtig fühlen. Pinsel schwingen. Freigeisten. »In der ersten Zeit war das sehr schwer.« Das bekannte Kita-Zeitfenster hält sich nicht an die Kreativität einer bildenden Künstlerin und eines Musikers. Du hast nur diesen Timeslot. Mehr nicht. Kreativität auf Knopfdruck. Wie die meisten Eltern gewöhnten sich Aleen und Tobert mit der Zeit daran. »Ich hatte nicht das Gefühl, ich habe weniger Zeit, sondern ich nutze sie anders.«

Während die anderen Studenten noch schliefen, war sie bereits in der Uni. Dazu kamen Abendveranstaltungen, Ausstellungseröffnungen, Besprechungen und Proben. Synchrone Events sind keine Ausnahme. Ein Haufen Organisationswahnsinn. Toberts Konzerte kann man nicht absagen. »Da muss ich mich fügen, aber Tobert hat mich immer ganz doll unterstützt, eine Lösung zu finden, wenn er mal nicht da sein kann.« Da müssen dann Freunde oder die Mütter einspringen. Jedes Mal ein neuer Fall, den es zu lösen gilt. Ich kann mich an mehrere Situationen erinnern, in denen Aleen und Tobert via facebook Babysitter suchten: »Wer kann JETZT auf die Kinder aufpassen?«

Ändern würden sie dennoch nichts. »Es ist extrem wichtig, glücklich zu sein.« Sie wollen Kindern nicht das Gefühl geben, man würde durch sie etwas verpassen. »Das ist ja das Schlimmste: Stell dir mal vor, ich würde sagen, ich habe ja auch mal Kunst studiert und dann kamt ihr.«

2013: Laute Musik. Käsefüße. Bier. Tobert spielt im Sommer jedes Wochenende auf einem anderen Festival. Die Kinder kommen schon fast in die Schule. Aleen hängt zusammen mit ihren Kunstwerken für eine Woche in Tokio ab. Zuhause erwarten sie weitere Ausstellungen. Alles schön, alles parallel, alles pralles Leben. Die beiden stehen in ihrer Wohnung. Volltätowiert. Ohne Tapeten. Immer noch Großstadt. Er im Rauschebart. Sie im schwarzen Hoodie. Beide noch immer: Rock'n'Roll. Durchziehen. Weitermachen. Kinderhaben. Aleen und Tobert machen ihr Ding. Aleen sagt: »Viele Leute sind überrascht, dass ich Kinder habe.«

Wie sieht's aus mit Zeit zu zweit? »Hatten wir erst einmal in Paris. Wir sind beide so viel unterwegs, dann ist es auch geil, einfach mal zuhause zu sein mit den Kindern.« Abends im Bett liegen. Film gucken. Luxusdinner vom Chinesen an der Ecke. Oder sie treffen sich zum Mittagstisch. »Wir sind so 'ne richtige Viererfamilie. Die Zwillinge haben sich gegenseitig. Denen ist nie langweilig. Da können wir Eltern auch mal ausschlafen. Wir mussten uns auch nie mit anderen Eltern verabreden.« Das macht irgendwie frei.

»Und wollt ihr noch ein Kind?«

»Muss nicht sein.« Kinder haben fühlt sich gut an, aber das Arbeiten auch. Reinstürzen und austoben. »Erst mal war da nur die Mutterrolle nach der Geburt.« Ein reger Austausch mit anderen Eltern in den ersten ein bis zwei Jahren schien notwendig. Was ist normal und was nicht? Das war ein ziemlich langer Prozess voller Windeln, Rasseln und Babypampe. Sie ist froh, dass es während des Studiums war. Sie bekamen viel Hilfe und Verständnis. Jetzt ist die Lage entspannt. »Heute denke ich: Ich bin Aleen mit Tobert und mit Kindern. Das fühlt sich ziemlich gut an.« So kann es bleiben. Während ich mir die beiden ansehe, läuft in meinem Ohr hintergründig leise TURBOSTAAT: Wir können alles und alles können wir sein.

17

Reisefieber

Das Reisen, das gleichsam eine höhere
und ernstere Wissenschaft ist,
führt uns zu uns zurück.

Albert Camus

Flieg doch

Das Leben einer Mutter in der Vorweihnachtszeit: 6 Uhr sharp. Kinderlärm. *Mist.* Schnell aufspringen und das heutige Türchen im Adventskalender füllen.

Geschafft. Und da kommen die Kleinen auch schon. Glück pur. Frühstücken. Ab in die Kita. Bürokram kaufen. Telefonieren. Geschenke kaufen. Telefonieren. Putzmittel kaufen. Nach Hause fahren.

Telefonieren. Waschmaschine füllen. Briefe öffnen und die 2000 neuen E-Mails wenigstens pro forma durchklicken. Essen von gestern essen. Spülmaschine anmachen. Koffer packen. 13 Uhr und das Gefühl, ein ganzer Arbeitstag läge hinter einem.

An sich ist der Urlaub fast schon da, wir müssen nur noch rechtzeitig hier wegkommen. Ich renne aus dem Haus und stelle fest, dass die nächste Straßenbahn 23 Minuten Verspätung hat. Also Taxi. Hallo! »Könnten wir an einer Bank halten? Cash Group bitte.«

»Ja.« Nein: Baustelle. **BAUSTELLE??** Durchatmen und weiterfahren. Der Taxifahrer sieht mich an: »Wissen Sie, wie wir am besten hinkommen?«

»Nein. Ich fahre nicht Auto.« Deshalb nehme ich ja ein Taxi. Also außen herum. Blick aufs Handy. Die Zeit rast. Als wir ankommen, steht bereits das von mir vorbestellte Taxi vor der Kitatür.

»Hallo. Sorry. Können Sie eine Quittung schreiben? Ich lade schon einmal um.«

»Hier Ihre Quittung.«

»Danke.«

»Tschüss.«

Als Nächstes Buggy aus dem Innenhof holen und zusammenfalten. Kindersitze einbauen. Kinder holen. Das eine Kind hängt in der Spaghettischüssel. »Wir müssen los, Schatz. Kannst du dir bitte den Mund waschen gehen und dich anziehen?«

»Aba …«

»Bitte. Wir müssen jetzt wirklich los.«

Aber wo ist mein Baby? »Das schläft.« Frühzeitiger Mittagsschlaf. Mist. Ich habe doch gesagt … Egal. Das schlafende Knäuel wacht beim Anziehen auf und ist verwirrt. Schnell raus und ins Taxi. Der Fahrer ist ungeduldig. Müdes Gequengel auf der Rückbank. Jetzt brauchen wir nur noch eine Bank oder einfach irgendeinen Geldautomaten und den schnellstmöglichen Weg nach Tegel.

Koffer. Rennen. Pusten. Mit der Jacke hängengeblieben. Handschuh verloren. Ich schwitze. Ich huste. Ich versuche den Überblick zu behalten, während mir meine Mütze über die Augen rutscht. »Sind wir bei Ihnen richtig?«

Der Mann hinterm Schalter blickt uns fragend an. »Das kann ich Ihnen nicht sagen. Über Ihnen wird doch angezeigt, wohin der Flug geht.«

»Puh, ja. Sorry. Wir haben heute einen stressigen Tag.« Ich erkläre ihm nicht, dass die Tage fast immer stressig sind, wenn ein berufstätiges Elternteil versucht, mit zwei Kleinkindern pünktlich und vollständig, inklusive aller Gliedmaßen und Kleidungsstücke, an einem Flughafen einzutreffen.

Aber jetzt sind wir da. Ab durch die Sicherheitskontrolle. Wir können schon die Flugzeuge sehen. »Guck mal, Mama!« Das Baby will seine Schuhe ausziehen. Anders: Das Baby hat seine Schuhe bereits ausgezogen und begonnen, in der Strumpfhose den Flughafen zu putzen. *Und der Dreck? Oder seine kleine Rotznase?* Egal. Wir haben jetzt Urlaub. Da putzen wir, was wir wollen.

Im Flugzeug suchen die Kleinen sich neue Freunde. Durch die Sitze hindurch sind die Leute hinter uns entzückt und beginnen ein Versteckspiel. *Kuckuck. Kuckuck.* Das Baby mit der dreckigen Strumpfhose gluckst. Die Frau auf dem Fensterplatz erklärt bereitwillig, wann das Anschaltzeichen wieder angeht, stiftet den Keks, der ihr zum Tee gereicht wurde, und wird dafür zum Lachen gebracht. Das Kind fragt die Dame, als säßen wir in einem Zug: »Wo steigen Sie aus?« Was soll man dazu sagen. Für diese Momente lohnen sich Kinder am meisten. Diese Momente sind der Grund, warum fremde Menschen die kleinen Krümelmonster ertragen und ihnen Bücher vorlesen. Ja, so weit sind wir schon. Die Frau liest bereits das zweite Mal das gleiche Buch vor.

Als wir landen, bleiben wir zunächst sitzen, bis die anderen Personen ausgestiegen sind. So stehen wir keinem im Weg und haben unsere Ruhe. Das Baby möchte schließlich selbst laufen. Mitten im Weg, unbeirrt. *Wackel-wackel-Popo*. So wie nur ein Baby es kann. In angemessenem Tempo. Gefühlte 0,01 km/h. Trotzdem kommen wir irgendwann zum Gepäckband. Unser Koffer wurde schon heruntergenommen und für uns bereitgestellt, weil wir mit Abstand die Letzten waren. Dafür habe ich den Münchner Flughafen noch nie so detailliert beobachtet. Jetzt müssen wir nur noch ins Skigebiet fahren und schon haben wir Urlaub. Urlaub mit Kindern.

Die Situation einer urlaubenden Familie ist selbstredend eine andere als die eines abenteuerlustigen Pärchens. Viele glauben, dass Reisen bildet, und so wird versucht, so viel wie möglich von dieser Welt zu sehen, zu schmecken und zu begreifen. Zwischen Auslandsaufenthalten und Surfcamps fühlt man sich jung und kosmopolitisch. Als Bedrohung in der Ferne: das Reihenhaus-Gartenschaukel-Gefängnis. Jedoch im Gegensatz zum Glauben vieler wird einem die Welt nicht versperrt, sobald man Kinder hat. Sie ist nur manchmal anders zu bewältigen. Wir erobern sie vielleicht mit weniger Taucherausrüstungen, Hotelsex und High Heels. Dafür weiß ich mitzuteilen, dass sich ganz neue Perspektiven erschließen, wenn man gegen 7:30 Uhr schon die Stadt entdeckt, mitten in der Besichtigungstour ganz dringend eine Toilette suchen muss oder unter Restauranttischen nach Messern fischt.

Schlaf Kindlein

Kurz bevor wir mit dem Auto die USA durchqueren wollten, verlor mein Mann seinen Führerschein. Dummerweise hat er eine Frau, die ihren noch nie gemacht hat. Ich fahre Bahn oder Bus oder Rad oder laufe. Notfalls, wenn ich ein ganzes Abendmenü zu transportieren habe, gönne ich mir ein Taxi. Aber so kommt man nicht durch die USA. Wir trafen uns also in San Francisco und wollten mit einigen Zwischenstationen nach New York. Die möglichen Fortbewegungsmittel hießen Flugzeug und Bus. Züge erinnern in den USA mehr an Zeitreisen denn an Transportfahrzeuge.

Um nicht die ganzen Tage in einem Bus zu verbringen, fuhren wir jeweils nachts. Aneinandergekuschelt oder in unterschiedlichen Sitzreihen. Mit Zwischenpausen, schnarchenden Mitfahrern, schlechtem Essen und ohne Decke. Erholsam ist anders.

Während die beiden Elternteile am nächsten Morgen mit verspanntem Nacken und tief hängenden Augenringen aus dem Greyhound krochen, war das Kind bestens erholt. Es hatte sich, in seinen Lieblingspullover gekuschelt, auf einem Schoß zusammengerollt und fröhlich geschnarcht. Jetzt konnte es weitergehen. Gucken, staunen, Tretboot fahren. Neuer Ort. Neues Glück. Die Eltern hinterher. Gut, dass Kinder früh ins Bett gehen. Dann können wir uns erholen.

Ich schlief als Kind auch immer, wenn wir in den Urlaub fuhren. Hintendrin in unserem roten Golf. Gerne in einen Schlafsack gekuschelt, mit einer Brezel in der Hand und *Benjamin Blümchen* im Kassettendeck. So fuhren wir nach Frankreich oder Italien. Nicht selten war ich allein mit meinem Vater unterwegs. An einem Grenzübergang konnte es dann sein, das einem Zollbeamten auffiel, dass mein Vater keinen Pass für mich hatte. Ich erinnere mich noch an einen österreichischen Beamten, der bei unserer Ausreise sagte: »Ich kann Sie schon fahren lassen, aber ich weiß nicht, ob die Italiener Sie reinlassen. Und ich muss Sie dann auch nicht wieder zurück lassen.« Da stieg mein Vater aus und lief hinüber zum italienischen Zollhäuschen. Kurze Zeit später ging die Reise weiter und bald darauf erreichten wir Triest.

Auf der Heimreise fragten mich die Polizisten, ob ich Angst habe, und durchwühlten meinen Koffer. »Ja, wir sind ohne Pass eingereist und möchten jetzt wieder nach Hause.« Irgendwann ließen sie uns weiterfahren. Vielleicht schliefen wir noch ein wenig im Auto an irgendeiner Raststätte. So wie in Grenoble vor dem Haus von Freunden, die nicht da waren, oder in Paris oder in Polen mitten auf dem Feld oder auf dem Weg nach Berlin am Straßenrand. Als Kind konnte ich mir nicht vorstellen, dass das Rückenschmerzen bedeuten könnte.

Auch mein Kind kennt Rückenschmerzen bislang nicht. Wir teilten uns mit ihm Motelbetten, in denen es rumpropellerte, ich trug es wochenlang schlafend durch Kopenhagen, es verschlief die schönsten Sehenswürdigkeiten in Sevilla auf dem Rücken eines ihm fremden Erasmus-Studenten. Etliche Zugsitze wurden zu Babybetten und ganz Norditalien bereiste das Kind dösend in seinem Buggy. Nicht ohne sich gelegentlich ein paar Melonenstücke einzuverleiben.

Spielbar

Ich bin ein Museums-Junkie. Alte Kunst, neue Kunst, Technik, Naturkunde, Spielzeug, Porzellan – egal. Was auch immer angehäuft und zusammengetragen wurde, erfreut mein Sammlerherz und muss betrachtet werden. Gerade auf Reisen bin ich da recht unnachgiebig. Wer weiß, wann ich noch einmal die Gelegenheit habe, an genau diesem Ort die Sammelwut eines Einzelnen zu bewundern? *Und die Kinder?* Die müssen mit. Und meistens sind sie begeistert, wenn auch nicht immer von den gleichen Dingen wie ihre Eltern. Sie machen keinen Unterschied zwischen einer echten Raumkapsel und einem Feuerlöscher. Sie fragen, wie dieses funktioniert und warum man jenes nicht anfassen darf. Auf dem Boden sitzend werden Warnschilder analysiert und unterwegs die Türklinken untersucht. Außer es gibt ein Auto. In der Pinakothek der Moderne in München ist unter anderem recht prominent ein Porsche ausgestellt. Ich bekam das Kind kaum weg davon. Jedes Mal, wenn ich mit ihm um die Ecke biegen wollte, um Lichtinstallationen oder großformatige Zeichnungen zu bewundern, tippelte es wieder los: »Neeeeiiin. Audo. Audo. Audo. Audo.«

Leider war es zu klein, um bestochen zu werden. Es wurde ein Autonachmittag. Die Lichtinstallationen betrachtete ich dann auf dem Weg zum Ausgang. Die Lösung ist meistens nicht, auf Dinge zu verzichten, weil sie nicht mehr so funktionieren, wie man das gewohnt ist. Vielmehr kann man sie modifizieren und dadurch viele bewährte Dinge neu erleben.

Während einer Ausstellung im Hamburger Bahnhof in Berlin liefen wir an einer Treppe vorbei. Sie kam von unten und brachte lauten, durchdringenden Lärm mit. Regelmäßige Schläge. **WUMM. WUMM. WUMM.**

»Wollen wir mal runtergehen und gucken, was da los ist?«

»Nein, Mama. Lieber nicht.«

Dennoch schlichen die zwei Vierjährigen beständig um die Treppe herum und lauschten. Ich: »Ich geh mal gucken. Ihr könnt mit Papa hier warten.« Als ich in dem dunklen Kellerraum saß, dauerte es nicht lange, bis ich kleine Füße tippeln hörte. Die Kinder starrten auf das Video, in dem eine Mauer gezeigt wurde, von der ein Hammer den Putz abschlug. »Mama, warum machen die die Wand kaputt?« Wie erklärt man das? Und vor allem, wie bekommt man die Kinder aus diesem faszinierenden Keller wieder raus? Drei Mal liefen wir noch durch die Ausstellungsräume und suchten nach ihnen, nur um sie wieder bei der Mauerzerstörung aufzusammeln.

Die Welt durch Kinderaugen zu sehen erweitert unser Sichtfeld. Dafür brauchen wir weder zu reisen noch die Route zu wechseln. Die gleiche Umgebung erscheint durch die Augen anderer Personen fast wie neu. Die New Yorkerin Alexandra Horowitz hat über dieses Phänomen sogar ein Buch verfasst: *Von der Kunst, die Welt mit anderen Augen zu sehen. Elf Spaziergänge und das Vergnügen der Aufmerksamkeit.* Hier unternimmt sie Spaziergänge, die ihr vertraut sind, mit Menschen, deren Wahrnehmung anders konditioniert ist. Darunter sind ein Sounddesigner, ein Geologe, ein Künstler und ihr Kind.

Das Buch zeigt, wie selektiv jeder Einzelne seine Umgebung wahrnimmt und wie bereichernd ein zweites Augenpaar oder Ohrenpaar sein kann. Das Entdecken der Nebensächlichkeiten, des Übersehenen, des Überhörten hat sie dabei besonders überrascht und erfreut.

Mit Kindern weißt du nie, was das Ereignis des Tages sein wird. Mancherorts ist es der Brunnen auf dem Dorfplatz, der für Stunden das Größte ist. Manchmal ist es eine alte, humpelnde Taube, die beobachtet werden muss. Mein Baby saß einmal eine Stunde unter dem Tisch im Zug und steckte den Klinkenstecker immer und immer wieder in das dazugehörige Loch. Rein und raus. Ich las nebenher Zeitung. Erst mein leerer Pappbecher konnte es ablenken. Besonders beliebt sind bei uns: Die Creme von Papa in den Haaren verteilen. Die Schuhe von Mama spazieren führen, egal wie hoch die Absätze sind. Papier misshandeln. Geschirr in Restaurants neu sortieren und Fußböden untersuchen. Für kleine Kinder ist es unerheblich, ob die Elefanten und Tiger im Zoo schon in ihren Nachtzonen und daher nicht mehr zu sehen sind. Sie freuen sich genauso über die Streifenhörnchen im Gebüsch. Einfach so.

Auspacken

Ich habe keine Ahnung, ob die Blutverdünner noch wirken, dabei habe ich noch einen Anschlussflug vor mir. Daher schütte ich literweise Wasser in meinen müden Körper und lasse meine Füße kreisen. Zehn Mal im Uhrzeigersinn, zehn Mal anders herum. Atmen. Weinen. *Schlafen.* Im Traum rolle ich mit meinem Kugelbauch nach Hause. Aus dem zugigen Londoner Terminal in mein kuscheliges Berliner Bett. Doch im Ärmelkanal vernehme ich lautes Elternklagen und schlage die Augen auf. Innerhalb von 15 Minuten werden auf den Sitzen gegenüber 50 Bücher gewälzt, 3 unterschiedliche Trinkflaschen bemüht und mir wird der Schlaf geraubt. Rassel, Bär und *Elumphant* tanzen im Rotationsverfahren. Während das Kind einen umgänglichen Eindruck macht, wird der vorauseilende Gehorsam der Eltern zum **Wahnsinn**. Ich schließe die Augen wieder und träume, dass jemand das Gepäck der Familie verbrennt, den leidenden Vater vor ein deftiges Frühstück setzt und den Eltern zeigt, wie man ohne 300 Hilfsmittel einen entspannten Frühmorgen am Flughafen haben kann.

Die Wiederauspack-Liste

Windeln + Feuchttücher

Kann man überall kaufen (außer an sehr exotischen Reisezielen)

Mehr als 4 Klamottensets

Kinder gehen lieber in den Waschsalon, als man denken würde. Sie finden die Waschmittelausgabe genauso aufregend wie den Clown in der Straßenbahn. Wenn sie also innerhalb eines Tages Saft über sich geleert, in die Hose gepinkelt, das Mittagessen darauf verschmiert und sich im Matsch gewälzt haben: kein Thema. Snacks besorgen und waschen gehen.

Spielzeug, Bücher

Jeder Strohhalm, jede Keksdose, jedes Essstäbchen, jeder Luftballon wird spannender sein als das Gedöns, das man von zuhause kennt. Selbst an Flughäfen und unterwegs gibt es Schlaufen, Knöpfe, bekletterbare Sitzgelegenheiten oder ein Stück Papier, das man verbasteln kann. Und im allergrößten Notfall muss Papa dem Kind mal sein Smartphone für ein Hörspiel borgen.

Kuscheltiere, Spieluhren, Kissen

Im Urlaub ist so viel Zeit zum Kuscheln, Liebhaben und Anlehnen, dass man dafür keinen Ersatz mitnehmen muss.

Kosmetikkoffer

Zahnpasta, Duschgel, Sonnencreme. Das reicht. Wenn was fehlt, kann man es kaufen.

Spezielles Babyessen

Wer nicht gerade in ein Land mit verheerenden hygienischen Bedingungen reist, wird schon ein paar Bananen, eine Portion Reis oder ein Babygläschen finden. Und vielleicht betritt ja auch das Kind unterwegs kulinarisches Neuland und kommt als Liebhaber von Meeresfrüchten oder Curry zurück.

Mal ehrlich. Packen wir die meisten Dinge nicht ein, weil wir selbst Angst haben, uns auf etwas Neues einzulassen? Weil es in unserem Kopf vor Aufregung pulsiert, wenn wir an einen neuen Ort kommen, dessen Gegebenheiten uns nicht vertraut sind?

Und ist es andererseits nicht genau das, was wir uns von einer Reise versprechen? Neue Perspektiven, Reize, Inspiration? Wenn die Reise spannend ist, wenn die Geräusche neu sind und das Essen besonders. Wenn die Farben anders leuchten und die Luft anders schmeckt, wer braucht dann Spielzeug aus seinem Kinderzimmer? Wer braucht dann Spieluhren mit Melodien, die ohnehin nur zuhause nach Heimat klingen?

18

Wer ist hier doof?

Überall geht ein frühes Ahnen
dem späteren Wissen voraus.

Alexander von Humboldt

Spring doch

Es grünt nicht bei mir. Nie. Was der Regen nicht erwischt, ist bei mir schneller vertrocknet als Aufbackbrötchen. Die einzige Chance, als Pflanze etwas länger in meiner Gegenwart zu überleben, ist ein unglaublich delikates Auftreten. Taugt das Gewächs als Zutat für feine Speisen, halte ich es meist länger mit ihm aus. Länger heißt maximal vier Wochen. Und so erlebt selbst der schönste Rosmarin das Ende des Sommers zumeist im Biomüll. Während meine Mutter jedes Unkraut, *Verzeihung*: Beikraut, mit Vor-, Mittel- und Nachnamen anzusprechen weiß, scheine ich unter Begrünungs-Legasthenie zu leiden. Deshalb gab ich das Begrünen auf. Gelbe Blätter, traurige Knospen, hängende Blüten, Blattläuse.

Ich war immerzu ratlos. Das Gärtnern blieb mir fremd. Nicht einmal Kakteen stehen auf unseren Fensterbänken. Nur manchmal wagt sich eine Pflanze in unser Heim, getarnt als Geschenk. Zum Glück! Denn mit Blumensträußen kann ich gut leben, sie verwelken ohnehin, unabhängig von meinem Zutun.

Aber die Kinder? Ja, die Kinder. Die sollen es einmal besser haben als man selbst. Die sollen nicht völlig entfremdet von der Natur zwischen offenem Putz und Beton leben müssen. Wer will schon generalverblödete Einfallspinsel heranziehen. Vielfalt. Auswahl. Nachhaltigkeit. **Puh.** Mir schwindelt schon jetzt vor lauter naturalem Grün.

Mein Mann sagt: »Kinder müssen auch mal raus und mit Blättern spielen. Als Kind braucht man Wald und Dreck und Grün und Tiere.« Ich stimme ihm zu: »Toll, dass du das übernimmst. Denn meins ist das nicht. Noch nie gewesen.«

Dennoch versuche ich jedes Jahr aufs Neue, Pilze zu sammeln, den Balkon zu begrünen und eigene Erbsen zu ziehen. Und das nur, damit jemand sagt: »Mama, Mama, die Ebse kaimt.« Damit ich beim nächsten Parkbesuch mit Kindern nicht wieder dumm dastehe, weil ich das Springkraut nicht erkenne. »Guck mal: hier schnipsen, dann springt es. Guck mal! Einfach aufgeplatzt!« Dann erklärt mir wieder irgendein Dreikäsehoch, was eine Pappel von einer Kastanie unterscheidet, und ich scheitere an den simpelsten Kinderfragen. Dumm gelaufen. Eltern wollen schließlich mehr Ahnung haben als ihre kleinen Kinder und die der Freunde. Der Wunsch, etwas weiterzugeben, steckt in vielen von uns. Auch die Idee, angehimmelt zu werden, ist Eltern nicht fremd.

Ich kenne Menschen, die so sehr mit der beständigen Angst kämpfen, noch nicht vorzeigbar genug zu sein, um ein Kind zu bekommen, dass sie das Kinderkriegen verschieben. Dabei vergessen sie etwas Entscheidendes: Ist das Kind erst einmal da, wird es die größte Motivation sein, besser zu werden. Ich kenne Kneipensitzer, die zu Marathonläufern mutierten, und soziophobe Elternzeitpapas, die auf Spielplätzen 50 Kinder mit Karotten füttern. Dann sind da noch Stubenhocker auf Reisen, Omas im Skype-Rausch, Uropas, die umfangreiches Dino-Wissen anhäufen, und umweltverachtende Naturheilkundler. Wir schaffen und lernen und entwickeln häufig viel mehr, *weil* wir Kinder haben, *nicht obwohl.*

Opas versuchen sich im Umziehen von Barbiepuppen. Ein Smartphone brauchen sie plötzlich auch und studieren fleißig die Gebrauchsanweisung, bis sie die Bilder von den Kindern in Echtzeit abrufen können. Mein Vater kocht viele unterschiedliche Gerichte, bis die Enkel ihr liebstes entdeckt haben. Die Oma bastelt ein Schattenspiel, obwohl sie Schattenspiele doof findet. Meine Mutter sitzt im Auto und quält sich durch Schneestürme, um bei uns zu sein. Mein Mann übte sich gar im Kuchenbacken, als er den Geburtstag seines Kindes allein ausrichten musste.

Ich mache Holzverarbeitungskurse. Damit die Kleinen stolz auf mich sein können. Ich baue einen kleinen Kindersessel. Bohrend. Sägend. Schwitzend. Ich pule mit den Kindern zusammen die Tapete von den Wänden, verschiebe Möbel, löte Kabel, streiche Wände. *Und jetzt alle aus dem Weg gehen.* Mit Küchenhandschuhen bewaffnet nähere ich mich der Starkstromleitung. Überprüft, dass die Sicherung draußen ist? Fünfzehn mal. Los geht's. **Fünf Kabel. Fünf Löcher.**

Eine Mama. Die Kinder müssen die Schrauben und den Sicherheitsabstand halten. *Schraubschraub.* Deckel drauf. Sicherung rein. Die Herdplatte wird heiß und alle tanzen wie wild um die Feuerstelle. Wir können wieder kochen und alle sind mächtig stolz.

Ich tue diese Dinge, weil ich mir wünsche, dass meine Kinder klarkommen in der Welt, dass sie wissen, wie man kocht und putzt und läuft und spricht und sich benimmt und wie man einen Nagel in die Wand schlägt und einen Stuhl neu lackiert oder ein Regal aufbaut. Bei diesem Vorhaben wird die persönliche Defizitstruktur offenbar und fein säuberlich seziert. Schwächen werden klaffende Wunden, weil man sie nicht mehr vertuschen kann, wenn Kinderhände darin bohren. Du merkst deutlich, was du *nicht* beherrschst.

Diese Lücken zu füllen kostet die Zeit, von der Eltern angeblich so wenig haben. Trotzdem finden wir sie. Oder wir schaffen sie, weil unsere Kinder uns effizienter und zugleich bedächtiger machen. Durch sie ist man gezwungen, konzentrierter und produktiver zu handeln. Zumindest behaupten das viele berufstätige Eltern. Und es geht hier nicht um Geschäftigkeit, viel Wind um nichts und überbordendes Pseudo-Engagement. Die stupide Anbiederung an eine Präsenzkultur macht meiner Meinung nach nicht effizienter, sondern stumpfer. Stundenlanges, sinnloses Surfen und dann zwischen 18 und 20 Uhr die Mails abarbeiten? Weder die Arbeit noch die befruchtende Idee von Müßiggang können davon profitieren. Wer Kinder hat, muss schneller fertig werden und zusehen, dass er rechtzeitig zuhause ist oder in der Kita, bei den besten Freunden, in der Musikschule, im Supermarkt.

So gehört auch meine Zeit zwischen 16 und 20 Uhr zumeist meinen Kindern. Sie sind es auch, die schon immer wussten, dass uns das besser macht. Sie zeigen mir, wie gut es tut, eine laaaaaange Pause zu machen, in der eine Murmel wichtiger ist als mein Telefon. Ich gebe zu, ich ertappe mich dennoch häufig, wie ich in dieser Zeit Mails checke oder Anrufe beantworte.

Und die Handynutzungsdiskussionen, die allerorten geführt werden? *Alle halten permanent ihr Handy in der Hand?* Ja, das tun sie. Ob sie früher jedoch besser mit den anwesenden Menschen kommuniziert haben, sei dahingestellt. Meine Großväter und auch mein Vater waren auch ohne Handy fast immer völlig weggetreten und starrten auf Bücher, Landkarten, Zeitungen, Fahrscheine, Wörterbücher, Rechnungen, Briefe, Ordner und Notizblöcke, unabhängig von der Mahlzeit, die gerade eingenommen wurde, oder den Fragen, die man stellte. Auch meine Mutter war schon vor der Einführung des Smartphones ein Informationsnerd mit Beschäftigungsdrang. Als Kind fand ich das doof und trotzdem kann ich heute nur schwer die Augen von all dem Schriftwerk lassen.

Es kommt vor, dass ich mein Kind rufe und es bitte zu kommen. »Gleich, Mama.« Das wiederholt sich. Nochmal und nochmal und nochmal. Ich gehe, um einen Blick in das Kinderzimmer zu werfen, und beobachte, wie das Kind in ein Buch versunken ist oder Murmeln unter der Kommode sucht oder sich den Bauch krault. In diesem Moment sehe ich mich selbst dort liegen: bauchkraulend, Handy in der Hand, ***Gleich!*** rufend, ignorant. Leide ich unter Adoleszenzverschleppung? Kindliche Trotzphase mit 28? *Gleich heißt gleich.* Wenn ich mich nicht daran halte, wieso sollten es dann die Kinder tun?

Ein Vorbild sein zu wollen ist das anstrengendste und nachhaltigste am Elternsein. Aus der Nummer kommt man nicht raus. **NIE WIEDER.** Nase popeln, Messer abschlecken, schwindeln, Schuhe nicht ausziehen, Schokolade zum Frühstück, die Tür offen stehen lassen: Lass es lieber. Sie sehen alles. Was auch immer du vertuschst oder mit elaboriertem Geschwätz zu vermitteln suchst, was auch immer du anprangerst oder einforderst: Es fällt auf dich zurück durch dein eigenes Handeln. Kleine Kinder messen dich nicht an dem, was du sagst, sondern kopieren das, was du tust.

1+4 = Auto

Wir sind auf der Autobahn unterwegs und das Kind plappert fröhlich vor sich hin. »Dies ist dort und das ist da und jenes dahinten leuchtet grün. Weißt du, Papa, ich kann nachts nämlich sehr gut sehen.« Mein Mann freut sich. Es ist beruhigend, dass die Kinder offensichtlich nicht so blind sind wie ihre Mutter. Der Vaterstolz bahnt sich seinen Weg: »Wahrscheinlich hast du das von mir geerbt.« Ja, lieber Mann, du hast gute Gene.

»Nein, Papa. Das konnte ich schon ganz von alleine. Ohne dich.«

Wir müssen schmunzeln. Kinder haben ihre eigene Logik, unabhängig von Genetik, Mathematik und Geographie. So fährt unser Kind beständig mit seinem Bobbycar nach Chicago. Es fliegt mit dem Flugzeug in die Kita und es addiert Zahlen mit Gegenständen zu neuen Wortkreationen. *3 + Puppe = Drolapa.*

Ein Drolapa also. Es könnte sein, dass Ihnen oder mir heute noch ein solcher begegnet. Vielleicht trottet auch ein pinker Elefant um die Ecke. Sie werden erstaunt sein, sich fragen: *Was ist hier los? Bin ich betrunken, ohne zu wanken? War da LSD im Trinkwasser?* Und auch Ihr Baby wird sich wundern: über Sie. Nicht über den Elefanten.

Wenn für jemanden alles neu ist wie für ein frisch geschlüpftes Baby, ist auch alles zu gleichen Teilen ungeheuerlich und langweilig. Das Absurdeste ist kaum spannender als die Normalität. Für ein Baby mag Alufolie aufregender sein als ein Düsenjet. Das wird sich ändern, je mehr es weiß, und sein Wissen wird wachsen, je mehr es fragt.

Woher kommt der Regen? Was macht der da? Warum ist der Himmel blau? Wie wachsen Ananas? Warum müssen alle Menschen sterben? Wer hat den Mond gemacht? Weshalb heißt du so? Warum muss ich pupsen? Wieso bist du so alt und warum wächst du nicht mehr? Was heißt das? Warum ist das logisch? Wieso geht das kaputt? Wie kommt die Oma in den Computer? Wer macht das Wasser in den See? Warum bist du nicht blau? Ist das Kind doof? Warum hat der Mann nur einen Arm? Wann gibt es Essen?

Laut Isaiah Berlin sind *Philosophen Erwachsene, die darauf bestehen, kindische Fragen zu stellen.* Nur erwarten Philosophen glücklicherweise keine Antwort. Kinder hingegen schon. Ich gebe zu, ich bilde mir ein, einige Fragen der Kinder beantworten zu können.

»Regen?«

Verdunstung > Kondensation > Wolken > schwer > **PLATSCH** > alle nass.

»Mama, was ist Konsendation?«

Puh! Jetzt nimm bitte nicht den Weg über die Aggregatzustände. Ziehe keine fragenden Blicke auf dich. Keep it simple. Darin zeigt sich der wirklich Wissende. Also … der Regen. Irgendwie war das mit dem Regen doch nicht ganz so einfach. Wir müssen mal ein Buch dazu kaufen. Entschuldigung, Kind.

Erklärungen meinerseits führten dazu, dass mein Kind verkündete: »Mama, den Apfel möchte ich nicht mehr essen, der ist oxidiert.« Herrje. Das bisschen Sauerstoff. Aber bevor man denkt, die Kleinen würden zu geistigen Überfliegern mutieren, packen sie schon die nächste kreativ-bescheuerte Lösung aus.

»Mein rechter, rechter Platz ist frei.«

»Aber das ist deine linke Hand.« Das Kind klopft nun langsamer mit seiner Linken auf den Platz links neben sich. Irritation. Es blickt auf die Hand und stellt das Klopfen ein. Dann erhebt es seine Rechte, verkündet lauthals: »Mein rechter, rechter Platz ist frei« und beginnt mit seiner rechten Hand, über seinen Schoß hinweg auf den freien Platz links neben sich zu klopfen. Ich würde ihm seinen Fehler gerne erklären, aber das Lachen hindert mich daran. Und außerdem: So genau muss ein Dreijähriger das auch noch nicht wissen.

19

Qualitytime

Wohl dem Menschen, wenn er gelernt hat
zu ertragen, was er nicht ändern kann,
und preiszugeben mit Würde,
was er nicht retten kann.

Friedrich Schiller

Knallfarbenbunt

Plitschplatsch. Wasserspielplatz. Der steinerne Elefant spritzt Wasser aus seinem Rüssel. Dann die Robbe. Dann keines der Tiere. Alle Kinderaugen blicken neugierig umher und raten, welches Tier den nächsten Anfang machen wird. »Der Pinguin! Der Pinguin!«

Fröhliches Umhergerenne und Windeln-ins-Spritzwasser-Gehalte. Nur meine Kinder flüchten mit den Füßchen vor dem kalten Nass. **Plumps.** Da ist das Baby auf den Po gefallen und doch in einer Pfütze gelandet. Kurzes Gewimmer gefolgt von resigniertem Schweigen. *Könnte es hier vielleicht doch* *ganz amüsant sein?* Das große Kind will lieber auf meinen Schoß. Schon seit einer Viertelstunde steht es wie angewurzelt am Rand und will nur zusehen. Ich versuche es mit Ermutigungen und gutem Zureden:

»Das sieht doch lustig aus.«

»Die anderen Kinder haben so viel Spaß im Wasser.«

»Probier doch mal. Nur mit der Hand.«

»Deinetwegen sind wir doch hier.«

»Aber ja! Du wolltest doch unbedingt auf den Wasserspielplatz und jetzt sitzt du hier auf meinem Schoß.«

Ein leicht gereizter Unterton schleicht sich ein. Ich bin genervt. Das Kind wollte doch hierher, um im Wasser zu toben. Das war doch die Idee. Ich sehe das kleine Wesen auf meinem Schoß an und merke langsam, dass ich es falsch einschätze. Das Kind ist vergnügt. Es beobachtet die anderen und grinst und strahlt und überhaupt. Es wollte nicht hier sein, um zu tun, was man hier tut. Viel zu kalt. Es möchte einfach nur hier sitzen und beobachten. Warum wir dann ausgerechnet zum Wasserspielplatz fahren mussten? Keine Ahnung. Das Vorhaben, dem Kind eine Freude zu machen, ist dennoch gelungen, wenn auch anders als geplant. Das Kind sieht zu und lacht und quiekt.

Auch ich kann heute lachen. Früher dachte ich immer, wenn wir jetzt im Feuerwehrmuseum sind, dann müssen wir uns auch ALLES ansehen. Schläuche, Wagen, Leitern. Wenn wir schon am See liegen, müssen wir auch schwimmen. Wenn wir in den Bergen sind, dann müssen wir auch wandern, und wenn wir uns eine Fahrkarte kaufen, müssen wir sie ausnutzen. Aber warum eigentlich? **Pustekuchen.** Wenn wir einen

Ausflug machen, damit wir einen schönen Tag haben, sollten wir lediglich darauf achten, dass wir uns wohlfühlen. Es hat lange gedauert, aber ich meine, dass ich ebendas von meinen Kindern gelernt habe.

Ich frage meinen Mann, welche Erkenntnisse er durch seine vielen Kinder erlangte. »Ich habe gelernt, die vielen kleinen Dinge zu schätzen.«

Dieses Wegesrand-Gefasel. Ich hatte mir mehr erhofft. Zu seiner Verteidigung: Er wird gerade von dem Baby abgelenkt. **Typ!** Das Baby hat meine Ohropax am Ohr! »Ja, das spielen wir gerade. Wie hört es sich an, wenn man Ohropax an der Ohrmuschel hängen hat.«

»Aha.« *Hahaha.*

»Siehst du, da freut er sich.« Und mein Mann freut sich auch. Einfach so.

»Aber was hast du denn nun gelernt?«

»Geduld zu haben und mir mehr Zeit zu nehmen. Ich war immer auf 180. Aber mit den Kindern schaffe ich es runterzukommen. Das haben sie auch verdient.«

Ein bisschen geflunkert ist das. Muss ich ihm aber nicht sagen. Weiß er selbst. Wir reden weiter. Ich suche die Geschichte, die davon handelt, dass mein Mann etwas Eindeutiges von seinen Kindern lernte. Da kommt das Baby und schenkt seinem Vater zwei ausgelatschte Ballerinas von seiner Mutter. **DAAAA!** Einen nach dem anderen. **DAAAA!** Lautes Gelächter, bevor das Baby aufbricht, um aus einem alten Stückchen Brot ein Auto zu machen und mit *Brummbrummbrumm* ums Bett zu düsen. Der Mann lacht schon wieder. Ausgelassen. Heiter. Unbefragbar tiefenentspannt. Vielleicht hatte er gar nicht so viel zu lernen von den Kindern, weil er ohnehin laid back ist. Sogar, wenn drei seiner Kinder um ihn herumspringen und alle parallel etwas von ihm wollen.

Das Baby räumt zwischenzeitlich die verbliebenen Schuhe aus dem Regal und probiert sie an. Auch die mit Absatz. Wir anderen vier liegen im Bett und lachen und sprechen über den Feuerreiter. »Kennt ihr das noch? Das ist so ein kleines gelbes Büchlein. Da gibt es den Hauke und die Deiche, die wurden früher ganz anders gebaut. Also so und so und gar nicht flach.« Wild gestikulierende Hände malen Deiche in die Luft. »Aber der Hauke, der rechnet das mal aus. Aber damals gibt's noch den Deichgrafen …«

Kind! »Du meinst den Schimmelreiter! Hauke Haien. Theodor Storm. Reclam macht die gelben Büchlein.« Wie gern ich das las. So groß bist du schon. Und ich so alt. Wie schön!

Wie schön auch, das alles zu hören und sich zu sehen. Die Zeit mit den Kindern ist wichtig und es ist gut, wenn sie intensiv ist und ereignisreich und **PÄFÄKT!** Aber für mein Gefühl reicht es nicht, sich ein wenig Qualitytime abzuknapsen. Natürlich ist es schön, anwesend zu sein, erreichbar, 100 Prozent da, und wenn man dann berauschende Erlebnisse teilt, umso besser. Ist es aber das Einzige, was wir teilen, ist es zu wenig. Wenn das Miteinander im Nebeneinanderher auf der Strecke bleibt, ist da eine komische Leere bei uns. Wenn wir es nicht schaffen, gemeinsam einzukaufen, Wäsche zu waschen, Batterien auszutauschen, Betten zu beziehen, Bahn zu fahren, Strumpfhosen zu stopfen oder einfach nur nebeneinander abzuhängen, dann wird es seltsam. Kinder wissen das. Sie wollen sogar, dass beide Eltern zuhause sind, während sie schlafen. Nur so. Fürs Gefühl.

Glücklicherweise bin ich beruflich relativ flexibel. E-Mails schreiben, Text lernen, Termine machen, Artikel korrigieren, Drehbücher lesen, Hausarbeiten verfassen, Leute treffen, Telefonate führen, Kleider anprobieren: Die meisten Dinge kann ich erledigen, wenn es gerade passt und die Kinder in der Kita sind oder schlafen oder mit ihrem Vater im Schwimmbad planschen oder am Sonntag ein Mittagsschläfchen halten. Manches geht sogar, während sie vor mir auf dem Boden neue Möbel aus Papier basteln oder sich gegenseitig die Hände anmalen.

Meinen Kindern reicht es meistens, wenn Mama und Papa im Wohnzimmer auf der Couch sitzen und quatschen oder wenn sie sich kaffeetrinkend in ihre Magazine vergraben. Die Möglichkeit, auf einen Schoß zu kriechen, eine absurde Frage zu stellen oder jemanden um das Wunschgericht zu bitten, macht die strukturierte gemeinsame Aktion häufig obsolet. Hauptsache, alle sind da. Lachen im Bad. Glucksen hinterm Schrank. Die Stimmen der anderen genügen bereits. Ein kleiner Kuss unterwegs, ein verschmitztes Lächeln. »Guck mal, was ich gebastelt habe. Schau mal, was ich kann!«

Die Quadratur der Frau

Und wenn es mal weniger entspannt zugeht? 20 Uhr und viel zu spät. Alle sind noch dreckig und hungrig und die Zimmer nicht aufgeräumt. Dann müssen wir gemeinsam ran. Jeder macht das, was er kann. Und je kleiner die Kinder, umso lieber helfen sie mit. Sie decken den Tisch mit 20 Tellern für fünf Personen und schmeißen Müll in den Eimer. Das Baby wirft noch stolz Socken und Spielzeuge hinterher. Es erhofft sich Applaus. Die Kinder halten Gegenstände fest und üben sich im Hämmern. Sie wischen auf bzw. verteilen die Suppe über den Boden und manchmal bringen sie auch das von A nach B, worum man sie bat. Wenn ein Zweijähriges mit einem großen Besen durch die Wohnung läuft, wird es dabei nicht immer sauberer, aber der gute Wille kommt hier in besonderem Maße zum Tragen.

Überlaufende Wochen mit unverrückbaren Terminen mogeln sich immer wieder dazwischen. Berlinale oder Fotoshootings. Notwendige Treffen, Abgabetermine, Proben, Drehtage. Sie brechen über einen herein und man greift nach jedwedem Betreuungsstrohhalm. In diesen Wochen kenne ich viele Ängste und fürchte eine davon in besonderem Maße: **FIEBER.** Es funktioniert wie auf Knopfdruck und wird genau dann zum Problem, wenn man es am wenigsten gebrauchen kann. Ein heißes Kind bedeutet immer auch eine heiße Telefonleitung. Wer kann? Kannst du? Ab wann bis dann? Von wo bis dort? **HILFE!**

Ich habe gelernt, dass alles immer trotzdem geht oder eben nicht und dass es meist weniger schlimm ist als erwartet. Klar brauche ich länger für einen Text, wenn mir während des Schreibens ein Baby auf den Bauch trommelt und ich immerzu darum gebeten werde, Tee zu kochen und Bücher vorzulesen. Ich raufe mir die Haare, huste meinem Mann was, wieso er jetzt ins Büro fährt, und nagle ihn fest, wenn ich bereits verplant bin. Jobs werden dann einer detaillierten Priorisierung unterworfen: »Der Typ ist sowieso ein Langweiler, mit dem musst du dich nicht treffen.«

Wie, wenn das Essen heute Abend relevant wäre: »Es könnte ein Kunde sein.«

»Es ist mein bester Freund!«

»Gut, dann gehe ich eben zum Sport.«

Häh? Immerhin bleibt Zeit für ein kleines Gespräch zwischen Tür und Angel. Und das Kind? Das wird schon jemand schaukeln.

Auch meine Eltern hatten viel um die Ohren, als ich klein war. Trotzdem ist unser Band sehr eng. Was früher das Mithelfen in Garten und Küche war, ist heute das Besprechen von Geschäfts-E-Mails und Mietverträgen. Fake-Augenhöhe ist etwas Wunderbares, bis man mit einem Augenaufschlag wieder zum Kind gemacht wird. Ich erkenne, was meine Eltern und Großeltern geleistet haben. Meine Achtung vor Menschen, die einen Haushalt führen und sich um Angehörige kümmern, ist ins Unermessliche gestiegen, seitdem ich selbst verantwortlich bin für ein bezaubernd schreckliches Familienchaos. Chaos auch deshalb, weil ich es mit der Verantwortung nicht immer so genau nehme.

Ich gebe unumwunden zu: **Ich bin ein faules Stück.** Niemals wäre ich bereit, ausschließlich im Schatten meiner Angehörigen die Fäden zu ziehen und den Dreck aufzufegen. Immerzu wollte ich auch selbst strahlen, Dinge schaffen, Unternehmungen anschieben, lernen, reisen, gründen. Es mag ein Defizit sein, das mich antreibt. In jedem Fall bin ich aber weit davon entfernt, ausschließlich jemand anderem den Rücken frei zu halten, alle Windeln alleine zu wechseln und mich vier Mal die Woche in der Kloschüssel zu versenken. Ich bin ein Unterstützer, gerne und mit allem, was ich habe, aber nur zu 50 Prozent.

Meine Großmutter sagt: Wenn man drei Kinder im Haus hat, ist es Stress pur. Was das für eine Leistung ist, hat sie erst heute erkannt, durch die Enkel und Urenkel. »Ich habe mein Leben lang gedacht, ich habe nicht genügt, aber das muss man jetzt mal umdrehen. Wir haben einiges geleistet.« Mit 43 war sie Schwiegertochter und Mutter eines Kindes, das noch im Haushalt wohnte, und zugleich schon Schwiegermutter und bereits Oma. Vier Aufgaben zugleich. Das ist viel. Vor allem viel Arbeit. Kinder decken nicht immer gerne den Tisch oder verfrachten Wäsche in Wäschekörbe. »Imma helfen. Menno. Ich mach hier am allameistn.«

Und wie bereits erwähnt ist nicht jede Hilfe die sinnvollste. Wenn Kinder lernen, sich selbst anzuziehen, kann es Stunden dauern, bis sie mit der Hose falsch rum in Entenfüßenschuhen stecken.

»Wir könn' los!«

»Glaub ich nicht.«

Der Weg zum Bäcker ist mit zwei Kindern doppelt so lang wie früher und die Einkäufe sind fünf Mal so schwer. Antonia Baum schrieb in der *FAZ*: *Auf dem Weg zur Kita rennen, damit ich nicht zu spät komme, aber mein Kind will sich vielleicht irgendeine Blume ansehen oder findet einen Lastwagen toll, und dann muss ich es da wegziehen, weil ich im Dienst der Arbeit keine Zeit habe.*

Das beschreibt die schlimmsten Befürchtungen von Nichteltern und unterschlägt zugleich, dass wir die sind, die sich unterwerfen oder uns neben die Blume legen. Manchmal sind diese Wege auch fünf Mal so witzig. Gesäumt von Charme und Klamauk und philosophischen Phrasen. Ich sehe die *Krokússe* und ich weiß danach, wie viele Stufen die Treppe hat und dass ein Kaugummi klebt. Ich erkenne die Blumen am Wegesrand. Haben Sie schon einmal zwei Kinder auf einer Parkbank auf Ihren Schoß gesetzt und gekitzelt? Machen Sie das mal. **EMOTIONSEXPLOSION.** Der Rest erscheint sekundär, blass und fade. Arbeit und Unnützes versinken in schallendem Gelächter.

Ich muss jedoch zugeben, es hat einige Jahre gedauert, bis ich das wirklich verstanden habe. Das JETZT war noch nie meine Stärke und ist es auch heute noch nicht wirklich. Ich lebe immer in der Vergangenheit und der Zukunft und in der weiten Welt der Möglichkeiten. Die Ungeduld gehört zu den Eigenschaften, die in mir schlummern und plötzlich aus mir herausbrechen oder langsam immer weiter durchsickern. Es sind unkontrollierbare Eigenschaften, die man nie mochte, bei den eigenen Eltern nicht und bei sich selbst noch weniger. Mit denen konfrontiert man nun die eigenen Kinder, was einem eine gehörige Portion Selbstverachtung abringt. **Ungeduld im Quadrat.** Das ist eine meiner größten Schwächen.

»Jetzt nicht.«

»Ich muss noch …«

»Kannst du endlich …«

»Wieso dauert das so lange?«

»Wo bleibst du denn?«

Ahhhhhh …

Aber meine Familie ist schlauer als ich. Sie lassen mich knallhart auflaufen. Weder mein Mann noch die Kinder lassen sich von meinem gelegentlich (mein Mann sagt, es handelt sich hier um eine starke Untertreibung) aufkeimenden Effektivitätswahn anstecken. Höher, schneller, weiter interessiert am Sonntagmorgen keinen. *Schlurf. Schlurf.* Erst mal laaaaaange frühstücken. Meine Vorhaben müssen sich hinten anstellen. Sollte ich vergessen einzulenken, werden meine Mitbewohner ungemütlich. Die einfachsten Dinge werden verzögert, verschlampt und zerredet, nur um mir zu zeigen, dass mein Geduldsdefizit harmoniezersetzend wirkt. Meine kleinen Freunde sind dann nicht mehr umgänglich, sondern bockig. Meine Crew rebelliert. Meuterei am Küchentisch.

Und ich? Vielleicht reagiere ich intelligent. Früher meistens nicht. Ich ärgerte mich über mich selbst und über Bockigkeiten und Sitzenbleiben und Rumnölerei. Dabei müsste man nur auf die Kinder hören, wenn man vorhat, die Harmonie wiederherzustellen. Eine Freundin erzählte mir von einem kleinen Geschwisterpärchen, vier und eineinhalb Jahre alt. Jakob und Mia. Auch die beiden haben eine engagierte Mutter, der man gelegentlich zeigen muss, wie man entspannt durch den Alltag kommt. Sonst will die zu viel und erwartet immer was und checkt nicht, was wirklich Bedeutung hat und wieso man nicht alles immer sofort erledigen muss. Deshalb weint die kleine Mia manchmal und stampft mit ihrem gummibestiefelten Fuß auf den Boden. *Hör zu, Mama,* soll das wohl heißen. *Komm runter von deinem Ego-Organisations-alles-auf-einmal-Trip.* Die Mutter verschmilzt mit ihrer Überforderung und produziert Wortquark. Nur Jakob weiß Bescheid. Er hat schon verstanden, was hilft, wenn Diskussion und Logik und Sprache an sich an Kindern abprallen. »Mama, wenn Mia Böcke hat, dann musst du sie einfach in den Arm nehmen. Dann gehen die Böcke weg.«

Ich habe das übrigens getestet. Jedes einzelne Mal, wenn ich mich rechtzeitig daran erinnern kann, probiere ich es aus. Zeug weglegen, Uhr ticken lassen, durchatmen, Arme auf: **Komm mal her.** Wenn du es eilig hast, gehe langsam, sagt Konfuzius, und mein Kopf weiß das, seitdem ich zwölf bin. Dennoch war er beständig zu blöd, sich an die Umsetzung zu machen. Es bedurfte eines mir völlig unbekannten Vierjährigen und der Hartnäckigkeit meiner Familie, bis ich verstand, dass Böcke nur durch Umarmungen zu bezähmen sind. Also, wer ist hier doof?

20

Mach dich frei

Wo wir trinken, wo wir lieben,
da ist reiche, freie Welt.

Johann Wolfgang von Goethe

Hässliches Entlein

Zugegeben: Kinder sind anstrengend. Jedoch weiß ich aus eigener Erfahrung zu berichten: Erwachsene auch. Dennoch dürfen sie in alle Cafés und sie dürfen dort rumpöbeln, sich beschweren und schlechte Laune verbreiten. Erwachsene dürfen Zug fahren, ohne in ein Extraabteil verfrachtet zu werden. Sie können schwarzfahren, andere Leute verprügeln und auf den Boden rotzen. In Clubs versperren Betrunkene den Weg zur Bar, und darauf aufmerksam gemacht, sind sie genauso zickig wie Mütter mit 70er-Jahre-Retro-Kinderwagen vor Café-Toiletten. Vor Erwachsenen ist man wirklich nirgendwo sicher. Sie schlafen deutlich weniger als Kinder, dürfen sich frei bewegen und behindern einen bei der Arbeit, in der Freizeit und auf den Wegen dazwischen.

Auch Erwachsene machen Dinge kaputt oder verlieren sie. Sehen Sie sich nur meinen Mann an. Der kann locker mit den Kindern mithalten. Nur ist jede von ihm verlorene Sonnenbrille zehn Mal so teuer wie ein Paar Kinderhandschuhe. Andere Erwachsene schreien rum und verprügeln sich, und das, obwohl sie es besser wissen sollten. Gut erzogen und dennoch unfreundlich scheint in unserer Gesellschaft akzeptierter zu sein, als vor dem Abschluss der Erziehungsphase nicht immer den richtigen Ton zu treffen. Benehmen und Höflichkeit sind bei etlichen Erwachsenen so weit ausgebildet wie bei einem pupsenden Säugling.

In der Zeitung steht das jedoch nie. Artikel mit Heads wie *Man muss wahnsinnig sein, sich heute noch einen Erwachsenen zuzulegen* oder *Ich liebe mein Leben, ich hasse meine Freunde* oder *Erwachsenenlos glücklich* suche ich vergeblich. Stattdessen lese ich beständig, dass Kinder anstrengend sind, laut und überhaupt: lästig.

Auf facebook steht: *Ich bin ständig krank, weil ich Kinder habe* oder: *Ich bin müde, weil ich Kinder habe.* Das geht bis hin zu: *Ich bin arm, blöd, faul, dreckig, erbärmlich, Single, fett, einsam oder einfach nur überfordert.* Alles wegen der Kinder. Jemand schreibt: *Ich kann nicht mehr arbeiten, weil ich ein Kind habe.* Die Follower kommentieren fleißig: *Ich habe Angst davor, Kinder zu bekommen, weil auch ich dann nicht mehr arbeiten kann oder leben.* Hilfe bietet keiner an.

Funktioniert das wirklich so? Wir haben Angst vor Kindern, weil es in der Zeitung steht? Was wurde und wird nicht permanent durch die Befürchtungsmaschinerie gedreht? Angst vor Lebensmitteln, Angst vor Kunststoff, Angst vor Genmais, Angst vor BSE, Angst vor Lärm, Angst vor uns selbst. Doch hört die pro-phobiotische Leserschaft deswegen auf, Päckchensuppe zu essen und Zahnpasta mit Nanopartikeln zu benutzen? Nein. Wir leben weiter. Unvernünftig und gedankenlos mit Burgerresten zwischen den Zähnen und fahlem Nachgeschmack. Sogar Kinder werden geboren, entgegen jeder Vernunft. Das Gefühl, das wir dabei haben, ist nur beschissener geworden. Ein schlechtes Gewissen gegenüber uns selbst beschleicht uns. Wir fühlen uns unsicher.

Früher hat man Kinder einfach bekommen. Meine Oma sagt: »Sie waren eine Leistung.« Auf der Agenda standen sie ganz weit oben, das Must-have im Wirtschaftswunder-Nachkriegsglück. Man brachte sie durch. Was sie kosteten, wurde bezahlt. Selbstverwirklichung zählte weniger. Ob das Gefühl für das eigene Leben immer ein gutes war, ist fraglich. Glück, Selbstfindung und Work-Life-Balance: Fehlanzeige. Dafür konnte man den Eindruck gewinnen, alles ordentlich zu machen und auf der richtigen Seite zu stehen. Man war gut, wenn man ein Heim hatte und einen Beruf und Kinder und diese zur Schule schickte und in die Welt.

Während meiner Schulzeit war ich der Genmais. Oder sagen wir mal: Ich war die BSE-Kuh. Zwar hatte ich Arme und Beine, aber der Gesamteindruck war wirr und unbeholfen. Meine Augen verdrehten sich so sehr, dass sich viele an ein Chamäleon erinnert fühlten. Wegen meiner Brille und den selbstgenähten Hosen, den dürren Beinchen, die mir den Spitznamen Storch einbrachten, und den dünnen Haaren machte man mich glauben, ich wäre hässlich. Na ja, wahrscheinlich war ich auch ein wenig hässlich. Zumindest hatte ich Grund zur Annahme, die anderen hätten Recht. Ich sah mich nie um und fragte, wer hier aus welchem Grund oder auch gar keinem als schön gilt. Das System war so angelegt, dass die Mehrheit Recht hatte. Oder die, die laut waren.

Wenn ich heute auf Filmpartys gehe, fühlt sich das häufig an wie auf Schulpartys in der Aula. In den Ecken wird getuschelt, gelästert, geknutscht. Vor kurzem hörte ich eine Schauspielerin auf der Bühne sagen: »Wenn Schauspieler so gelassen tun, wie sie immer tun, dann ist das: Schauspielerei.« Erleichtertes Lachen auf den Rängen. Alle Darsteller fühlten sich ertappt und befreit. Trotzdem denken wir immerzu, die anderen wären wirklich lässig und wir die Idioten. Ich fühle mich unwohl bei solchen Events und habe Angst hinzugehen. Eine nervöse Unruhe beschleicht mich. Ist das Kleid zu eng? Passt die Tasche? Was denken die Leute? Wirkt mein Lächeln so verklemmt, wie es sich anfühlt? Falle ich hin? Stehe ich auf? Stehe ich das durch?

Schon der römische Kaiser Marc Aurel verstand dieses Phänomen nicht: *Ich habe mich stets gewundert, warum jeder sich selbst am meisten liebt, aber seines Nachbarn Meinung über sich höher schätzt als seine eigene.* Meistens würde es schon reichen, nur auf die zu hören, die wir achten, die wir schätzen, deren Stil wir bewundern, die wir lieben. Vielleicht könnten wir uns dann, aufgrund unseres Bauchgefühls, aufgrund eines echten Gesprächs, aufgrund einer Geste, für ein Kind oder dagegen entscheiden. Wen interessiert überhaupt, was in der Zeitung steht?

Kinderaufbewahrung

Unsere Kita in Hamburg war ordentlich, gut geführt, vegetarisch, mit selbstgebackenem Brot und einem Konzept, das sich der permanenten Weiterentwicklung verschrieben hatte. Und sie war **anstrengend**. Nicht für Menschen wie uns gemacht. Abweichungen vom Normalplan mussten rechtzeitig gekannt, mitgeteilt und in einem dafür angelegten Buch notiert werden. Wich man von den bereits kommunizierten Änderungen ab, wurde es problematisch. Hatte man keine Notizen gemacht, glich das einem Affront. Die beinah doppelt so alten Mütter blickten mich abschätzig an und die Erzieherinnen mäkelten, dass sie so wenig über uns wüssten. Ich fühlte mich unter ständiger Beobachtung. Alle meinten es gut, aber so viel gut ließ mich so fürchterlich schlecht aussehen. Manchmal schafften wir die Abholung nicht selbst und schickten Freunde oder Verwandte, die zu Besuch waren. Ganz spontan. Aber *spontan* war nicht im Sinne der guten Ordnung. WIR waren nicht im Sinne der guten Ordnung.

Unsere jetzige Kita in Kreuzberg ist anders. Am Kottbusser Tor ist Vielfalt angesagt. Neulich fragte ein Bekannter: »Wenn ihr so viele unterschiedliche Nationen im Kinderladen habt, lernen die Kinder dann auch schon Fremdsprachen?« Er stellte sich das wie eine Art internationalen Kindergarten vor, in dem es unterschiedliche Sprachförderkurse gibt. Aber so ist das nicht. Unsere Kita bemüht sich, dass alle Kinder erst einmal Deutsch lernen, der Rest kommt von allein. Mit vier kann unser Kind *ekmek* und *teşekkürler* sagen. *Brot* und *danke* auf Türkisch. Und wenn er diese Worte beim Bäcker um die Ecke zur Anwendung bringt, dann hat die türkische Verkäuferin

Tränen in den Augen und schmeißt eine Runde Kekse. Da lohnt sich die Fremdsprache sofort und wird nicht für ein weit entferntes Berufsleben gepaukt. Die Kinder sind zwischen eins und sechs, zwischen italienisch und chilenisch und schwäbisch. Auch Berliner habe ich schon gesehen. Wer zu spät kommt, ruft an. Wer es nicht schafft zu backen, bringt Fertigkuchen mit und zum Elternabend gibt es Rotwein und Tiefkühlpizza.

Ob das besser ist? Woher soll ich das wissen? Jedenfalls fühlt es sich besser an. Für mich. So egoistisch darf man sein, denke ich. Wer weiß schon so genau, wie Kinder aufwachsen müssen? Krankenkassenmagazine veröffentlichen permanent neue Studien. Evidenzbasierter Blödsinn. Kann man glauben, muss man aber nicht. Studien sind toll und ich liebe Forschung, aber ich kann mit dem Kindergroßziehen nicht warten, bis alles zu Ende untersucht und gegengeprüft ist. Gerade in Fragen der Ernährung oder der Erziehung kommt man mit Doppelblindstudien nicht weit. Die Beobachtungsmöglichkeiten sind begrenzt, die Einflussfaktoren unendlich und der gesunde Menschenverstand und unser Gefühl häufig verwirrt.

Wenn man in Ratgeber-Regale blickt, ist das Spektrum noch weiter und die Verwirrung noch näher. *Das Baby: Inbetriebnahme, Wartung, Instandhaltung*. Oder: *So beruhigt sich Ihr schreiendes Kind*. Woher wissen die Autoren, wie mein Baby funktioniert? Es handelt sich hier doch nicht um einen Kleinwagen, gleiche Serie, gleiches Baujahr. *Jedes Kind kann schlafen lernen*. Wirklich? Kinder schlafen vom ersten Tag an, und zwar meistens dann, wenn sie müde sind. Ihr Schlafbedürfnis läuft nur nicht immer synchron zum Timing der Eltern. Muss man sich deswegen verrückt machen und die Zeit, in der das Baby schläft, damit verbringen, solche Bücher zu lesen? Man könnte sich auch zu dem Babyknäuel kuscheln. Ein Schläfchen halten. Danach sieht die Welt viel schöner aus.

Nudeln mit ohne Soße

Die meisten Familien scheitern am Alltag: am Fensterputzen, an der falsch ausgedrückten Zahnpasta, an der kaputten Glühbirne. Sie scheitern am Bitten ohne *bitte* und am Bittenmüssen. Sie scheitern an den nicht gekauften Windeln, an nicht gekochtem Essen und an unaufgehängter Wäsche. Er sagt: »Ich würde für dich durchs Feuer gehen.« Sie denkt: »Es würde mir schon reichen, wenn du den Biomüll rausbrächtest.« Aber er wird den Müll nie runterbringen, bevor dieser nicht im flüssigen Aggregatzustand angelangt ist und sein beißender Geruch nach Raumbelüftung verlangt. Und so wird das Liebespärchen von einst wütend bleiben, Groll hegen, enttäuscht sein.

Aber wenn der Alltag so ein verdammtes Problem ist, warum lassen wir ihn dann nicht einfach mal weg? Mach doch mal was anders, wenn der Trott dich nervt. Schnapp dir deine Familie und raus mit euch. Pilze sammeln statt Pilze kaufen oder Sterne gucken statt Biene Maja. Oder abspritzbare Latexanzüge für Groß und Klein oder Sofas mit Plastikbezug oder Müllvermeidung durch permanentes Woanders-Essen. Gemüsedöner für zwölf Euro für alle und dabei einen Haufen Zeit gespart. Rohkost statt Kochen und nackt statt Klamotten und Schwimmbad statt Badewanne und Haare ab statt Haare kämmen.

Im Beruf sollen wir kreativ sein und mit brillanten Ideen jonglieren. Bei der Arbeit sollen wir uns neu erfinden und den Rest der Welt dazu. Wenn die große Werbeagentur Jung von Matt auf der Suche nach neuen Kreativen ist, klingt das so: *Mit langjähriger Joberfahrung in einer Kreativagentur hat der ideale JvM-Art-Director die Fähigkeit, ungewöhnliche Konzepte zu entwickeln und Ideen in bahnbrechende Kampagnen umzusetzen. Er verliert nie den Anspruch, quer zu denken, um kreative Exzellenz zu produzieren. Dabei kann er locker die gesamte Werbemittelklaviatur bespielen, kann große Shootings sowie Drehs betreuen und hat Erfahrung im Online-Bereich.*

BAHNBRECHEND! Gesucht ist jemand mit dem Kopf in den Sternen, der dennoch den nächsten Sprint vor Augen hat. Die Zukunft soll zurechtgeschustert werden nach unseren Vorstellungen. Neu. Individuell. Modular. Die Produkte der Zukunft. Privat gilt das nur fürs Bett. Auch da sollen wir kreativ sein, zumindest suggerieren das all die Zeitschriftencover, die man im Bahnhofskiosk passiert. Für Frauen und für Manner gilt: *So wird es heiß und Abwechslung macht sexy.* Und ansonsten: Fischstäbchen und Sandmännchen, wie bei Muttern. Und Baden und Eier und Staubwischen bis zur Rente. Käsekästchen spielen und immer korrekt sein. Nix mit Abwechslung und *Ich hab kein' Bock.* Familie bedeutet für viele nur zu funktionieren, Anwesenheit suggerieren und hoffen, dass keiner merkt, dass man gerade lieber woanders wäre. Genau genommen geht das in vielen Partnerschaften schon vor dem Kinderkriegen los, aber da sieht man wenigstens noch das Fluchthintertürchen Trennung. Mit der Geburt des ersten Kindes fällt diese Tür gefühlt erst einmal ins Schloss. **BUMM**.

Aber wäre es nicht für alle besser, wenn jeder mehr auf sich selbst hören würde? Wenn du Silvester nicht magst, dann bleib doch im Bett, und wenn du Kinder nicht magst, dann bekomm keine, und wenn du Sex haben willst, dann verführ sie. Oder ihn. Wenn du ins Kino willst, dann geh hin. Und wenn es dir genügt, dich einmal in der Woche diametral zu all dem zu verhalten, was du sonst so tust: warum nicht? Hör einfach auf, mir zu erzählen, was du nicht kannst, und sag mir, was du willst.

Standpunkt. Haltung. Klarmachen. Entern. Es ist doch deine Familie, deine Frau, dein Mann, deine Ex, dein Kind, dein Auto, dein Schnupfen, dein dicker Bauch. Deine Muskeln, die da schlappmachen, dein Klavier, das in der Ecke verstaubt, deine Jugend, die vorbeizieht. Dein Alter, das du nicht genießt, dein Wesen, dein Herz, deine Natur, die du unterdrückst.

Und wenn alles zu viel ist? Wenn man nicht aufstehen kann und mag? Durchhängen, Nein sagen, schwach sein, Liebe fordern, Hilfe wollen. Das ist Familie doch, oder? In meinen Augen sollte sie das zumindest sein. Auffangen und Platz lassen. Gestalten und mitmachen. Besser werden und gar nichts machen. Niemand muss abends ausgehen oder die Welt bereisen oder Sport treiben oder musizieren oder reich werden. Man kann die Muskeln auch mal hängen lassen. Oder beständig hängen lassen. Faulheit als *Signature Move*. Warum nicht?

Ist doch egal, wie die Familie im Fernsehen aussieht, wie oft die Nachbarn ihr Bett beziehen und was die angesagten Erziehungsblogs diskutieren. Kategorischer Imperativ und drauf gepfiffen. Manchmal schmecken Nudeln ohne Soße besser und dann geht es auch mal so. Und meistens ist Soße drauf und Punkt. Wieso wird überhaupt ständig erörtert, wann und wie viel Kinder essen? Häufig wird über sie gesprochen, als kämen sie allesamt mit einer angeborenen Essstörung zur Welt. Penibel wird notiert, wann welches Möhrchen mit wie viel Nährstoffen den Magen des Kleinkindes erreicht hat. Wir machen uns verrückt wegen Gluten und Zucker und Milch und Eiweiß und Soja und Vitamin B12 und angeblichen Allergien und wegen unserer eigenen Angst.

Oh, pardon! Jetzt komme also ich und sage: **Entspann dich!** Komm runter! Lass gut sein und iss ein Stück Torte? Das ist mindestens so wenig zielführend, wie Eltern zu vermitteln, dass sie ihre Kinder nachts wecken und füttern müssen. Ich bin nicht für antiautoritäre Regellosigkeit, sondern dafür, dass jeder selbst entscheidet, wie eng das Korsett, das er sich gibt, geschnürt werden sollte.

Novalis sagt: *Freiheit ist wie Glück, dem schädlich, jenem nützlich.* Wer sich also entspannen will und den Dingen ihren Lauf lassen, kann das tun. Wer sich selbst geißeln will, hat ebenso freie Bahn. Mach dich frei davon, eine abhängige Entscheidung treffen zu müssen, und unterwerfe dich der Konvention, wenn es dir das Schlafen erleichtert.

Das große Phänomen: Wir denken, wenn wir etwas für andere tun, worum uns niemand bat, dürften wir Dankbarkeit erwarten. Aber da kommt keiner. Niemand sagt: *Schön, dass du etwas getan hast, worauf du keinen Bock hattest und das niemand ernsthaft brauchte.* Und das wird auch so bleiben. Keiner hat dich gebeten, an deine Grenzen zu gehen oder mehr zu leisten, als du kannst. Du bist Eltern, mach es dir gemütlich.

21

Lebensretter

The really important kind of freedom involves attention, and awareness, and discipline, and effort, and being able truly to care about other people and to sacrifice for them, over and over, in myriad petty little unsexy ways, every day.

David Foster Wallace

Viel hilft viel

DINGDONG. Ich glaube, ich träume. Aber da ist es noch einmal: **DINGDONG.** Ich blicke auf die Uhr. 10:07 Uhr am Sonntagmorgen. Wer könnte das sein? Wir waren gerade dabei, unter dem Stimmengewirr einer amerikanischen Serie wieder einzudösen. Die Kinder sind im Augenwinkel unter meinen auf Halbmast hängenden Lidern zu erkennen. Sie bewerfen sich mit Konfetti. Oder sind das Tischtennisbälle? Kinderlachen. Wird schon gut gehen. **DING-**

DONG. DINGDONG. Also: aufstehen, Hose anziehen, nachsehen.

Ich versuche über die Gegensprechanlage zu kommunizieren, aber meine Stimme ist noch nicht ganz da. Ich drücke auf den Summer und lege den Hörer wieder auf. Vielleicht die Post? Am Sonntag? Unwahrscheinlich. Tür öffnen und in den Hausflur horchen. Ich vernehme leise streitende Stimmen. **Meine Großeltern!** Eigentlich sollten sie erst heute Nachmittag eintreffen, so gegen 15 Uhr. **BUMM!** Vor Schreck habe ich die Haustür wieder zugeschlagen. O.k. Ich habe nun einige Treppenstufen lang Zeit, meine Hose zu schließen und einen Haargummi zu finden, um mit dessen Hilfe eine Art anständige Frisur zu kreieren. Und Socken, liegen hier irgendwo Socken? **MIST!** Die Kinder! Joghurt aus den Haaren kämmen, Pullover anziehen, Spielzeug in ihr Zimmer schießen. Wo ist eigentlich der Mann? Schlafzimmer: **Aufstehen! Jetzt!** Meine Großeltern sind da. »Whot? Es ist doch viel zu …« Schlafzimmertür schließen. Kontrollblick. Atmen. Wohnungstür öffnen. Hallo! Was macht ihr denn schon hier?

»Ich konnte nicht schlafen. Außerdem waren die Straßen leer.« Kein Wunder, so früh am Morgen. Meine Großmutter war bereits um 4 Uhr aufgewacht. Das ist keine Ausnahme, doch normalerweise greift sie in solch einem Moment zur Zeitung, anstatt das Haus zu verlassen. Um jedoch schnell bei den Urenkeln zu sein, jagt sie den Großvater aus dem Bett und lässt ihn alles Notwendige ins Auto verfrachten. Dicke Decken, Wasserflaschen, Mitbringsel. Sie selbst bringt belegte Butterbrote und eine Thermoskanne aus der Küche. So kann man auch ohne Pause die sechsstündige Autofahrt durchhalten. Meine Großeltern überstehen sie hervorragend und mit bester Laune. Beide über 70 und voller Elan. Im Schlepptau eine nahezu lebensgroße Nachbildung für die Kinder: ein Kran. Überdimensioniertes Glück. Leuchtende Kinderaugen. Aufgeplusterte Freudentänze. Meine Großeltern sind im Leben der Kleinen eine Art Synonym für Wunscherfüllung, Süßigkeiten und Aufmerksamkeit. Jeder Schritt der Kinder wird von ihnen beäugt und beachtet. Sie laufen mit den Kleinen die weitesten Wege und puzzeln die längsten Stunden. Kaum jemand widmet sich den Kindern mit so viel Zeit und Engagement. Kaum jemand hat so viel Zeit und Ruhe.

Schneideroma

In der Kindheit meiner Großmutter gibt es all das nicht. Keine exorbitanten Spielzeuge und keine überbordende Aufmerksamkeit. Ihre Mutter verliert sie bereits als Säugling, kurz nach der Geburt. Das Gitterbettchen steht noch einige Tage am Krankenbett, bis die Mutter wegdämmert und endgültig gegen den Brustkrebs verliert. Meine Großmutter wächst bei ihren Großeltern und zwei Tanten auf. Wie soll ihr Vater, ein Witwer mit Beruf, dieses Schicksal auch alleine bewältigen? Der Familienverbund muss den Säugling auffangen. Die hinterlassene Lücke muss geschlossen werden. Die Familie kümmert sich.

Tatsächlich zeigt sich hier der Vorteil des Lebens auf dem Dorf: Wie in der Familie meiner Großmutter wohnen in vielen ländlichen Gegenden auch heute oft mehrere Generationen und Geschwister in fußläufiger Entfernung. Nahezu jeder hat sein eigenes kleines Haus. Umziehen ausgeschlossen. Du gehst über die Straße und kannst Hilfe erwarten. *Hallo. Könntest du mal kurz mit mir mein Garagentor aus den Angeln heben?* Manchmal wird die Hilfe nicht freudig gegeben, aber das Verantwortungsgefühl obsiegt zumeist. Du verschenkst Zucchini aus dem Garten und bekommst dafür Unterstützung beim Nähen der Faschingskostüme. Du backst Kuchen für die Kommunion des Nachbarkindes und dir wird beim Hausbau geholfen. Du schleifst den Sohn nach Hause und bekommst dafür die Anerkennung der Mutter. Du bist in den gleichen Vereinen und auf dem gleichen Sommerfest. Man kennt sich. Aus der Schule, aus der Kneipe, aus der Sporthalle. Das schafft Verbindlichkeiten und unausweichliche Nähe.

Mit 14 Jahren ist die Schulzeit meiner Großmutter beendet. Sie beginnt eine Schneiderlehre, bestehend aus Knopflöchern: zuschneiden. Knöpfe annähen. Maß nehmen. **Knopflöcher.** Das Nähen von Hand fällt ihr schwer. Als Linkshänderin mit rechts nähen zu müssen, gilt es erst einmal zu erlernen. Sie wohnt noch immer in ihrem Ersatz-Elternhaus, doch wohl fühlt sie sich dort nicht. Ausziehen ist unvorstellbar, aber sehnlichst erwünscht. *Gemach, gemach.* Nach der Lehre, mit 18, geht sie fort. Sie geht in einen fremden Haushalt in einer fremden Ortschaft. Frische Luft schnuppern und sich nützlich machen. Herr Doktor und seine Frau benötigen Hilfe. Hier lernt meine Großmutter aus einem dicken Kochbuch, wie man für einen Arzthaushalt mit zwei Kindern das Essen bereitet. Unerfahren und unerschrocken. »Als junger Mensch kann man das. Aber man überschätzt sich auch.«

Nach einem Jahr kehrt sie in ihr Heimatdorf zurück. In der Fremde lernte sie putzen und kochen und haushalten. Nähen konnte sie schon zuvor und so sitzt sie wieder an der Maschine in der Schneiderei. **Rtrtrtrttrtrtr… rtrttrtrttrtrt…** Lärm und Staub und Stofffetzen. Da bleibt weder Zeit noch Geld. Manchmal jedoch geht sie ins Kino, vielmehr in ein Wirtshaus mit Fernseher, und manchmal geht sie mit Freunden aus. Immer wieder einmal sieht sie dabei den Jungen, auf den sie schon als 12-Jährige ein Auge geworfen hatte.

1964. **TAMTAMTATAM TAMTAMTATAM.** Hochzeitsglocken. 21 und 22 sind meine Großeltern da und verliebt. Und Liebe ohne Hochzeit ist damals auf dem Land noch nicht möglich. Im gleichen Jahr kommt das erste Kind, mein Vater, zur Welt. »Wir hatten ganz hartnäckige Pläne und keinen Verstand. Und Geld schon mal gleich gar nicht.«

Aber da ist der Wille, es sich schön zu machen, sich etwas aufzubauen, über sich selbst hinauszuwachsen. Ohne die Familie ist das allerdings unmöglich. Die gegenseitige Hilfe bleibt unabdingbar. Und so wohnen sie während der ersten Ehejahre bei der Tante. Das eigene Haus muss erst noch gebaut werden.

Mein Großvater wird Vertreter für Landmaschinen und in seiner Freizeit führt er die Bewirtschaftung der Felder seiner Eltern fort. Landwirtschaft rund um die Uhr. Die Arbeit soll den Kredit für das Haus abbezahlen. In der Zeit von Vollbeschäftigung und dem Willen zum eisernen Sparen ist das nichts Ungewöhnliches. Zudem versucht man selbst zu machen, was man kann. Nachbarn und Freunde helfen beim Betonieren. Und Luxus ist nicht geplant. Meine Großmutter fragt sich gelegentlich, ob das Sparen immer der richtige Weg war. »Und sich nie etwas gönnen.«

Um das dringend benötigte und ersehnte Geld zu erwirtschaften, gibt sie ihre eigenen Kinder nach den obligatorischen sechs Wochen Mutterschutz, die einem nach der Geburt zugestanden werden, tagsüber zu Großmutter und Tante. Später folgt der Kindergarten. Morgens um 7 Uhr muss sie das Haus verlassen. Sie verbringt die Tage in der Näherei. Kleider, Blusen, Jacken. Streng, aber attraktiv ist der Job. Das Akkordnähen wird abgelöst vom Stundenlohn. An der Maschine ist sie gut, kann andere Näherinnen beraten und Probleme lösen.

Nur ein Problem ist nicht lösbar: der Niedergang der deutschen Textilindustrie. **PLEITE. AUS. VORBEI.** Die Schneiderei wird zur Fabrik, die schönen Kleidungsstücke zu simplen Unterwäscheteilen und der Stundenlohn wird wieder zum Akkord. Die Industriemaschine rattert und diktiert den Takt für den immer gleichen Arbeitsgang. 20 Jahre lang, jeden Tag.

Beim zweiten Kind, das sieben Jahre später geboren wird, arbeitet sie nur noch halbtags. »Das war dann viel besser.« Der Nachmittag gehörte den Kindern und dem Haushalt und den notwendigen Reparaturen und dem Garten und den Nachbarn und den zu flickenden Hosen. Zeit für sich hatte sie nicht eingeplant. Und womöglich ist das der Grund, weswegen sie sagt: »Heute würde ich es nicht mehr so machen. Immer so wenig Zeit mit den Kindern. So verbissen schaffen, nur weil man so viel haben will.«

Konsterniert blicke ich sie an, habe keine raffinierte Antwort parat. In gewisser Hinsicht lebe ich ein ähnliches Modell. Eines, in dem alles unter einen Hut gestopft werden soll. Muss man womöglich auf Enkel und Urenkel warten, um sich Kindern wirklich widmen zu können?

Die Geschichte der deutschen Nachkriegsfrau als Heimchen am Herd kenne ich aus meiner Familie jedenfalls nicht. Die

60er-Jahre-Fernsehwerbewelt hat sich an der Realität vieler vorbeigeschmuggelt. Zwar erscheint es evident, dass die Frauen den Herd beherrschten, die Hemden bügelten, die Hosen flickten und die Böden schrubbten: aber immer erst dann, wenn sie von der Arbeit nach Hause kamen. Die berufstätige Mutter ist keine Erfindung der letzten Jahrzehnte, die in schiefgewickelten Emanzenköpfen geboren wurde. Die arbeitende Mutter war und ist schlicht durch alle Epochen hindurch eine ökonomische Notwendigkeit.

Hardcore-Feministinnen mit Berufswunsch erscheinen zwar neu und sind engagiert, aber ihre Innovationskraft bezieht sich viel mehr auf die Berufsfelder, die sie erobern wollen, denn auf die weibliche Arbeitskraft per se. Mag es sein, dass nicht die arbeitende Mutter das Feindbild darstellt, sondern das Bedürfnis nach Selbstdarstellung, das Frauen heute für sich reklamieren? Die Arbeitsleistung der Frau war schließlich schon immer hoch begehrt. Nur dass sie Anerkennung dafür fordert, das ist neu und geht scheinbar gar nicht.

Gärtneroma

Auch meine zweite Großmutter arbeitet immerzu. Eine Gärtnerlehre nach dem Krieg, als junges Mädchen mit roten Fingernägeln und Lidschatten und zwischen lauter Männern. Sie pfeift auf vieles und hat es doch oft schwer. Sie beißt sich durch und pachtet mit meinem Großvater eine Gärtnerei. Dort bindet sie Blumen und Blätter zu Sträußen. Kränze für Gräber und Türen, Gemüse für alle und jeden, Stecklinge, Balkonkästen, Gärten. Die älteren Damen, Tata und Emmi, denen die gepachtete Gärtnerei gehört, kümmern sich derweil um meine Mutter und meinen Onkel. Auch hier sind es viele Hände und der Glaube daran, dass die das Kind schon schaukeln werden.

Zwischen den Rosen und Tomaten bleiben die Kinderaugen omnipräsent. Erst die der eigenen Kinder, dann die der Enkel und heute schon gelegentlich die der Urenkel. Und wenn die Arbeit zwischen Setzlingen und Bewässerung getan ist, dann steht häufig der Schreibtisch zwischen ihr und dem Feierabend. Stundenlang sitze ich als Kind neben meiner Großmutter, stempele Briefumschläge, die sie bereits geöffnet hat, und sehe ihr zu, wie sie Ziffern in Geräte hackt.

Das Dorf

Aber wie war es noch früher? Wer hat damals die Kinder aufgezogen, sie umsorgt, gehegt und sie hinter den Ohren gewaschen? Wenn es kein Hirngespinst der Moderne sein soll, dass Mütter sich ausschließlich den Kindern widmen, woher stammt dann diese Idee? In der klassischen Bauernfamilie, bei den Nomadenvölkern, im Mittelalter und in der Steinzeit: Nirgendwo lässt sich ein eindeutiges Mutter-Rundumbetreuungs-Bild entdecken. Arbeitende Kinder, Sippenstrukturen, Adoptionen, erziehende Väter, Kinder, die ausschließlich durch Ammen versorgt wurden – alles war möglich. Diversität scheint die einzige Konstante in der Geschichte der Kindererziehung zu sein. Vielleicht sollten wir dies öfter bedenken, wenn wir Familien vorzuschreiben versuchen, wie sie ihren Alltag gestalten sollen.

Jean Liedloff beschreibt in *Auf der Suche nach dem verlorenen Glück,* wie das Volk der Yequana im Dschungel Venezuelas lebt und seine Kinder großzieht. Dabei macht sie immer wieder deutlich, dass die Frauen ihren täglichen Aufgaben nachgehen und die Kinder zwar dabei, aber mehr oder minder frei sind. Sie ahmen nach und fordern ein, werden aber weder aktiv erzogen noch aktiv mit Liebe überschüttet. Soziales Verhalten entsteht durch die Vorbilder und das Miteinander. *Ich sah kleine Yequana-Mädchen schon ab drei oder vier Jahren sich vollverantwortlich um Kleinkinder kümmern. (...) Obwohl man Jungen kleine Kinder selten für längere Zeit anvertraut, nehmen sie sie doch sehr gern auf und spielen mit ihnen.*

Könnte es sein, dass Kinder auch mit anderen Kindern, Erwachsenen oder Tieren abhängen dürfen, statt uneingeschränkt von ihren Eltern betreut zu werden? Offenbar benötigt man mehrere Menschen, um einen Familienverband zu schmieden und durchzubringen. Ob es um die Versorgung der Kinder oder um die der Alten geht: Menschen sind aufeinander angewiesen. Und es scheint, als hätten Eltern schon immer arbeiten müssen, um zu ernähren, zu leben, zu entwickeln. Dass die Vereinbarkeit von Familie und Beruf ein unlösbares Problem darstellt, scheint mir das einzig Moderne an dieser Thematik zu sein.

Vielleicht liegt ein Teil des Problems hier: Familien sind heute nicht mehr breit aufgestellt. Die Sippe hat ausgedient. Wir wandern aus und umher. **Suchen. Finden. Lieben. Fremde.** Seit dem Pillenknick haben wir weniger Geschwister und immer seltener wohnen diese im Haus nebenan. Große Entfernung und große Entfremdung. Manchmal ist es schwer dagegenzuhalten.

Meine Großeltern sind heute Urgroßeltern. Mehrfach. Und ich bin dankbar, dass meine Familie wenigstens vertikal betrachtet gut aufgestellt ist. Denn die Hilfe, die meine Großeltern und Eltern hatten, benötigen auch wir. Und zum Glück handelt es sich hierbei nicht um eine Einbahnstraße: »Diese Freude, dass man zwei Urenkel hat. Bei den Enkeln will man noch erzieherisch eingreifen. Aber jetzt ist da nur Freude.«

FREUDE. Da ist das Wissen, dass man die Kinder nicht mehr lange beim Älterwerden begleiten kann. Aber so lange wie möglich wollen meine Großeltern sich noch einbringen. Wollen fit und gesund bleiben. Sie möchten gerne noch mehr Zeit mit den Urenkeln verbringen. Großeltern und Urgroßeltern hätten die Kinder deshalb gerne in der Nähe statt 800 Kilometer entfernt. Doch wenn ich beruflich in eine andere Stadt fahren muss, dann bin ich froh, wenn dort jemand wohnt, bei dem wir zusammen ein Zuhause finden können. Ich bin dann zwar viel unterwegs und arbeite, aber die Kinder haben Oma-Opa-Urlaub mit Mama-Anschluss.

Die Begeisterung für den Nachwuchs ist bei den Großeltern nicht zu überhören und noch weniger zu überspüren. Mir kommt das sehr entgegen. Ich hege die Hoffnung, dass es noch eine Weile so bleibt, auch wenn wir uns in Sachen Erziehung nicht immer einig sind. Teilweise prallen Welten aufeinander, wenn unterschiedliche Generationen an dem gleichen Wesen herumerziehen. Doch Helfer müssen nicht immer perfekt sein. Denn Hand aufs Herz: Wir Eltern sind schließlich auch nicht immer perfekt!

In unserer ersten bayerischen Wohnung war ich noch sehr klein. Ich kann mich daher nur an wenige Dinge erinnern.

Auf meinem Bettgestell klebte eine Südmilchkuh, die mich abends in den Schlaf schmatzte. Eines Morgens stand ich in besagtem Bettchen und spielte mit einem kleinen grünen Tacker. Wie er dorthin kam? Keine Ahnung. Ich speicherte, wie gesagt, nur die wesentlichen Ereignisse aus dieser Zeit. Jedenfalls spritzte **BLUT!** Das erinnere ich detailgetreu. Ich hatte mir knallhart in den Finger getackert. Ich brüllte lauthals, trotz dezentem Unrechtsbewusstsein. Ein prägendes Erlebnis. Die einzige Sache, die ich aus dieser Phase genauso deutlich vor Augen habe, ist der Besuch meiner Tante.

Sie hat große, helle Augen und noch größere Locken. Ich finde sie zauberhaft. Sie kann Kleider für Barbies nähen und alles zeichnen, was ihr vors Auge kommt. Strich, Strich, Strich und das Gesicht sieht aus wie du. Sie liest vor und singt und spielt Klarinette im Orchester und trägt dabei Uniform. Zur Fasnet, so nennt sie die schwäbisch-allemannische Fastnacht, tanzt sie auf der Bühne in der Allzweckhalle. Ihre Kostüme sind farbenfroh. Glitzer. Satin und Klackerstiefel. Überhaupt trägt sie alles, was auch ich einmal tragen möchte, wenn ich nur endlich so groß bin wie sie. Auf ihrem Nachttisch steht eine Lampe, deren Schirmchen vom Stoff befreit wurde. An dem weißen Metallgerüst finden sich nebeneinander aufgehängt Ohrringe aller Art. Teilweise sind sie aus selbstbemalten Holzperlen handgefertigt. Ich bin so klein und soooooo verliebt. Wenn ich meine Großeltern besuche, sage ich immerzu: *Ich schlaf erst, wenn die Tante pommt.*

Ihre Locken wippen in unserer Küche beim gemeinsamen Frühstück. Und dann das: Sie macht mir ein Camembert-Brot! Ich bin begeistert. **Wow!!** Mein Kinderkopf spuckt Faszination aus. Das kann sie also auch, obschon sie eindeutig nicht den Erwachsenen zuzuordnen ist. Ich beobachte sie genau. Die Handgriffe sitzen. Wie macht sie das bloß? Meine Eltern können wegfahren. Die braucht hier keiner. Die Tante und ich ziehen das durch. Zusammen sind wir 17 Jahre alt, also fast schon 18, und ein Spitzenteam. Sogar Wäsche waschen kann sie. Die Maschine schleudert und tuckert und macht irgendwas, nur nicht das, was sie soll. Meine Erinnerung besteht eigentlich nur noch aus pitschnassen Füßen und einem überschwemmten Flur. *Trief. Tropf.* Sie hatte das Bullauge nur kurz und vorsichtig geöffnet und damit eine meiner ersten Erinnerungen in mein Gehirn tapeziert. Dennoch war sie eine fantastische Hilfe, weil sie meinen Eltern Freiraum ermöglicht hatte und mir ein bisschen Abenteuer bot.

Im Endeffekt gilt es wohl zu begreifen, dass der gute, der schlechte und der mittelmäßige Einfluss auf unsere Kinder von uns selbst ausgeht – und von vielen anderen auch. Ich bin oft gut für meine Kinder und manchmal bin ich haarsträubend schlecht. Eine Mischung aus Ekel Alfred und einer Hexe, die drakonische Strafen verhängt. Das liegt nicht daran, dass ich per se ein böser Mensch bin, sondern daran, dass ich manchmal nicht mehr genug Energie habe. Müder, abgestandener Stress trifft auf Schlafsehnsucht und unerledigte Aufgaben. Kindergeschrei klingt in diesen Momenten lauter, schriller, nervtötender, als es eigentlich ist. Ich nehme mir dann das Recht heraus, auch am Samstagabend Freunde zu fragen, ob sie nicht am Sonntag mal drei Stunden mit den Kindern in den Park gehen wollen. *Und feiert nicht zu lange … damit ihr morgen fit seid!*

Die Verwandten und Freunde meiner Eltern waren da, als ich klein war, und haben auf mich aufgepasst. Und so erleben es auch meine Kinder. Wenn Menschen mir vorwerfen, ich sähe meine Kinder weniger als eine Vollzeitmutter, dann haben sie damit Recht. Und trotzdem ist daraus keine Bewertung abzuleiten. Ich bewundere Eltern, die sich vollständig der Familie widmen und darin aufgehen, aber ich wäre in diesem Konzept eine unglückliche Mutter. Wer berufstätige Eltern fragt, warum sie überhaupt Kinder haben, wenn sie ihren Nachwuchs täglich für acht Stunden in eine Kita geben, dem möchte ich zwei Dinge sagen: Zum einen ist die Vorstellung davon, dass Eltern sich ausschließlich ihrem Kind widmen, eine sehr unrealistische, die sich in der Menschheitsgeschichte nie manifestieren konnte. Zum anderen sind acht Stunden Betreuung an gewöhnlichen Werktagen nicht dazu gemacht, Eltern und Kinder zu entfremden. Die meisten Eltern verbringen das komplette erste Jahr mit ihrem Kind und viele noch einige Zeit darüber hinaus. Sie sind da, wenn die Kinder fiebern und wenn sie einfach mal zuhause bleiben wollen. Da sind die Nachmittage und Abende, die Schließtage, die Wochenenden, die Ferien. Eltern wachen nachts auf, wenn kleine Wesen frisches Wasser brauchen oder einen Kuss auf die Stirn. Sie bringen den Kindern Fahrradfahren bei und zeigen ihnen die Badeseen der Region. Eltern verbringen Zeit mit den Kindern in der Kita zum Laternenlauf und zum Sommerfest, für Renovierungsarbeiten und zur Weihnachtsfeier, zum Elternabend und zur Theatervorführung. Sie streiten mit den Kleinen und leben ihnen vor, wem sie einmal ähnlich sein könnten. Ist das Kind kränklich, entscheiden sich viele Eltern für einen Homeoffice-Tag, wenn sie die Möglichkeit dazu haben. Sie wischen die Kotze vom Boden, ohne sich zu ekeln, und sie lesen fünf Mal das gleiche Buch vor, weil sie dem kleinen Wesen eine Freude machen möchten. Die meisten Eltern sind für ihre Kinder da, auch wenn sie gelegentlich Hilfe in Anspruch nehmen.

Dass Eltern dennoch oft ein schlechtes Gewissen haben, ist unausweichlich. Wenn ich beruflich für einige Tage weg bin und in traurige Kinderaugen blicke, dann zerreißt es mich fast. Aber ist das nicht Strafe genug? Reicht es nicht aus, dass Eltern sich beständig damit konfrontiert sehen, niemandem hundertprozentig gerecht werden zu können? Müssen sie tatsächlich noch von fremden Personen belächelt und vorgeführt werden? Wäre es nicht sinnvoller, Eltern zu helfen, ihrem eigenen Anspruch gerecht zu werden?

Ich glaube daran, dass es Kindern guttut, mehrere Bezugspersonen zu haben und dabei eine andauernde Diversität zu erleben. Ich möchte nicht allein prägenden Einfluss nehmen. Ich wünsche mir ein beständiges Netz aus Männern und Frauen, Jungen und Alten, Reichen und Armen, Herzlichen und Vernunftbasierten, die gemeinsam in meinen Kindern Bilder von Möglichkeiten säen, die ich alleine nie produzieren könnte. Deshalb klaue ich mir eine Familie von hier und dort zusammen, verbinde meine Blutsverwandten und meine Seelenverwandten, mache Freunde zu Paten und Babysitter zu Familienmitgliedern, die mit uns Weihnachten feiern. Ich brauche diese Hilfe, um mir meine Träume erfüllen zu können, und ich muss meinen Träumen nachgehen, um eine glückliche Mutter zu sein.

22

Erzieh mich nicht

Geduld ist ein Pflaster für alle Wunden.

Miguel de Cervantes Saavedra

Kinder sind auch nur Menschen

»NEIN! Meine Mama sagt, wir müssen erst Eis essen, dann Brot. Doch! Und wir gehen immer erst ins Bett, wenn wir dolle, dolle müde sind. Aber wir sind jetzt noch nicht müde. Gääääähn.« Wenn ich nicht anwesend bin, entwickeln meine Kinder seltsame Vorstellungen von meinen Erziehungsansätzen und proklamieren diese öffentlich. Haarsträubende Aussagen und fantasiereiche Essensideen werden den betreuenden Personen um die Ohren gehauen: »Meine Mama kocht Linsensuppe aber nicht so, sondern mit süß.«

Es gibt die bärenstarken Felsen in der Brandung, die sich den Kindern entgegenstellen und ihnen die gezuckerten Spaghetti verweigern. Es gibt sie, die einsamen Kämpfer in der Prärie, die es wagen, Freundlichkeit zu fordern, und sich den

Kindern mit strengem Blick entgegenstellen. Das sind Erziehungsgehilfen der Eltern, die mit Äpfeln und Spaziergängen bewaffnet gegen den Flimmerkistenterrorismus zu Felde ziehen. Sie sind die tapferen Gegner der Rasselbandenfantasie, die beständig Gefahr laufen, in Ungnade zu fallen.

»Mannometer, alter Peter.«

»Dann bin ich aber nicht mehr dein Freund!«

Tatsächlich wirkt diese Drohung aus einem Kindermund so vernunfterweichend, dass viele Barrieren gestürzt werden können.

Bestechung. So lautet die Devise. Nicht die Karten auf den Tisch, sondern lieber ein Video runterladen. Mancherorts fliegen den Kindern geflügelte Buletten in den Mund, gefolgt von Schokopops und neuem Spielzeug. Und das ist erst das Frühstück. Bitte, danke und ganze Sätze werden unnötig in diesem Kinderparadies, aus dem kaum einer der kleinen Racker abgeholt werden möchte. Einmal sagte ein Kind zu meinem Vater: »Opa, mehr Apfel.« Ich blickte es erstaunt an und bat darum, das Wort *bitte* zu verwenden. Die Antwort kam prompt: »Aber Opa läuft doch schon.« Bestechende Kinderlogik. Erziehung: chancenlos.

Ein Großelternpaar im Kaufhaus mitten in Berlin: Der Fahrstuhl summt, alle steigen ein und sind ratlos. Sie wollen meinem Kind einen Bademantel kaufen. Sie hatten gefragt, was wir benötigen oder möchten, und einen Bademantel brauchen wir. Kinderkleidung wäre die richtige Abteilung. Aber wo ist die?

»Hängt hier irgendwo ein Plan?«

Welch ein Glück: Das Kind drückt den richtigen Knopf. Das kleine Wesen weiß Bescheid und kennt sich bestens aus.

Tür zu, losgedüst und **gelandet**. Einziger Fehler in der Kaufhausmatrix: Der Knopfdruck beamte die Familie direkt in die Spielwarenabteilung. Das Kind behauptet freimütig, hier gebe es auch Kleidungsstücke, man müsste nur erst dies und das und jenes umrunden und dann durch den Fluss aus Schleichtieren schwimmen. Da stehen sie nun, die Großeltern. Zwischen Fisher-Price-Soundmaschinen, Legotigern und grinsenden Barbiepuppen verwandeln sich alle Pläne zu Staub. Das Kind fängt an zu leuchten und die Falle schnappt zu.

Es klingelt an der Tür und ich freue mich. Glückliche Kinder und eine Einkaufstüte. Aber … Moment. Die Tüte ist viiiieeel zu groß für einen Bademantel!? Bademäntel für eine ganze Bundeswehrkompanie würden darin Platz finden. Was ist passiert?

Die Großmutter sieht mich entschuldigend an. »Das Kind wollte immer nur zu den Spielsachen. Es hatte gar keine Ruhe beim Anprobieren der Bademäntel.«

In der Tüte befinden sich lebensgroße Spielgefährten für die Kinder und in meiner Hand steckt Geld für den Bademantel. Das Vorbeischleusen von Kindern an einer Spielwarenabteilung bleibt Elternsache.

Selbst im grauen Kerker namens Zuhause können Unregelmäßigkeiten auftreten. Getreu dem Motto *Wenn die Katze schläft, tanzen die Mäuse auf dem Tisch* wird das fahle Grau in Farbe getunkt. Gemüsesuppe verwandelt sich in gesüßten Milchreis, Aufräumen bedeutet plötzlich nicht mehr, Dinge in Regale und Kisten zu sortieren, sondern sie möglichst geschickt unter Möbeln verschwinden zu lassen. Das Wort *bitte* versteckt sich in einer Ecke und umziehen heißt nicht mehr einen Schlafanzug zu verwenden, sondern nur noch, die Hose abzustreifen und mit dem ganztägig getragenen T-Shirt unter die Decke zu schlüpfen. Wenn ich zurück bin, blicke ich in unschuldige Kinderaugen und ausweichende Papablicke. Ich merke: Hier stimmt was nicht. Aber keiner sagt mir, was los ist. Hier ist das detektivische Gespür einer Mutter gefragt. Instinktiv riecht, fühlt, erfasst sie die kleinen und großen Schandtaten der kindlichen Bevölkerung. Langsam beginnt die Fassade zu bröckeln. Die ersten Unregelmäßigkeiten werden deutlich. Die dreckigen Fingernägel kommen auf den Tisch und die Füße in die Dusche. Jetzt werden die Fehler der anderen wieder durch meine Fehler ersetzt.

Andere Menschen machen Dinge anders. So einfach ist das. Wenn ich die Verantwortung für meine Kinder für eine bestimmte Zeit in andere Hände lege, muss ich auch akzeptieren, dass diese Person ihre eigenen Regeln und Grenzen hat. Das gilt auch für Bestechungsmethoden und Zuckersirup. Wenn jemand bereit ist, sich an meine Vorgaben zu halten, nachfragt und mit meiner Meinung im Einklang ist: perfekt. Mehr geht nicht. Ein Sechser im Lotto. **YAY!** Doch wenn jemand andere Vorstellungen hat und sich nicht einlassen kann oder will oder verständnislos auf das Intervenieren der Eltern reagiert, muss man ihn machen lassen. Die Alternative ist harter Streit, sich einander vorenthalten, den Kontakt reduzieren und bezahlte Kinderbetreuung in Anspruch nehmen.

Vorlesen. Zugstrecken bauen. In den Zoo gehen. Fingerfarben malen und Purzelbaum machen sind Trumpf, wenn es darum geht, mich oder gar beide Eltern zu ersetzen. Stundenlang müssen die Betreuenden Museumsbesucher spielen oder zu behandelnde Krankheiten vortäuschen. Zeit ist das beste Mittel, um sich die Gunst der Kinder zu sichern. Wenn es mal nicht so gut läuft, dann wird auf Hilfsmittel zurückgegriffen. Auf Kleinigkeiten, Großigkeiten und Regelerweichungen. Und wenn ich ehrlich zurückblicke, dann weiß ich, wie dankbar ich als Kind für jedes Stück Schokolade und jede Barbie war, die ich an meinen Eltern vorbei zugesteckt bekam.

Auch in der Kita herrschen andere Regeln als zuhause. Jeden Tag haben zwei andere Kinder Tischdienst. Zuhause sind es immer die zwei gleichen, die mithelfen müssen, dennoch gibt es in der Kita kaum Diskussionen darüber. Hausschuhpflicht und Zähneputzen sind dort kein Problem. Und obwohl es in der Kita immer Nachtisch gibt, wird zuhause nicht darauf gepocht.

Ich glaube nicht, dass Kinder dadurch verwirrt werden, dass unter verschiedenen Umständen unterschiedliche Regeln herrschen. Sie spielen damit und lernen für die Zukunft. Jedes Gegenüber ist eine individuelle Nuss, die es zu knacken gilt. Kinder scheinen ein gutes Gespür dafür zu haben, wo man ansetzen kann und wie man unter die Schale gelangt. **Haps.** Schon haben sie dich verspeist.

Todesverachtung

15:30 – Kontrollanruf: »Bist du heute Abend pünktlich? Ich muss um 19:00 Uhr los.« Was er mit entspannter Stimme vorträgt, wird in meinem Kopf zum Vorschlaghammer: **NOPE. VERGESSEN.** Der Herr geht selbst essen. Besonders wichtig natürlich. Unverschiebbares, lebenswichtiges Pastahäufchen.

16:02 – Runterkochen auf Telefoniertemperatur, zum Handy greifen und den ersten Babysitter **nicht** erreichen. **16:24** – Die zweite Absage, der Abschiedsabend in der eigenen WG ist wichtiger. Verständnis und Ratlosigkeit. **16:57** – Duschen und Nachdenken. **17:39** – **DIE LÖSUNG:** Ich besorge ein paar Flaschen Wein, stelle sie kalt und maile meiner Babysitterin das Rezept für das beste Kartoffelgratin der Welt. *Süße, die Party steigt bei uns.* **18:30** – Während sie einkauft, putze ich die Wohnung auf Betretbarkeitsniveau. **19:20** – Eintreffen der Retterin. **19:22** – Haare flechten, Schuhe putzen, Wimpern tuschen, Kleid bügeln, Nägel lackieren, Schlüssel, Handy und Geld suchen. **19:24** – Vom Balkon aus in das wartende Taxi springen und losfahren. **01:30** – Die Veranstaltung verlassen. Keinen Schuh verlieren und in Windeseile heimfliegen. **06:30** – Das beste und glücklichste Elternstück der Welt sein.

BESTECHUNGSKARTOFFELGRATIN

(für 4 hungrige Personen oder für 8 als Beilage)

ZUTATEN

1,5 kg festkochende Kartoffeln
200 g fein gehackte Schalotten
1 große fein gehackte Knoblauchzehe
50 g Butter
50 ml Noilly Prat
200 ml fruchtig-trockener Weißwein
250 ml Schlagsahne

500 ml Milch
geriebene Muskatnuss
Salz und Pfeffer

ZUBEREITUNG

Zunächst müssen alle Kartoffeln geschält, gewaschen und fein in Scheiben gehobelt werden. Damit sie nicht braun werden, gibt man die Scheiben in eine Schüssel mit kaltem Wasser, das sie bedeckt.

Die Schalotten in einem Topf mit 40 g Butter anschwitzen. Dann den Knoblauch dazugeben und mit Noilly Prat ablöschen. Den Wein hinzugeben und die Flüssigkeit stark einkochen. Gewürzt wird mit Salz, Pfeffer und reichlich Muskat. Nun die Kartoffeln, die Sahne und die Milch hinzufügen.

Während die Kartoffeln bei mittlerer Hitze für ca. ½ Stunde im offenen Topf garen (gelegentlich umrühren, damit sie nicht am Boden festbacken), 2 Auflaufformen mit der restlichen Butter einpinseln. Sind die Kartoffeln weich, so wird die Masse umgefüllt und unter dem Backofengrill 5–10 Minuten gratiniert. Das Gratin sollte eine goldbraune Decke haben.

Meine Kinder in fremde Obhut zu geben ist nicht immer optimal, aber auch nicht zu verachten. Es wendet sich nicht gegen die Kleinen, sondern gegen den Verlust. So wirkt es dem

Tod einiger wichtiger Dinge entgegen: Bildung, Elan, Freiheit, Tresennächte mit harten Jungs, Genuss, Konzertbesuche, Rumhängtage, Fitness, Muse, Leidenschaft für alles Mögliche, Sex, Tanzen, Unsinn machen, und nicht zuletzt stellt die gewonnene Zeit sich dem Tod der Liebe entgegen.

Eltern sind auch nur Menschen. Sie brauchen Zeit für sich und füreinander. Eltern sollten nicht vergessen, dass sie ein Paar sind, das einmal den Rest des Lebens miteinander verbringen wollte. Es gibt diesen berühmten Satz von Ayelet Waldmann: *Wenn eine gute Mutter ihre Kinder mehr liebt als alles andere, bin ich keine gute Mutter. Tatsächlich bin ich eine schlechte Mutter. Ich liebe meinen Ehemann mehr als meine Kinder.* Er stammt aus ihrem Buch *Böse Mütter*, in dem sie ihr Leid klagt und erklärt, wie freudlos sich das Hausfrauendasein für sie darstellte. Ohne Job war sie nur noch eine halbe Person.

Ich glaube nicht, dass man so weit gehen muss, die Liebe für die Kinder und den Partner gegeneinander aufzuwiegen. Zu unterschiedlich sind die Gefühle und sie unterliegen auch zu vielen Veränderungen. Einen Säugling liebt man signifikant anders als einen Aknebehafteten Teenager, der die Küche verwüstet und seine Schuhe nicht auszieht. Die Liebe zu den Kindern ist eine Liebe ohne Zukunft. Das Baby, das wir zum Fressen gern haben, wird es in einem Jahr nicht mehr geben. Das Wesen, das wir in- und auswendig kennen, wird Geheimnisse entwickeln. Wir werden nicht mehr Tisch und Bett teilen. Werden nicht merken, wann das Kind aufsteht oder wann es gerne einschläft. Nicht alle von uns werden am Telefon mit ihren Kindern über Sexpraktiken, Musikstile und die Arbeit philosophieren können, selbst wenn wir uns das wünschen würden. Die meisten Kinder wollen doch spätestens in der Pubertät nicht mehr mit Mama kuscheln und ziehen nach circa zwanzig Jahren aus. Unser Partner wird möglicherweise bleiben.

Und dann bleibt man als Elternpaar zurück und hat sich nichts mehr zu sagen? Womöglich hat man dann verlernt, gemeinsam im Bett zu liegen und zu atmen. Aber ist es im Sinne der Kinder, zu ihren Gunsten die Beziehung zu dem Menschen zu vernachlässigen, den man im Idealfall als seine bessere Hälfte betrachtet?

Lieben. Brauchen. Fest. Geben. Können. Du. Ich. Nehmen. Immer. Bleiben. Halten. Das repetierende Sehnsuchtsgewächs Beziehung schafft Nähe und braucht Pflege. Und was haben die Kinder davon, wenn die mühsam gezogene Pflanze verkümmert, weil man vor lauter Windeln das Wesentliche übersieht? Einen sauberen Po und geschiedene Eltern.

Ich denke, dass mein Mann besser versteht, wer ich bin, und dass er selbst die Wahrheiten kennt, die man den Kindern nur schwerlich zumuten kann. Deshalb ist diese Beziehung für mich genauso existentiell wie die zu meinen Kindern.

Der britische *Guardian* stellte eine Studie der Open University vor, nach der Paare ohne Kinder eine bessere Beziehung haben als jene mit Kindern. Zwar ist es so, dass Mütter sich glücklicher einschätzen als kinderlose Frauen; dies gilt aber nicht unbedingt für Männer. Kinder scheinen Frauen über unglückliche Beziehungen hinwegzutrösten, dennoch zeigt sich klar, wie zersetzend Kinder auf eine Paarbeziehung wirken können. Was schlicht daran liegt, dass man weniger Zeit und Energie füreinander hat.

Wer bedrohte Eltern sieht, sollte ihnen daher im Notfall kein Raben-Prädikat ausstellen, wenn sie an ihrer Beziehung arbeiten wollen. Er sollte ihnen eine Babysitteragentur bezahlen und ein Hotelzimmer. Er sollte für sie Champagner regnen lassen und ihnen danken, dass sie nicht weglaufen und alles noch komplizierter machen, als es ohnehin schon ist. Es ist doch schön, wenn die beiden nicht die Jugendämter mit Unterhaltsberechnungen belasten und ihre Umwelt mit Hasstiraden über den Expartner. Beziehung ist harte Arbeit. Aber nach einer Trennung immer noch eine erträgliche Beziehung zu führen, ist ungefähr so kompliziert, wie alleine ein Ikea-Möbelstück aufzubauen. Während du an der einen Seite etwas befestigst, bricht an der anderen Seite wieder etwas zusammen, fällt herunter und zerbirst.

Natürlich geht es manchmal nicht anders. Natürlich entpuppt sich manche Frau als zerstörerische Zicke und manch ein Mann als egomanischer Vollidiot. Natürlich ist nicht jeder in allen Lebensphasen liebenswert. Trennungen sind besser als Amokläufe und Scheidungen oft besser als ungeklärte Verhältnisse. **PENG! PUFF! AUS!** Das muss auch mal sein. Ein sinkendes Schiff muss man verlassen dürfen, um sich selbst zu retten.

Dennoch bin ich kein Patchwork-überzeugter Wiederholungstäter. Schließlich bin ich von Natur aus schon verpatchworkt genug. Unsere Familie wirkt wie ein kleinteiliger Quilt mit allerhand aufgenähtem Musterwerk. Strukturen. Formen. Farben. Alles gemischt. Meine Eltern sind geschieden, verzogen, neu verheiratet. Es hat lange gedauert, bis meine Schwester, die meine Halbschwester ist, verstand, wieso wir getrennte Großeltern haben, die jeder von uns alleine besucht. Und auch für meine Kinder bedeutet das Irritation.

»Wenn Oma und Opa deine Eltern sind, warum wohnen sie dann nicht zusammen?« Wie erklärt man das einem vierjährigen Kind? *Weil sie sich sonst die Köpfe eingeschlagen hätten. Guck sie dir an, die passen doch nun wirklich nicht zusammen.* Das tut keinem weh und dennoch macht es das Leben nicht immer leichter. Die vier Kinder meines Mannes haben alle verschiedene Halbgeschwister von unterschiedlichen Eltern. Mit manchen wohnen sie zusammen, manche sehen sie selten. Dieses Durcheinander würde die meisten Menschen überfordert zurücklassen. Da gibt es viel zu organisieren und an allen Ecken und Enden bleibt jemand unzufrieden zurück. Kein Wunder, dass es ohne fremde Hilfe kaum geht.

Aber wie ist es denn zuhause, wenn wir nicht da sind? Ich habe mich darangemacht, unsere Babysitterin zu befragen, wie sie das sieht: »Hast du das Gefühl, dass es unseren Kindern schadet, wenn wir ausgeflogen sind?«

»Ich denke nicht, eher im Gegenteil. Sie lernen dabei, mit anderen Menschen umzugehen. Die Erkenntnis, dass du immer wiederkommst, reicht oft schon, um mit anderen klarzukommen. Du bist zwar die wichtigste Person, aber nicht in jeder Minute lebensnotwendig. Andere Kinder drehen durch, wenn ihre Eltern mal nicht da sind, das tun eure nicht.«

Ich bin also nicht lebensnotwendig und andere Kinder vermissen ihre Eltern mehr, wenn diese mal weg sind. Na toll. Bei uns klappt auf der anderen Seite gar nichts, wenn wir keine Hilfe haben. Da muss der Babysitter schon mal einspringen und mir auf dem Weg zur Kita Geld leihen. Die Geschichte ist schnell erzählt: Mutter ohne Geldbeutel versucht, Weihnachts-Bastelkram zu kaufen. Jetzt. Ausweichtermine nicht vorgesehen. Das Kleingeld in den Tiefen der Handtaschenritzen wird nicht reichen. Außerdem brauche ich noch einen Fahrschein. Mit Kindern schwarzfahren? Vorbild und so. Wir haben fünf Minuten, um am Kotti (Kottbusser Tor) den richtigen Bankautomaten zu finden. Blick auf die Uhr, Blick auf die Banken. **Fuck off.** »Ich zahl die Abhebegebühren.« *Mist.* »Danke. Wir müssen looooos!«

Aber denkt unsere Babysitterin deshalb manchmal, wir sind verrückt? ***Ja!*** Kannst du das nicht weniger unverhohlen zum Ausdruck bringen? »Verrückt muss ja nicht unbedingt negativ belegt sein. Aber eure ganze Lebensführung ist irgendwie ungewöhnlich. Von ganz außen ist es ein funktionierendes Konstrukt und unter der Oberfläche absolutes Chaos, das willkürlichen Begebenheiten entspringt.«

»Aber es gibt doch eine Art Grundordnung?«

»Ja, aber die muss immer wieder aufs Neue mit hohem Aufwand hergestellt werden.«

»Und das liegt an uns? Ich dachte, es wären die Umstände!«

»Nee, das seid auch ihr. Ihr sucht euch das auch so. Das Leben mit euch ist nie ganz überraschungsfrei.«

Aha. »Und wäre überraschungsfrei besser?«

»Besser nicht, aber leichter bestimmt. Dann wäre es aber auch nicht mehr euer Leben.«

Was ist das eigentlich: Unser Leben? In jedem Fall ist es eines, in dem viel möglich sein soll, und dann wird gestopft und gezerrt und verschwendet und gefaltet und gedacht, bis alles in einen einzigen Tag gepresst ist. Und morgen wieder. Da ist dieser ganz große Hunger nach mehr und die ungezähmte Lust auf Neues und Altes. Irgendwo lungert immer auch das vorprogrammierte Scheitern herum und sucht nach Gelegenheiten, sich einzubringen. Und natürlich wollen wir auch gute Eltern sein, nur eben auf unsere Art. Mit all diesen Macken und Kanten und Unzulänglichkeiten, die wir haben. Die doch die meisten von uns haben.

Viele Menschen glauben, gute Eltern wären immer startklar, immer verantwortlich und adrett gekleidet. Jedoch, wer zu oft am eigenen Perfektionismus scheitert, ist nicht weniger liebens- oder achtenswert als der, der seine Grenzen kennt. Wir alle brauchen Luft zum Atmen und Regen auf der Haut. Und manchmal wollen auch Eltern loslassen und mitten auf der Straße schlechte Lieder singen. Sich mal gehen lassen wie Homer und Marge. Eltern haben das Recht, ein großes Familienhelfernetz zu spinnen, und es ist schön zu sehen, wie oft Menschen darin kleben bleiben.

Da werden Freunde zu Elternvertretern und Großeltern zu Freunden. Meine Eltern sind glücklicherweise gesellschaftskompatibel und so lade ich zu einem Essen mit ihnen häufig noch andere Leute ein. Und weil wir Gelegenheiten gerne nutzen, bringen meine Eltern manchmal weitere Freunde mit. So ist unser Wohnzimmer häufig voll mit Matratzen für Übernachtungsgäste und die Tischdecken sind selten wieder sauber zu bekommen. Und morgens wissen die Kinder immer genau, in welchem Zimmer der größte Service zu erwarten ist: Sind andere Kinder zu Besuch, sind diese natürlich erste Wahl. Aber Großeltern und andere Erwachsene sind auch nicht zu verachten. Wer traut sich schon, Nein zu sagen, wenn die Kleinen fröhlich anklopfen und nach Spiel und Spaß verlangen. Ich kann mich in diesen Momenten nochmal umdrehen, mich in den Arm nehmen lassen und dem Gelächter lauschen.

23

Liebe ist dicker als Blut

Ein unerschütterliches Herz den Dingen gegenüber,
die von außen kommen; ein rechtschaffenes
in denen, die von dir abhängen.

Marc Aurel

Wir rennen und eilen und schnappatmen uns durch die Zeit, in der die Kinder klein sind, und durch die haushohen Herausforderungen, wenn sie größer werden. Als Batman und Catwoman fliegen wir mitten in die Probleme hinein und werden mit zerrissenen Kostümen wieder ausgespuckt. Und da liegen wir dann und holen Luft, um schließlich wieder allein auf der Straße zu sitzen. Wir spielen Pingpong mit Coladosen und fragen uns, wo die Zeit geblieben ist. Dann sieht man sich, vielleicht das erste Mal seit Jahren wieder, tief in die Augen. Man fragt sich, ob Catwoman schon immer graue Haare hatte. Es steht ihr. Aber sie bräuchte ein neues Kostüm.

Auch der Kerl ist noch zu gebrauchen. Ein, zwei Falten hier und da. Er besorgt ihr einen neuen Overall und vielleicht bringt er auch Orangensaft mit.

Die Vorstellung ist schön und romantisch, aber was, wenn man sich im Häuserkampf aus den Augen verliert und sich am Ende nicht wiederfindet? Manchmal ist nur ein Rest von dir übrig, ein mickriger Schluck in einer schon lange geleerten Flasche. Du wärst gerne allein. **RUHE!** Alles nervt und reizt und stinkt und verpestet die Umgebung. Familie bedeutet oftmals durchhalten, Rücksicht nehmen, stark sein. Austeilen und einstecken und das Hinterfragen auch mal sein lassen. Die Philosophin Agnes Heller sagte in einem Interview: *Es gibt keinen Gewinn ohne Verlust. (…) Der Sinn des Lebens ist zu leben. Wir sind in die Welt geworfen, es gibt keine alternative Geschichte.*

Kinder kommen und gehen und werden trotzdem immer bleiben. Erst in der Rückbetrachtung wird das gemeinsam Vollbrachte die dafür aufgewendete Anstrengung überstrahlen. Das beginnt schon mit der Geburt. Während sie stattfindet, schwören sich die meisten Frauen: **Nie wieder!**, und dann bringen sie doch noch weitere Kinder zur Welt. Die Mühen haben sich gelohnt. Der Fieberwahn, die Streitereien, die kaputte Vase, das Himbeerpüree auf dem wollweißen Kaschmir-Alpaka-Gemisch. **Vergessen!** Was bleibt, ist das Gefühl, gemeinsam überlebt zu haben, gemeinsam gelebt zu haben, gemeinsam gelacht, geweint, gefragt, gesucht, gedacht, gefühlt zu haben.

Mit unseren Verwandten sind wir verbunden, auch wenn wir uns angenehmere Zeitgenossen vorstellen könnten. Doch viele wenden sich auch ab und finden ein neues Zuhause. Viele Menschen sprechen nicht mit ihren eigenen Geschwistern, aber mit denen des Partners. Sie haben sich eine neue Familie geschaffen. Deshalb ist der Standardsatz *Freunde kann man sich aussuchen, Familie nicht* heute nicht mehr angebracht. Familie ist Entscheidung und nichts, das uns einfach so passiert.

Liebe ist dicker als Blut! Die Klammer einer jeden wirklichen Familie ist nicht die der angeborenen Verwandten, sondern die der Wahlverwandtschaften. Wir entscheiden uns für oder gegen Patchwork-Kinder, Schwiegermütter, die Freundin des Bruders, den Liebhaber der Tante und nicht zuletzt für den eigenen Partner. Familie ist das, was wir wählen, hegen, pflegen und entwickeln. Sie wird das sein, wozu wir es machen. Familie ist unser Garten. Hier stehen Solitäre neben der rahmenden Hecke. Hier entstehen symbiotische Verbindungen zwischen alten Bäumen und jungen Pilzen. Hier finden sich hübsch blühende Rosen, die nur Schmuck sind, und unscheinbares Unkraut, das die Schmetterlinge nährt. Hier hat alles seine Berechtigung und greift ineinander. Es wächst und gedeiht, blüht und verblüht.

Und so verblüht auch das Leben. Die Angst vor dem Tod kam erst mit den Jahren und die vor körperlicher Versehrtheit erst kürzlich. Womöglich gilt die Gleichung: Je steifer die Knochen, umso weniger wollen wir es selbst verschuldet haben. Ich habe keine Ahnung, wie es sich anfühlt, alt zu sein, obschon die Zeiten, in denen ich mich jung fühlte, durchaus vorüber sind. Ich habe keine Ahnung, was von mir bleibt und wer ich sein werde. Ich habe keine Ahnung, ob meine Kinder jemals zu schätzen wissen, was ich für sie getan habe. Wer ist schon dankbar, dass einem jemand die Windeln gewechselt hat? Und wieso auch? Das wusste man doch vor der Schwangerschaft. Woher soll ich wissen, ob wir einander auch in Zukunft werden ertragen können, ob wir Themen teilen und Meinungen. Widerspruch. Vorwürfe. Ablehnung. Das kommt in den besten Familien vor.

Unabhängig davon, wie sich die Verhältnisse innerhalb unserer Familie entwickeln und wohin unser Leben uns führen wird, unabhängig davon, wie meine Kinder mich in Zukunft sehen, wohin ihre Wege sie bringen und in welche Richtung sie denken werden: Ich habe gegeben, in den meisten Situationen frei von dem Bedürfnis, etwas dafür zu bekommen. Ich kann für das, was ich für sie tue, von meinen Kindern keine Gegenleistung erwarten. Im Verhältnis zu meinen Kindern weitgehend ohne Sehnsucht nach Anerkennung zu sein gelingt mir vielleicht deshalb, weil ich diese auf anderen Ebenen suche und finde. Das wiederum schafft Raum zu sehen, was meine Kinder mir bedeuten.

Ohnehin überwiegt der Eindruck, schon viel mehr zurückbekommen als gegeben zu haben. Ich bin dankbar für das, was ich lernen musste, lernen durfte, lernen konnte, lernen werde, und bin neugierig, was mich noch erwartet. Das Haus bleibt offen, die Gedanken weit und das Herz voller Liebe.

Danke

Ohne euch wäre es nicht das, was es ist. Danke! Carlotta und Malte Welding, Thomas Hölzl, Petra Dorn, Patrick Volm-Dettenbach, Christine Volm, Friederike Priebe, Tanja Linke. Und danke an alle, die ich interviewte, deren Leben ich teilen darf und die mir ihre Geschichte schenkten. Ihr habt das Buch bunt gemacht!

Die Autorin

Saralisa Volm wurde 1985 geboren. Ihre Kindheit verbrachte sie in Süddeutschland. Nach einigen Umzügen kam sie nach Hamburg und studierte Philosophie und Kunstgeschichte. 2006 traf sie dort auf den Filmregisseur Klaus Lemke. Die Begegnung in einer Bar auf St. Pauli wurde zur Szene in ihrem ersten gemeinsamen Spielfilm: *Finale*. Es folgte die Hauptrolle in Lemkes Genrefilm *Dancing with Devils* (2008), über eine junge Frau, die nach ihrer Haftentlassung im Hamburger Kiezmilieu einen Neuanfang versucht. *Dancing with Devils* wurde 2009 mit dem Norddeutschen Filmpreis als Bester Fernsehfilm ausgezeichnet. Saralisa Volm gehörte auch zum Ensemble weiterer Lemke-Filme, u. a. *Berlin für Helden* (2012). Daneben war sie in mehreren Kurzfilmen und Fernsehproduktionen sowie in der Hauptrolle des Spielfilms *Hotel Desire* (2011) zu sehen. Der Film *Art Girls* von Robert Bramkamp feierte im Oktober 2013 auf den Hofer Filmtagen Premiere und wird 2015 in die Kinos kommen.

Aktuell lebt Saralisa Volm mit ihrem Mann und ihren beiden Kindern, die 2009 und 2012 zur Welt kamen, in Berlin, wo sie auch ihre eigene Filmproduktion gegründet hat. Derzeit arbeitet sie an einem Kafka-Stoff, der gemeinsam mit dem Bayerischen Rundfunk realisiert wird.

www.saralisavolm.de

Die heimlichen Revolutionäre
Wie die Generation Y unsere Welt verändert
KLAUS HURRELMANN
ERIK ALBRECHT
BELTZ